INTERMEDIATE KANJI BOOK

漢字1000PLUS VOL. 1

改訂第3版

BONJINSHA CO., LTD.

目　次

CONTENTS

まえがき

本書は凡人社の『Basic Kanji Book 基本漢字500』Vol. 1、2の続編である。初級の日本語の学習を終わり、漢字を300字～500字程度既習している学習者で、さらに中級に進もうとしている者に、1000字程度の漢字運用力をつけさせることを目標としている。

この1000字程度の漢字というのは、新聞などの一般的な記事を読むのに必要と思われる使用頻度の高い漢字1000字余り（基本漢字500字を含む）を想定しているが、それは必ずしも固定された漢字群を意味していない。本書の各課では、漢字の運用力を高めるための学習項目を立て、それに沿って選んだ漢字を学習漢字として取り上げているが、実際に個々の学習者がどの漢字をどういう順序で学習していくのがよいかは、学習者の専門分野や興味の対象、学習のスタイルなどによって異なっていてしかるべきである。漢字学習においては、決してある特定の漢字群を覚えることが究極の目標ではない。最終的なゴールは、漢字で書かれた日本語の文章が理解できるようになること（読解）、あるいは漢字を使って自らの意図を表現できるようになること（作文）であって、漢字の学習はあくまでその手段の一つにすぎないのである。

漢字学習のプロセス

本書で想定している漢字学習のプロセスは、おおよそ次のような樹木図で表すことができる。

この木の根の部分には、日本語における漢字の特性（字形・意味・読み・用法）に関する基礎的な理解が必要であり、これが効率的な漢字学習全体を支えていると考えられる。漢字圏の学習者は、字形と意味の部分に関しては理解しているが、日本語での読みと文中での用法（品詞や送り仮名など）に関しては、母語での知識が日本語と合わない部分を矯正する必要がある。

そのような根の部分を正しく育てながら初級日本語を効率的に学習するために必要な基礎となる漢字を「基本漢字」と呼び、500字を選定した。学習者がどのような目的で日本語を学ぶにせよ、この基礎の部分はある程度共通していると考えられるが、学習の中心が日本語から専門の内容へ、漢字から語彙・読解へ、と移っていくにしたがって、必要な漢字が枝分かれを始める。

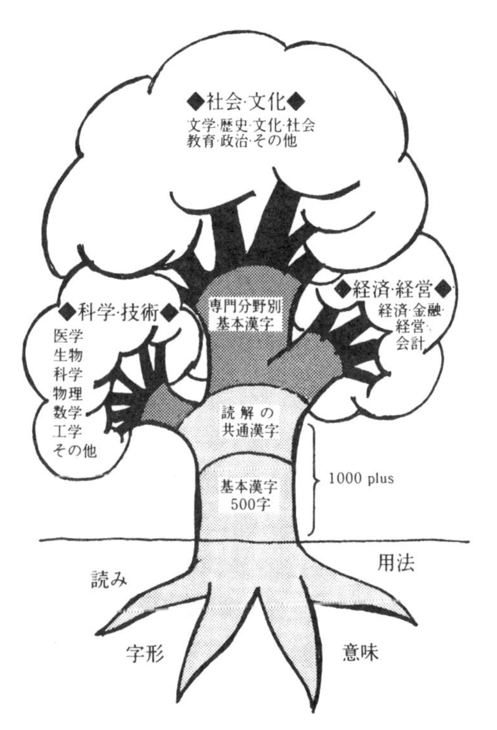

中級段階の読解に進み、新聞記事や論説文のようなものを読むようになると、書き言葉に特有の漢字語彙が増えてくる。その中でもさまざまな専門分野にある程度共通する語彙に使われる漢字を仮に「読解の共通漢字」と呼ぶ。本書の目指す漢字学習の範囲は、この「読解の共通漢字」の部分まで、すなわち木の幹の部分までであり、ここまででだいたい1000字を少し越える範囲ではないかと考えられる。これは、日本語能力試験の２級の範囲が1000字であることとも一致する。

漢字の選定には、国立国語研究所の『現代新聞の漢字』（1976）で使用頻度が上位1000位以内のものや教育漢字1006字を目安にしたが、各課で設定した学習項目を効率的に学ばせるのに適当と思われる漢字から、あくまでも熟語単位で選んだ。本書で学習漢字となっているのは、そのうちの240字であり、基本漢字500字と合わせて740字となる。本書中にふりがな付きで使われている漢字のうちで、読解の共通漢字1000字 Plus に入ると考えられるものは、巻末の字形索引のところに並べてあり、Vol. 2の学習漢字として扱う予定である。

さらに専門性の高い文献を読むようになると、それぞれの専門分野で頻度の高い「専門分野別基本漢字」があり、さらにその先に進むと、狭い専門領域でのみ使われる「専門漢字」に至るというプロセスが想定できる。一般的に広く社会・文化などに興味を持っている学習者は、まん中の太い枝に向かうわけであるが、それはもちろん経済・経営の枝や、科学・技術の枝とも部分的には交差することになる。専門志向の強い学習者の必要とする漢字の範囲は、一般志向の学習者の必要とする漢字の範囲に比べて狭いと考えられ、専門の枝でも、科学・技術の枝のほうが経済・経営の枝よりもさらに一本一本の枝の独立性が高いように見える。しかし、このような専門分野の漢字は、学習者一人一人が自分で達成するべきものであり、もはや日本語教師には教えられない領域であるともいえよう。

漢字学習の方針

さて、本書では漢字の学習に関して、以下のような方針を立てている。

(1)漢字学習は語彙学習である。

(2)漢字は読み書きだけ覚えても、文中での用法を知らなければ使えない。

(3)漢字は読解や作文など他の日本語能力と関連づけた形で学習する方がよい。

(4)漢字の字形や読み、漢字語彙の用法などを覚えたり整理したりするために有効と思われる知識や注意点などを学習項目として立てる。

(5)漢字の効率的な覚え方や練習方法は、学習者の文化圏、興味の対象、学習スタイルなどによって異なるので、学習者が自分に最適の方法を発見するのがよい。

したがって、本書は『基本漢字500』のような一字一字の積み上げを狙ったテキストとは形式を異にしている。学習者が各自のニーズに従って自律的に漢字語彙を拡充していくことを狙った、いわば「中級漢字学習法のガイドブック」といったほうが適当かもしれない。漢字や漢字語彙の正確な運用力を高めていくための知識の整理、用法のまとめなどを「要点」として提示し、間違えやすい読みや用法などの注意点もまとめている。また、「基本練習」「応用練習」として、いろいろな学習者に有効と思われるさまざまな練習方法のバリエーションを考えられる限り多く、その中から学習者が自分に合ったものを発見できるようにしてある。最後に、漢字の学習を他の日本語能力の養成と関連づけながら行えるように、各課の終わりにオープンエンドな「課題」も設けている。

本書の特徴

中級の漢字教材としての本書の一番大きな特徴は、おそらく**学習者の自律的学習を支援する教材**だということである。中級段階になると、日本語そのものや漢字に関する既習の知識、学習目的、学習スタイルなどがかなり異なる学習者が集まっているのが普通である。本書は、そのような学習者が今までに得てきた各自の知識の整理やまとめをしながら、新聞などの読解ができる段階、専門文献を読む準備をする段階における的確な漢字運用力を達成するために、自分に合った最適な学習方法を発見し、教師やまわりの日本人、辞書などの助けを得ながら自主的に効果的学習を進めていけるようにデザインされている。したがって、本書で学習する漢字および漢字語彙は、いわゆる「～のための1000字」というようなもの、すなわち「その1000字を全部覚えれば、完全に～ができるようになる」、「その1000字を覚えることが究極の目的である」といった性格のものではない。しかし、本書を使って学習し、自分に最適な漢字・語彙学習法を確立できた学習者は、その先どんな分野のものを読むことになろうと、その学習法を使って進んで行けば自分の目標に達することができるのだという自信をもつことができるだろう。また、日本語を読んだり書いたりする際に、知らない言葉や漢字に出会った時も、問題の適切な解決法を身につけているはずである。

本書の具体的な特徴としては、以下の6つが上げられる。

特徴1：　漢字学習に役立つ情報を整理し、まとめてある。

従来、中級段階においては、学習者の漢字学習に役立つと思われる様々な情報（形声文字の音符、対語や類義語の文中での使い分け、複合語の語構成や連濁など）が経験的にわかっている教師でも、実際には、読解指導や作文添削の時に、ついでに注意する程度で済ませていたことが多かった。本書では、各課の「要点」の形でそれらの情報を整理し、課ごとにある程度まとめて提示して練習させている。また、「コラム」として解説を加えている情報項目もある。このような情報の整理が、体系的な漢字学習に役立つ。

特徴2：　いろいろなレベルの学習者が自分の力に応じて学習を進められる。

本書の始めには「漢字力診断テスト」があり、学習者はまず自分の漢字に関する知識や運用力のレベルを把握し、今後の学習への助言を得ることができる。テストの結果のアドバイスに従って、自分の弱いところを補うような形で漢字学習が進められるので、必要な項目だけをピックアップして学習することもできる。弱いところの少ない学習者は、スピードを上げてざっと全体を概観したり、弱いところの多い学習者は、ゆっくり時間をかけて細かく学習したりするなど、いろいろな使い方ができる。

特徴3：　漢字圏の学習者にも非漢字圏の学習者にも使える。

各課の要点としてまとめられている項目の中には、非漢字圏の学習者にとって役に立つ情報ばかりでなく、漢字圏の学習者にとって難しい点や間違えやすい点（音読みの際の清音・濁音の区別や長音・短音の区別、アクセントの違いなど）を整理したものもあるので、両方の文化圏の学習者にとって有効である。漢字圏の学習者は、読み練習や用法練習などを中心に、特に自分の弱点を強化するように、練習問題を補ったりして学習を進めるとよい。非漢字圏の学習者は、書き練習に力を入れつつ、全般的に学習するとよい。

特徴4：　授業用テキストとしても、自習用テキストとしても使える。

週1回程度の授業で使用する場合には、学習の要点をおさえることや、宿題としてやらせてきた練習および課題に対するフィードバックをすることに重きをおき、学習者の学習動機を活性化して自律的学習を支援するようなダイナミックな授業が展開できる。課題のフィードバックは、読解や作文、会話などの授業にも発展させることが可能である。また、要点や練習問題の指示は、自習者にもわかりやすく書かれており、復習、基本練習、応用練習と、ステップを踏んだ学習によって独学もできるように工夫されている。練習には解答がついており、学習者が自分でチェックできる。

特徴5：　数多くの多様な練習形式、学習方法を備えている。

課ごとにいろいろなタイプの漢字へのアプローチ法や練習形式が用意されているが、これらの全てをこの順番で進める必要はない。これらは、いわば「こういう方法で漢字を勉強することもできます」という見本であり、やっていくうちに自分に合った方法、効率的な方法を見つけていくことが大切である。各自の学習目標や志向、好み、ペースなどに応じて最も効果的な学習方法を発見することができたら、その方法で各課の練習をやり直すぐらいの積極的かつ自主的な学習態度が望まれる。

特徴6：　オープンエンドな課題型の学習を勧めている。

初級においては、問題には常にひとつの正解が用意されていることが多いが、実際の言語活動においては、答えが常にひとつしかないわけではない。本書では、漢字学習においても、実際の生活と同様に、辞書やまわりの日本人などの助けを借りながら、いろいろな解決方法を考えていけるようなオープンエンドな課題を設定している。また時には、学習者自身が自ら課題を設定して、仲間同士で互いに解決方法を探したりしながら、幾通りかの解決方法を身につけていくように仕向けている。与えられた問題を解くような学習ばかりでなく、自分で課題を設定して学習を方向づけていくような自律的な学習のあり方を勧めている点が、従来の漢字教材にはない本書の特徴である。

本書の編集方針、漢字および漢字語の選定、学習内容の配列などは、漢字学習研究グループの５人が話し合い、検討して決めてきたものであるが、1991年10月から筑波大学留学生センター補講コースの漢字の授業において、原案の大部分を実際に教材として使用してきた。したがって、その教材を使って漢字を学習した数多くの留学生たちの意見、批評、助言が本書には反映されている。本書中にある英語訳に関しては、筑波大学日本語日本文化学類に在籍していたオーストラリア人留学生、スティーブン・プライス氏が快く校正を引き受けてくれた。まえがきと使い方の部分の英訳は、筑波研究学園専門学校に勤務するオーストラリア人英語講師、デビ・ホッブス氏に校正をお願いした。また、字形索引のところにある手書き文字については、土浦市在住の書家、鶴田昭夫氏に書いていただいた。これらの方々のご協力に心から感謝申し上げたい。しかし、本書の内容に関する責任は、すべて著者らにあるので、大方のご教示をお願いしたいと思う。

なお、本書の各課の作成担当者は、以下の通りである。

加納千恵子 …… ２課、 ４課、 ６課、 コラム１～４
清水　百合 …… 復習１、復習２、字形索引、音訓索引
竹中　弘子 …… ３課、 ７課、 ８課
石井恵理子 …… １課、 コラム６
阿久津　智 …… ５課、 ９課、 10課、 コラム５・７

また、全課を通して、部首や形声文字の音符および漢字の索引に関しては清水、漢語の意味や用法に関しては竹中、連濁やアクセントなど音声に関しては阿久津、自律的な学習を支援するための数々の練習方法のバリエーションに関しては石井、そして全体の総括を加納、というふうに分担して調整を行った。

今後は、できるだけ多くの方々に本書を使っていただき、ご意見、ご批評をいただければ幸いである。

1993年11月

漢字学習研究グループ

加納　千恵子（筑波大学留学生センター）
清水　百合　（筑波大学留学生センター）
竹中　弘子　（東京学芸大学教育学部）
石井　恵理子（国立国語研究所日本語教育センター）
阿久津　智　（拓殖大学外国語学部）

改訂版の出版にあたって

なお、2005 年の改訂にあたり、日本の行政組織の変革等に応じて内容を改め、いくつかの修正を行った。最も大きな修正箇所は、巻末の「字形索引」である。本書の学習を終えて『INTERMEDIATE KANJI BOOK』vol.2 に進んだ学習者が参照する際の便宜を考え、「字形索引」に IKB vol.2 の学習漢字となっている漢字を加えてその課数を示す一方、『Basic Kanji Book』シリーズで学習漢字となっていない漢字はリストから外した。また各漢字に画数をつけ、画数順に並べ変えた。今後の学習に役立てていただければと思う。

2008 年、2011 年、2014 年の刷り増しにあたっては、古くなった「課題」の新聞記事などを差し替えるという案もあったが、結局あえて差し替えはしないことにした。いくら差し替えても情報はすぐに古くなってしまうものだからである。したがって、本書に載せてある記事や課題はあくまでも教材のサンプルとして見ていただき、先生方や学習者には、インターネットや新聞などから常に最新の情報を取り入れ、生きた日本語を教えたり学習したりしてほしいと願っている。そのため、修正箇所は行政組織の変更や新常用漢字の制定による漢字索引情報の変更などに伴う最小限にとどめたことをお断りしておきたい。

2014 年 6 月

著者一同

Preface

"Intermediate Kanji Book 漢字1000Plus Vol.1" contains 240 new kanji and is the first of the two follow-up volumes to "Basic Kanji Book 基本漢字 500 vols.1 & 2". The present volume is, therefore, aimed towards those who have completed an elementary course in Japanese language and mastered 300～500 kanji.

In "Intermediate Kanji Book 漢字1000Plus Vol.2" (yet to be published) approximately a further 260 kanji will be presented, giving the series a combined total of slightly more than 1000 kanji. These 1000 kanji were selected for the following reasons:

1. They correspond to the Japanese Ministry of Education's official list of 1006 kanji to be taught in Japanese elementary schools in most parts of these kanji.
2. This number meets with the requirements of the Japanese Language Proficiency Test, Level 2.
3. They correspond with the frequency list in "Newspaper Kanji" published by the National Language Institute, 1976.

The acquisition of kanji knowledge through this series can be likened to the growth of a tree (see the diagram below). The 500 Kanji presented in Basic Kanji Vols.1 & 2, once mastered, form the base of the tree − needless to say, the more solid the base the greater the potential height of the tree! As the student progresses he/she will branch off into his/her specific subject area with its own specialist kanji vocabulary but before that he/she must pass through the upper trunk where what we call "common kanji" − those kanji and their combinations which appear frequently in newspaper and magazine articles − are to be found. It is this part of the growth of the "kanji tree" (the acquisition of approximately 1000 kanji) that study with"Intermediate Kanji Book 漢字1000Plus Vols.1 & 2" makes possible.

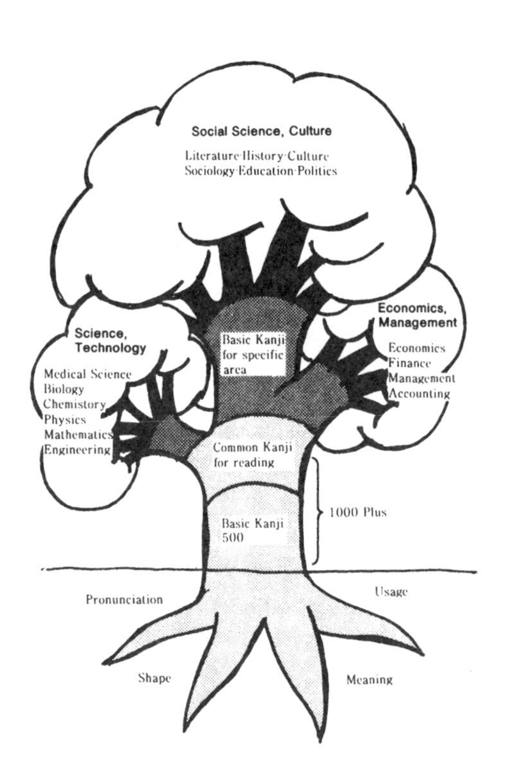

It is hoped that the following be kept in mind when studying kanji; not just with this book, but in any situation.

1. Kanji study is not simply the memorization of characters or shapes; it is the study of vocabulary.
2. Although knowing how to write and pronounce kanji is essential, it is equally important to know how and when to use each kanji.
3. It follows from the above that it is desirable to learn kanji in context.

Features

This book has been designed with a specific purpose in mind: to function as a tool to enable students to become independent learners in the Japanese language. Not only are Kanji with their meanings and readings individually listed; the practical usage of each is further explained in 要点 (ようてん: Key Points). To complement this information, in the 基本練習 (きほんれんしゅう: Basic Exercises) and 応用練習 (おうようれんしゅう: Applied Exercises) tasks encouraging students to use kanji actively have been included.

Finally, in 課題 (かだい: Tasks) at the end of each lesson there are open -ended tasks guiding students to seek information on the lesson's kanji not to be found in text books.

In addition, "Intermediate Kanji Book 漢字1000 Plus Vol.1" contains the following features;

＊There is a diagnostic test at the beginning of this book allowing the student to evaluate his/her kanji ability before commencing further study.

＊Although primarily designed for self study, "Intermediate Kanji Book 漢字1000Plus Vols.1 & 2" are equally well suited to the classroom use as well as to individual study. (Especially in the case of university Japanese language courses where large numbers of students often form a single class.)

＊This book was created for the use of people of any nationality. Thus the book can be employed by people who come from countries that do not use kanji as well as by those who come from countries that do.

Acknowledgements

First, we would like to thank Stephen Price, a foreign student at the University of Tsukuba, and an English as a Foreign Language (EFL) teacher Debbi Hobbs, for their assistance with the English translation. We would also like to thank Akio Tsuruta for his assistance with the hand writing of kanji in the pattern index.

Many sections of "Intermediate Kanji Book 漢字1000 Plus Vol.1" have been in use in the classroom at the International Student Center at the University of Tsukuba since 1991. It is through feedback from students that much improvement to the text was made. If this book then is found to be useful by students of the Japanese language, we feel that our efforts will have been rewarded.

The Authors

Kano Chieko … L 2, L 4, L 6, Columns 1・2・3・4
Shimizu Yuri … R 1, R 2, Pattern Index, On-Kun Index
Takenaka Hiroko … L 3, L 7, L 8
Ishii Eriko … L 1, Column 6
Akutsu Satoru … L 5, L 9, L10, Columns 5・7

November, 1993

使　い　方

本書の構成

本書には本課が10課と復習の課が２課あります。各課の学習項目と学習漢字については目次にまとめてあります。また、巻末に各課のクイズ、練習の解答、および漢字索引があります。本書の構成は次のようになっています。

『Intermediate Kanji Book　漢字1000Plus Vol.1』

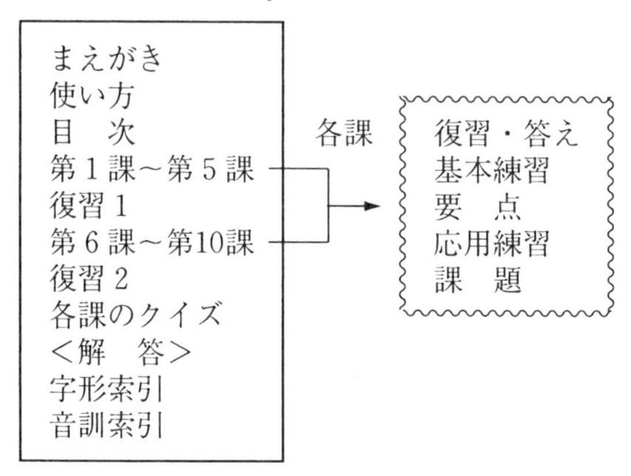

また、本課のあい間には漢字学習に役立つ情報を短くまとめた**コラム**が７つあり、読み物としても楽しめます。

本課の後ろにある各課の**クイズ**は、「要点」のところを見れば答えがわかるようなやさしい問題ばかりですから、課が終わるごとに、力だめしにやってみるとよいでしょう。**＜解答＞**には、基本練習と応用練習の答えが載っています。自分の答えを確かめるためばかりでなく、自分で新しい問題を作ったりするためにも使ってください。また、巻末には漢字索引が２つあります。読み方がわからない漢字を調べたい時には**字形索引**、知っていることばの漢字をさがしたい時には**音訓索引**を使うとよいでしょう。

各セクションの使い方

本書の各課は、復習と答え、基本練習、要点、応用練習、課題、という５つのセクションに分かれています。

復習

ここにある練習は『基本漢字500』で勉強した漢字だけを使っていますから、学習者は自分でやってみることができるでしょう。すぐ後ろのページに答えがついているので、学習者は自分の答えと合わせながら、その課の学習項目となっている知識を活性化することができます。ただし、この復習のセクションで間違いの多い学習者には、『基本漢字500』にもどって学習することを勧めます。

◆先生方へ：授業で本書を使う場合には、このセクションは学生に宿題としてやってこさせるとよいでしょう。

基本練習

その課で学習する漢字を使った基本的な練習です。読み練習や選択練習が中心なので、既習者なら要点を読まなくてもできるかもしれません。できない問題はそのままにして、要点を読んでから、もう一度やってみるとよいでしょう。学習者は自分で＜解答＞を見て、答えをチェックすることができます。

◆先生方へ：授業で使う場合は、「要点」を読んでくることを宿題にしておき、クラスでいっしょに基本練習をやりながら答えを合わせるとよいでしょう。教師は学生が間違えたところについてだけ、それに相当する「要点」部分を詳しく説明してもよいでしょう。

要点

新しい漢字をおぼえるのに役立つ知識や、おぼえた漢字を整理して思い出しやすくするのに有効な知識として、漢字の字形的な整理法や音による整理法、意味による整理法、用法などに関する知識をまとめてあります。前半の課には英訳もつけてありますが、だんだん日本語による説明だけになっていきます。原則として、『基本漢字500』以外の漢字を使ったことばや、特殊な読み方のことばには、ふりがながつけてありますから、学習者にも読めるはずです。「要点」が理解できたら、学習項目と例を自分のノートに写しておくと、もっとよく覚えられます。自分で要点の整理の仕方を工夫してもよいでしょう。各課の学習漢字の下には、字形索引のどの位置に入れてあるかを明記してあります。

◆先生方へ：授業で使う場合、「要点」は学生に読ませてくることを宿題とし、わかりにくいところだけをクラスで説明するとよいでしょう。

応用練習

その課の「要点」をよく理解し、学習漢字を覚えた上で、主に書き練習や用法の練習などをするところです。応用力がついたかどうかをみるために、課によっていろいろな異なる形式の練習問題を用意してあります。学習者は、自分の答えを＜解答＞を見ながらチェックしたあとで、答えをノートに写して、もう一度練習してください。気に入った形式の問題があったら、別の課の練習も同じような形式に直してノートに書いておき、あとでもう一度やってみると、力がつきます。

◆先生方へ：力のある学生なら、基本練習までは自習も可能だと思われますが、応用練習はクラスでいっしょに確認するほうがよいでしょう。

課題

ここにある問題には＜解答＞がありません。学習漢字以外に、自分の興味のあるものや専門分野の文献を読んだりする際に見つけた漢字について、自発的に発展的な学習をするところです。辞書を引いたり、日本語の先生や友だちなどの助けを借りたりして、やってみてください。このような課題を自分自身に課すことは、自分だけの漢字の教材を作ったり、漢字リストを作ったりするための参考になると思います。漢字の授業を受けるチャンスのない学習者でも、まわりの日本人や日本語のできる友だちの助けを借りながら、運用力を伸ばすことができます。

◆先生方へ：授業で使う場合、教師は読解や作文などの授業と組み合わせて、学生の調べてきた結果や集めてきた資料などについてクラスで発表させたり、いっしょに読んだりしてフィードバックをしてください。学生にとっては、他の学生が集めてきた漢字や教材などを見ることによって自分の勉強方法を考え直すいい機会になりますし、またこのような課題を達成する作業を通じて、日本語を使うチャンスが増えることになります。教師が必要に応じて、新聞記事や読み物などを与えることもできますが、与えられたテキストよりも学習者が自分で興味をもって集めたもののほうが一層記憶に残り、忘れにくいもののようです。

クイズ

本書には、第１課～第10課までの各課のクイズがあります。課が終わるごとに力だめしにやってみましょう。

◆先生方へ：これらのクイズには答えがついていませんから、本書を授業で使う場合には、各課が終わるごとに、確認テストとして使うこともできます。

練習の使い方

どのセクションの練習をする場合でも、学習者は、答えを直接本に書き込まずに、自分のノートに答えを書くようにしてください。そうすれば何度もくり返し練習することができますし、また後で別の練習方法に使うこともできます。

たとえば漢字を読む練習の場合、ノートにその漢字の読みを書くだけではなく、下のノートの1.のように問題文全体を写しておけば、あとで書き練習として使うことができます。2.のように学習漢字以外の漢字もひらがなで書いておけば、前に習った漢字が書けるかどうかの復習練習にもなります。答えは本を見れば自分でチェックできるので、とくに漢字の書きが弱い学習者にはよい練習になるでしょう。

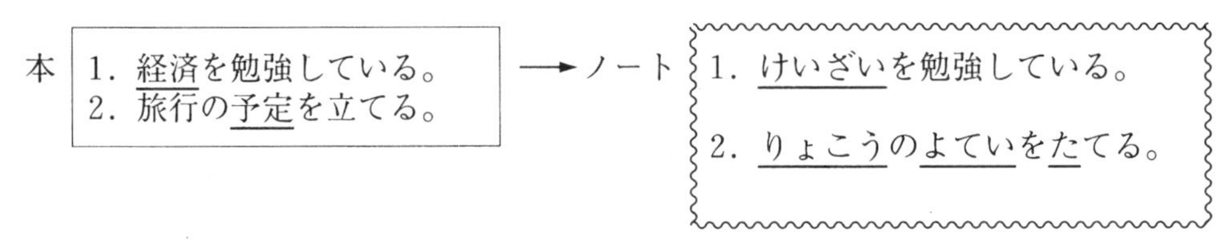

反対に、漢字の読みが弱い学習者は、本課の書く練習の答えを同じようにノートに書いておけば、次にそれを読み練習として何回も使うこともできます。

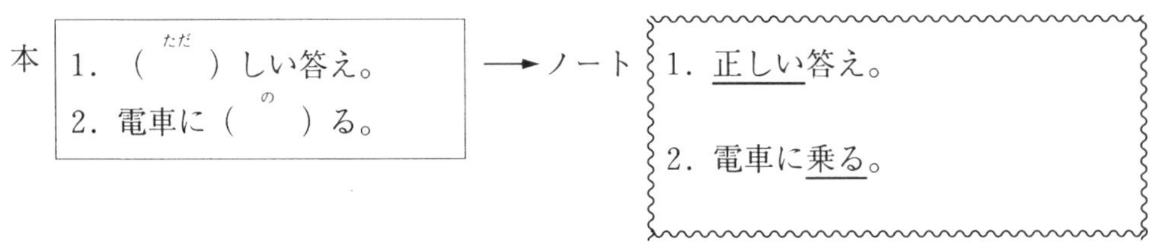

また、同様に<解答>のところをノートに写して、それをいろいろな形の練習問題に作りかえることもできます。たとえば、次の反対語の漢字を問う問題では、解答を見て、下のノート1のように書き練習を作ることもできますし、ノート2のように読み練習を作ることもできます。また、ノート3のように自由に漢字を選択して反対語の対を作る問題や、ノート4のように逆の反対語の漢字を問う問題にすることもできます。

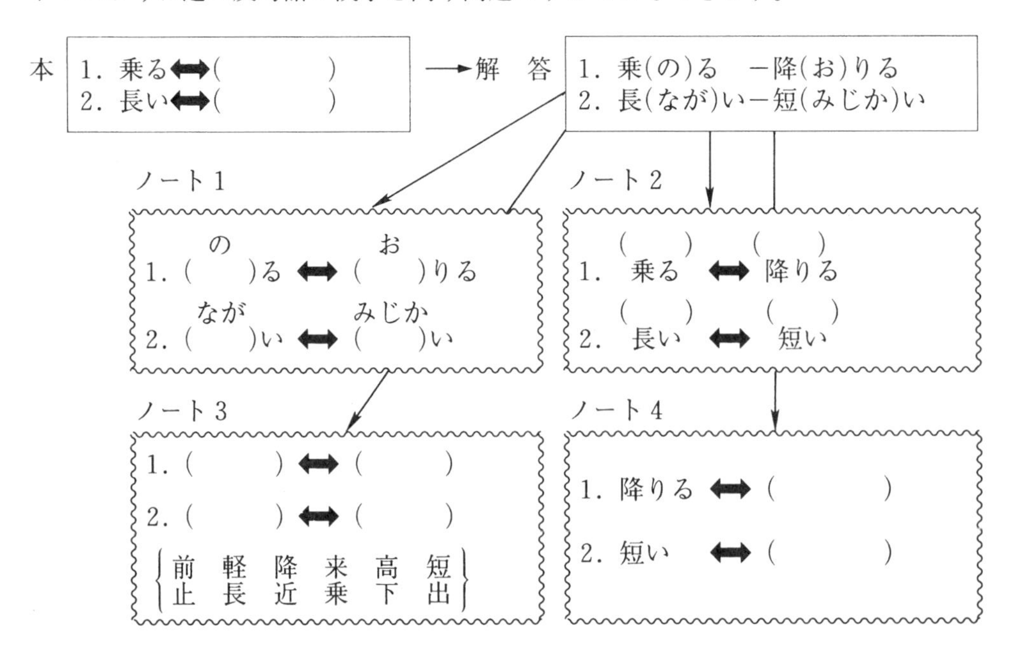

このように、学習者が本の練習の答えをノートに写したり、練習を作りかえたりすることによって、同じ練習をくり返すだけではなく、違った形式の練習問題を増やすこともできるのです。学習者の気に入った練習形式があれば、その形式に練習を作りかえるとよいでしょう。

◆先生方へ：本書を授業で使う場合には、最初は教師がやり方を指示して学生にクラスで練習を作りかえさせ、それをノートなどに書かせてみてください。一度クラスでやり方を確認しておけば、あとは学生が自分たちで同じように続けることができるでしょう。学生が作りかえた練習をノートの代わりに紙に書かせ、たとえば隣に座っている学生同士で交換させて、互いにやらせてみるのもよいでしょう。漢字の学習はともすると孤独な作業になりがちですが、このようにすれば友だちとペアあるいはグループを作って勉強する楽しさもわかるでしょう。

漢字索引

本書には、漢字の索引が2つあります。知っていることばの読みから漢字を調べたいときは、「音訓索引」が便利ですが、本書の音訓索引には学習漢字240字のみしかありません。『基本漢字500』で習った漢字は、『基本漢字500』vol. 2の音訓索引を見てください。

「字形索引」には、本書での学習漢字240字のほかに、『基本漢字500』で勉強した500字と、本書の続編である『漢字1000PLUS』vol. 2で学習される「アカデミックな読解のための共通漢字」427字、合計1,167字について調べられるようになっています。漢字は、字形によって分類されていますから、その漢字の部首や構成要素がどこにあるか、以下の8つのパターンの中から選びます。構成要素にわけることができない場合、その漢字は、「VIII. 全体」のところに入れてあります。

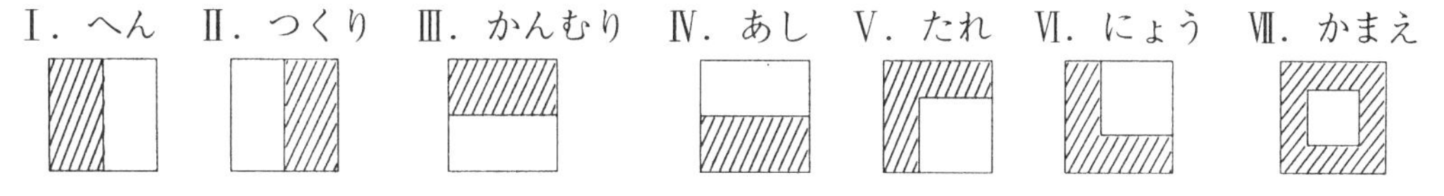

それぞれの類の中で、漢字は字画の少ないものから順番に並んでいますから、目指す漢字をさがしてください。部首の書き順は、まとめて一番はじめに書いてあります。

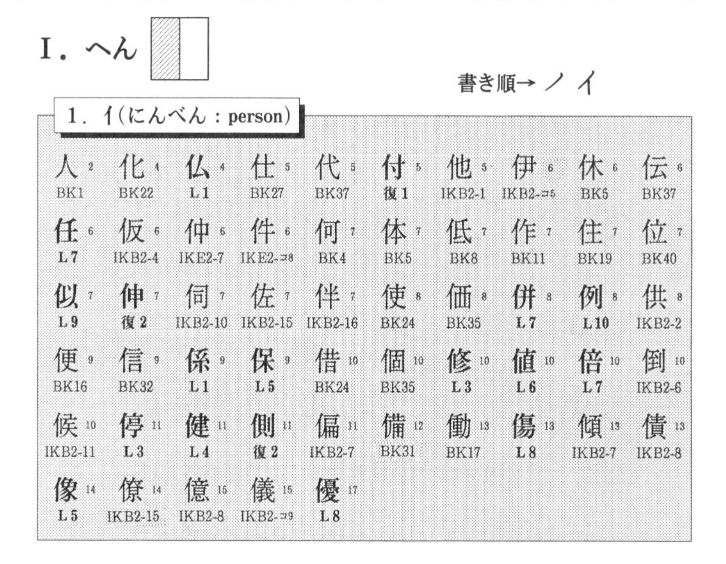
I. へん

書き順→ ノ イ

1. 亻(にんべん：person)

人 2	化 4	仏 4	仕 5	代 5	付 5	他 5	伊 6	休 6	伝 6
BK1	BK22	L1	BK27	BK37	復1	IKB2-1	IKB2-コ5	BK5	BK37
任 6	仮 6	仲 6	件 6	何 7	体 7	低 7	作 7	住 7	位 7
L7	IKB2-4	IKE2-7	IKE2-コ8	BK4	BK5	BK8	BK11	BK19	BK40
似 7	伸 7	伺 7	佐 7	伴 7	使 8	価 8	併 8	例 8	供 8
L9	復2	IKB2-10	IKB2-15	IKB2-16	BK24	BK35	L7	L10	IKB2-2
便 9	信 9	係 9	保 9	借 10	個 10	修 10	値 10	倍 10	倒 10
BK16	BK32	L1	L5	BK24	BK35	L3	L6	L7	IKB2-6
候 10	停 11	健 11	側 11	偏 11	備 12	働 13	傷 13	傾 13	債 13
IKB2-11	L3	L4	復2	IKB2-7	BK31	BK17	L8	IKB2-7	IKB2-8
像 14	僚 14	億 15	儀 15	優 17					
L5	IKB2-15	IKB2-8	IKB2-コ9	L8					

「BK～」は『Basic Kanji Book 基本漢字500』の課数、「L～」は、その漢字が本テキスト中で学習漢字となっている課数を表します。「IKB 2 -～」は、『Intermediate Kanji Book 漢字1000PLUS』vol. 2で学習漢字となっている課数を表します。

□ 使い方

学習漢字240字については、それぞれの漢字に関して以下のような情報が示されています。

仏	亻	仏	仏							L 1 4画

ブツ　ほとけ
Buddha, *France

仏教はインドで生まれた。
古い仏像を見るのが好きだ。

仏教(ぶっきょう)　Buddhism
仏(ほとけ)　the Buddha, a benevolent soul
仏像(ぶつぞう)　Buddha statue
*南仏(なんふつ)　Southern France

左上の枠に入っている大きな活字は、「正楷書体」と呼ばれるもので、本書中に使われている「明朝体」の活字とは少し違いますが、手書きの文字の形に近いので、参考にしてください。続けて、四角いマスの中に、手書きの文字で、書き順が示してあります。本書は中級レベルの本なので、漢字の書き順を一画ずつ全部書くことはしていません。部首やよく使われる部分の書き順はしっかり覚えておきましょう。いちばん右の枠には、課数と漢字の画数があります。

漢字の枠の下に、漢字の読み(音読みはかたかな、訓読みはひらがな)とその意味（英訳）があります。それから、その右側に学習漢字を使った例文と、下に熟語例（読みと意味付き）がありますから、いっしょに覚えてください。熟語の後ろに「スル」と書いてあるのは「する」をつけて動詞として使う用法があるもの、「ナ」と書いてあるのは、ナ形容詞を表しています。「*」印は特別な用法や読み方であることを意味しています。

1課から順番に漢字を学習する学生は、テキスト各課の「要点」の終わりにある学習漢字リストのところに字形索引のページ数が書いてありますから、それを見て学習漢字の情報をさがし、課ごとにまとめて自分のノートに書き写してください。自分で情報を書き写すことによって、漢字だけでなく例文や熟語も頭に入れることができますし、課ごとの漢字リストができて便利です。右ページのような情報カードを作るのもよい方法です。

また、字形索引は、部首別に索引の順序にしたがって漢字を学習することもできます。学習者は、いろいろな使い方を工夫してください。

◆先生方へ：本書の5課と9課の「要点」および練習の一部と、コラム5については、音声テープを作るとよいでしょう。テープを聞きながらアクセントの違いを聞き分けたり、テープを聞いてする練習形式にしてください。授業で使う場合は、学生が発音に弱いようなら、教師が他の課についても同様に練習をテープに吹き込んでやり、宿題として聞かせることもできるでしょう。

本書に使われている記号類

品詞類：本書では、以下のように品詞を示します。

N	(Noun)	名詞	e.g. 学生、先生、大学、会社、など
A	(-i Adjective)	イ形容詞	e.g. 重い、長い、正しい、など
N A	(-na Adjective)	ナ形容詞	e.g. 有名(なN)、便利(なN)、親切(なN)、得意(なN)、など
V N	(Verbal Noun)	スル動詞	e.g. 勉強(する)、練習(する)、使用(する)、説明(する)、など
Adv.	(Adverb)	副詞	e.g. 大変、本当に、非常に、など

アクセント　：「の印はその1語の中でピッチが上がるところ、┐の印は下がるところを示します。

例．に「ほんご　　ピッチが低く始まって、1音目のあとから上がる。
　　し┐んせつ　　ピッチが高く始まって、1音目のあとから下がる。
　　こ「うじょ┐う　　1音目のあとで上がり、3音目のあとから下がる。

※アクセントの違い

端	は「し	(edge)	「は」は低く、「し」は高い。
橋	は「し┐	(bridge)	「は」は低く、「し」は高い。後ろに助詞がくると、助詞は低くなる。
箸	は┐し	(chopsticks)	「は」は高く、「し」は低くなる。

その他（others）：

⇨	(See ～.)	～を見よ。
BK	(“Basic Kanji Book”)	『基本漢字500』
⟷	(opposite meaning)	意味が反対のことば／対になることば
＝	(same meaning)	同じ意味のことば
○	(correct usage)	正しい用法
×	(incorrect usage)	間違った用法
△	(undecided usage)	使い方に個人差があり、ゆれている用法
※	(note; N.B.)	注意事項
*	(exceptional usage)	例外的な用法

漢字情報カード

下のフレームをコピーして、各課の学習漢字のほかにも学習者がおぼえたい漢字を辞典で調べて、漢字の情報カードを作ってください。市販のB6サイズのカードに貼って使えます。情報は、読み、意味、熟語、例文以外に、自分でおぼえるためのストーリーなど、何でも自由に書いてください。

How to use this book

This book is comprised of 10 lessons and 2 reviews. Each lesson is divided into 5 sections:

Review and Answers (to review questions)
Basic Exercises
Key Points
Applied Exercises
Tasks

Review

"Review" covers the 500 kanji listed in "Basic Kanji Book".

☆ To teachers: These exercises could be used as preparatory work before proceeding further into the lesson.

Basic Exercises

In this section new kanji (approximately 20 kanji for each lesson) are introduced through exercises. If the learner finds these exercises difficult, he/she should read through the explanations in "Key Points" and then return to this section. The answers are at the back of the book.

Key Points

This is an explanatory section of the lesson. New kanji are listed on the last page of this section.

☆ To teachers: This section can be used as homework too. However, you need to give some time to answer the questions on these "Key Points" in class.

Applied Exercises

Many different types of exercises are introduced here, and through repetition the learner's knowledge will increase.

☆ To teachers: These exercises should be checked during class, so that the students can have opportunities to ask questions which might arise while they go through them.

Tasks

These are open-ended tasks which the learner can do by using dictionaries or asking teachers and Japanese friends.

☆ To teachers: Reading comprehension and compositions could be combined with these exercises. Also work handed in by students could be used as future teaching material or redistributed so that students can exchange study methods.

Quizzes

The learner can check how much he/she has learnt by attempting these quizzes.

☆ To teachers: These could be used as tests.

Pattern Index

The Pattern Index introduces the reading(s), meaning(s), etc. of each new kanji. In order to use this index, the learner must first look up the radical of the kanji.

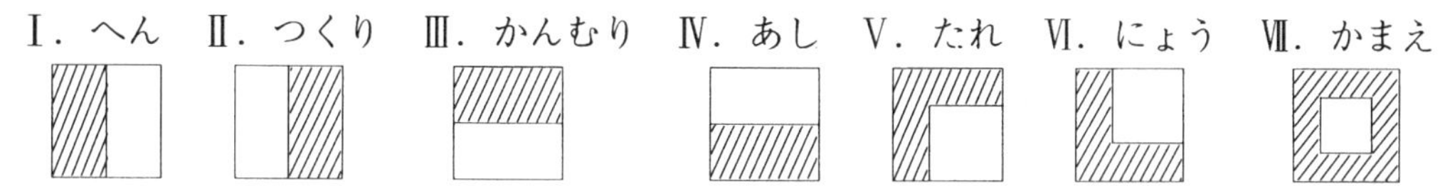

All kanji in these books are listed in boxes under their appropriate radicals. Learners can therefore find the kanji by referring to these boxes.

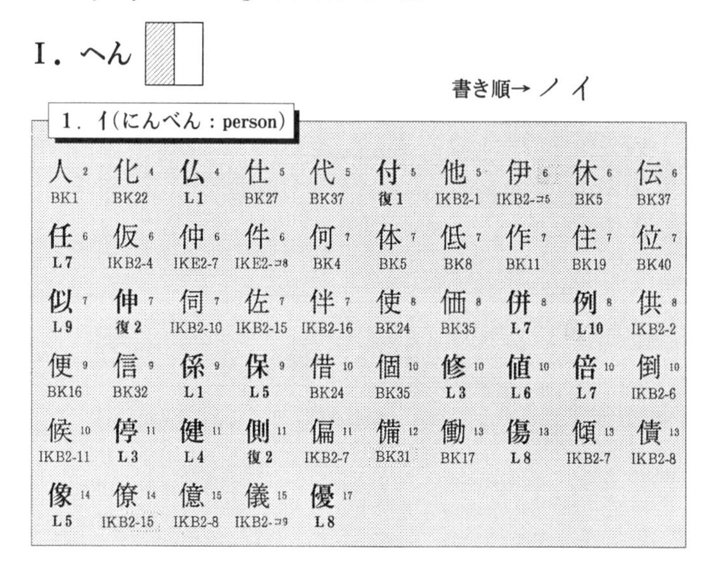

Ⅰ. へん

書き順→ノ イ

1. イ(にんべん : person)

人 2 BK1	化 4 BK22	仏 4 L1	仕 5 BK27	代 5 BK37	付 5 復1	他 5 IKB2-1	伊 6 IKB2-コ5	休 6 BK5	伝 6 BK37
任 6 L7	仮 6 IKB2-4	仲 6 IKE2-7	件 6 IKE2-コ8	何 7 BK4	体 7 BK5	低 7 BK8	作 7 BK11	住 7 BK19	位 7 BK40
似 7 L9	伸 7 復2	伺 7 IKB2-10	佐 7 IKB2-15	伴 7 IKB2-16	使 8 BK24	価 8 BK35	併 8 L7	例 8 L10	供 8 IKB2-2
便 9 BK16	信 9 BK32	係 9 L1	保 9 L5	借 10 BK24	個 10 BK35	修 10 L3	値 10 L6	倍 10 L7	倒 10 IKB2-6
候 10 IKB2-11	停 11 L3	健 11 L4	側 11 復2	偏 11 IKB2-7	備 12 BK31	働 13 BK17	傷 13 L8	傾 13 IKB2-7	債 13 IKB2-8
像 14 L5	僚 14 IKB2-15	億 15 IKB2-8	儀 15 IKB2-コ9	優 17 L8					

BK = lesson number in *Basic Kanji Book* vol. 1 & vol. 2
L = lesson number in this book
IKB 2 = lesson number in *Intermediate Kanji Book* vol. 2

Finally, the learner will be able to gain information from each entry as follows :

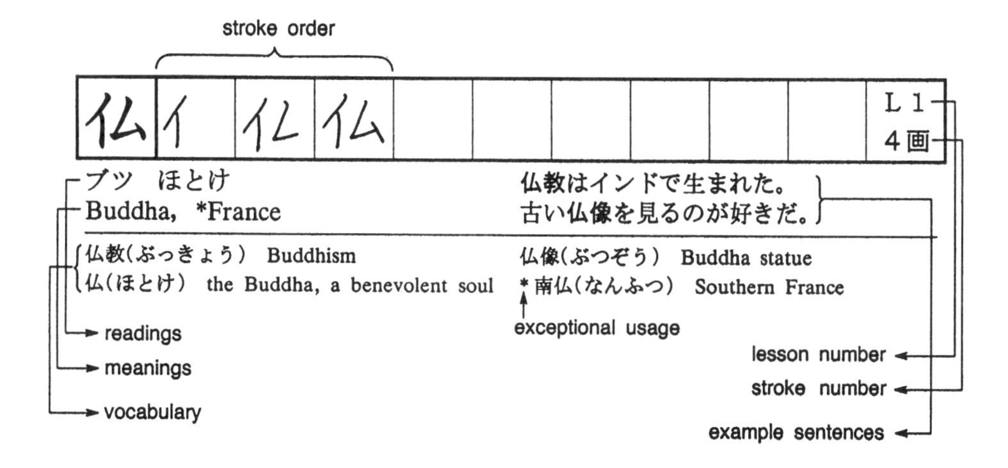

□ **How to use this book**

Parts of Speech: The following are used to indicate different parts of speech.

N (Noun)
A (-i Adjective)
NA (-na Adjective)
VN (Verbal Noun)
Adv. (Adverb)

Accentuation: The sign ┌ is used to indicate where the pitch rises within a word and the mark ┐ to show where it falls.

e.g. に┌ほんご
し┐んせつ
こ┌うじょ┐う

※Difference of Accentuation

端 は┌し (edge)
橋 は┌し┐ (bridge)
箸 は┐し (chopsticks)

Definitions and References

⇨ (See ～)
BK ("Basic Kanji Book")
⟺ (antonyms)
＝ (synonyms)
○ (correct usage)
× (incorrect usage)
△ (undecided usage)
※ (note; N.B.)
* (exceptional usage)

How to make a Kanji information card: sample

Use the frame on page ***xvii*** to make your own cards.

仏
BUTSU, hotoke
Man is kneeling down in front of Buddha.
Is Buddhist meditation popular in France?
人は死んだら仏になる。
かまくらへ大仏を見に行った。
日本には仏教の寺と神道の神社がある。
ニースは南仏の避暑地だ。

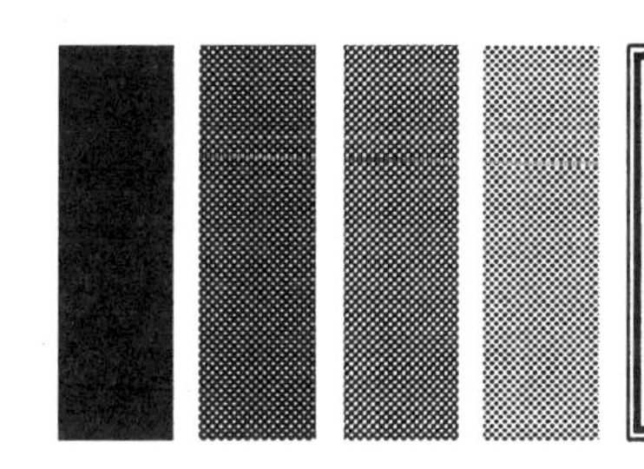

漢字力診断(かんじりょくしんだん)テスト

Diagnostic Test of your Kanji Ability

このテストは、あなたの漢字力を総合的(そうごうてき)に診断(しんだん)して、これからどんな方法で勉強していけばいいかをアドバイスするためのものです。まず、問題の指示(しじ)をよく読み、例(れい)を見てから答えてください。全部の問題が終わるまで解答(かいとう)を見てはいけません。テストは60分ぐらいで終えてください。

The following test is to check your overall kanji knowledge and to enable us to give you advice concerning the way you should continue your study of kanji. First read the instructions carefully and look at the examples, then answer the questions. Don't look at the correct answers until you finish all the questions. The test should take approximately 60 minutes.

A 日本語でつぎの漢字と反対(はんたい)(opposite)の意味(いみ)の漢字を{　　}の中からえらび、○をつけなさい。

例.	上	⟷	中	㊦	右	左
1.	東	⟷	京	北	南	西
2.	明	⟷	白	黒	暗	晩
3.	古	⟷	新	早	若	正
4.	高	⟷	底	安	短	深
5.	遅	⟷	近	過	急	速
6.	前	⟷	内	外	後	横
7.	出	⟷	発	入	止	来
8.	乗	⟷	進	退	降	行
9.	増	⟷	少	消	引	減
10.	閉	⟷	関	開	間	問

B つぎのことばは、日本語でいくつかの意味(いみ)の単位（meaningful units）に分けることができます。｛　　｝の中でどの分け方がてきとうですか。○をつけなさい。

例. 図書館員→｛ 図／書館／員・(図書／館／員)・図／書／館員 ｝

1. 非人間的→｛ 非／人間／的・非人／間／的・非／人／間的 ｝
2. 最新報告→｛ 最／新報／告・最新／報／告・最／新／報告 ｝
3. 合格者数→｛ 合／格者／数・合格／者／数・合／格／者数 ｝
4. 無公害車→｛ 無／公害／車・無公／害／車・無／公／害車 ｝
5. 少人数制→｛ 少／人数／制・少人／数／制・少／人／数制 ｝
6. 営業部長→｛ 営／業部／長・営業／部／長・営／業／部長 ｝
7. 原子力発電→｛ 原／子力／発電・原子／力発／電・原子／力／発電 ｝
8. 比較研究法→｛ 比／較研／究法・比較／研究／法・比較／研／究法 ｝
9. 不得意科目→｛ 不／得意／科目・不得／意科／目・不得／意／科目 ｝
10. 効果的学習→｛ 効／果的／学習・効果／的学／習・効果／的／学習 ｝

C つぎの漢字を漢和辞典(かんわじてん)（Kanji dictionary）でしらべるとき、部首索引(ぶしゅさくいん)（radical index）でどこをさがしますか。部首に○をつけなさい。

例. 持｛ (扌)・土・寸・寺 ｝

1. 荷｛ 亻・艹・口・可 ｝　6. 線｛ 糸・白・水・泉 ｝
2. 新｛ 立・木・亲・斤 ｝　7. 空｛ 宀・八・穴・工 ｝
3. 屋｛ 尸・厶・土・至 ｝　8. 意｛ 立・日・音・心 ｝
4. 場｛ 日・土・勿・昜 ｝　9. 院｛ 阝・宀・元・完 ｝
5. 遠｛ 土・口・袁・辶 ｝　10. 痛｛ 疒・マ・用・甬 ｝

D つぎのことばを、漢字を使ってかきなさい。

例1. かわ	（　川　）	**例2.** よむ	（　読　む　）
1. おんな	（　　　）	**11.** ひゃくねん	（　　　）
2. うた	（　　　）	**12.** しけん	（　　　）
3. えき	（　　　）	**13.** かぞく	（　　　）
4. ねつ	（　　　）	**14.** じゅうしょ	（　　　）
5. あたま	（　　　）	**15.** くうこう	（　　　）
6. つぎ	（　　　）	**16.** しゃしん	（　　　）
7. とおる	（　　　）	**17.** じゆうな	（　　　）
8. あそぶ	（　　　）	**18.** せいかつする	（　　　）
9. ほそい	（　　　）	**19.** けっこんする	（　　　）
10. よわい	（　　　）	**20.** かんせいする	（　　　）

E つぎの文を読んで｛　　｝の中からてきとうな漢字のことばをえらび、○をつけなさい。

例1. きのう｛　子校・字校・(学校)・写校　｝の先生に会った。

例2. 家の近くで｛　家事・花事・(火事)・夏事　｝があって、びっくりした。

例3. タクシーの｛(運転手)・運転人・運転者・運転員　｝さんに道を聞いた。

1. 家の前に黒い車が｛　泊・留・止・戸　｝まった。

2. 門のところで｛　待・侍・持・特　｝っていてください。

3. 何時に｛　夕飯・夕飲・夕半・夕反　｝を食べましたか。

4. 日本は｛　物果・物価・物貨・物科　｝が高すぎると思う。

5. この建物は現在｛　使様・仕様・仕用・使用　｝されていません。

6. 新しいビルを建てる ｛ 形格・計格・形画・計画 ｝ がある。

7. どんな ｛ 料利・料理・糧利・糧理 ｝ が好きですか。

8. 政治にはあまり ｛ 観心・感心・関心・間心 ｝ がありません。

9. あの ｛ 音楽者・音楽人・音楽家・音楽手 ｝ は世界的に有名だ。

10. 今月はずいぶん ｛ 電気価・電気費・電気代・電気金 ｝ がかかった。

F つぎの漢字のことばは、「な」をつけて形容詞（adjective）として使えますか、「する」をつけて動詞（verb）として使えますか、両方（both）使えますか、または両方とも使えませんか。例のように○をつけなさい。

例1.	元気	な	（ ○ ）
		する	（　　）
		―	（　　）
例2.	研究	な	（　　）
		する	（ ○ ）
		―	（　　）
1.	練習	な	（　　）
		する	（　　）
		―	（　　）
2.	番組	な	（　　）
		する	（　　）
		―	（　　）
3.	適当	な	（　　）
		する	（　　）
		―	（　　）
4.	失礼	な	（　　）
		する	（　　）
		―	（　　）
5.	必要	な	（　　）
		する	（　　）
		―	（　　）
例3.	心配	な	（ ○ ）
		する	（ ○ ）
		―	（　　）
例4.	経済	な	（　　）
		する	（　　）
		―	（ ○ ）
6.	運転	な	（　　）
		する	（　　）
		―	（　　）
7.	便利	な	（　　）
		する	（　　）
		―	（　　）
8.	問題	な	（　　）
		する	（　　）
		―	（　　）
9.	結果	な	（　　）
		する	（　　）
		―	（　　）
10.	留学	な	（　　）
		する	（　　）
		―	（　　）

G 下の□に、つぎの〰〰の中からてきとうな漢字をえらんでいれなさい。
（１．～８．は動詞、９．と10．は形容詞です。）

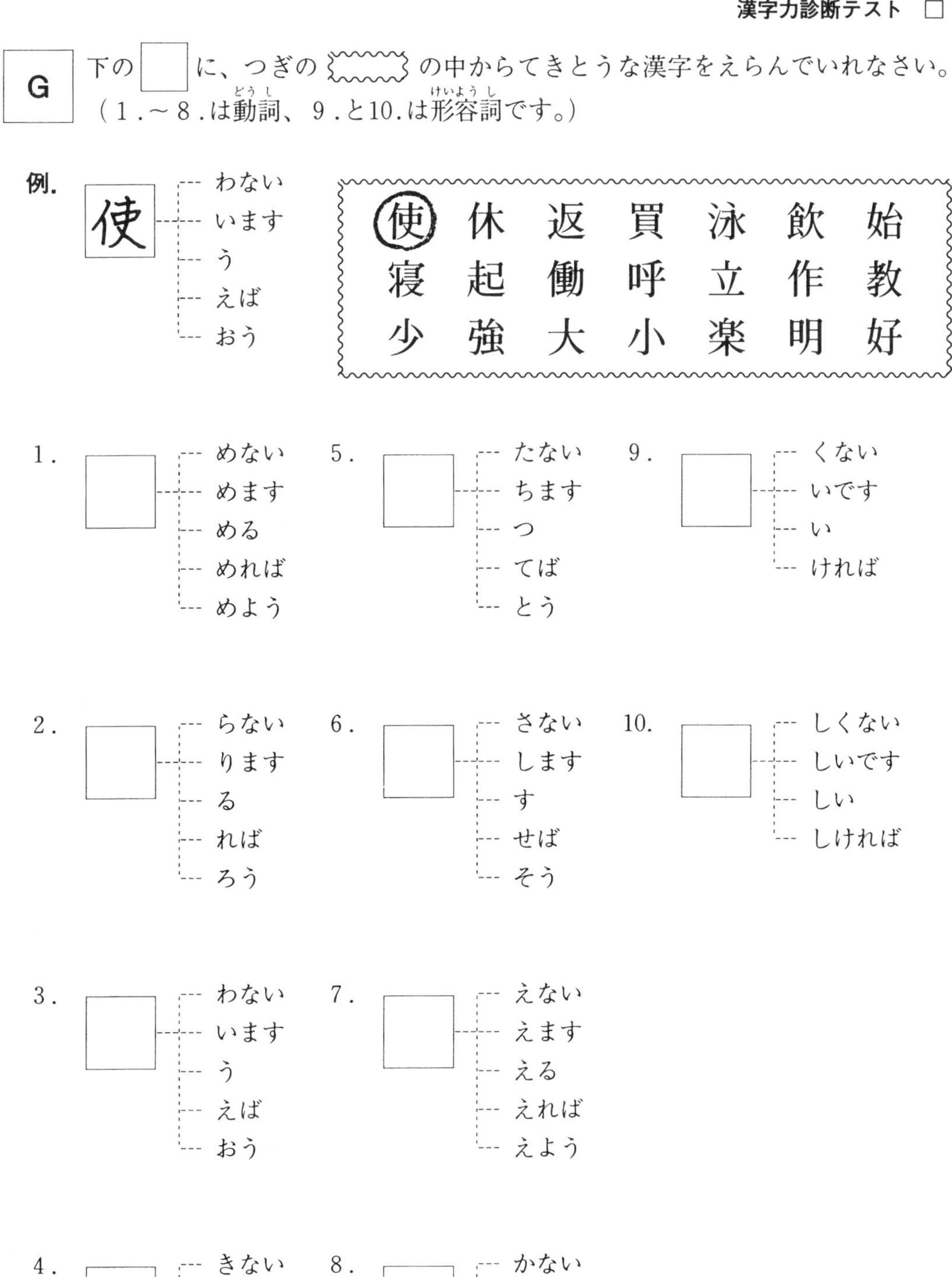

例. 使 ― わない / います / う / えば / おう

（使）休　返　買　泳　飲　始
寝　起　働　呼　立　作　教
少　強　大　小　楽　明　好

1. □ ― めない / めます / める / めれば / めよう
2. □ ― らない / ります / る / れば / ろう
3. □ ― わない / います / う / えば / おう
4. □ ― きない / きます / きる / きれば / きよう
5. □ ― たない / ちます / つ / てば / とう
6. □ ― さない / します / す / せば / そう
7. □ ― えない / えます / える / えれば / えよう
8. □ ― かない / きます / く / けば / こう
9. □ ― くない / いです / い / ければ
10. □ ― しくない / しいです / しい / しければ

H つぎの文中の下線のことばの読み方を、例のようにひらがなでかきなさい。

例. 日本で一番高い山を知っていますか。
しって

1. 地下鉄に乗ってデパートへ行った。

2. 私はクラシック音楽が好きだ。

3. 先週は天気が悪かったので、出かけなかった。

4. 彼はとてもギターが上手だ。

5. 北海道へ旅行しようと思っている。

6. 図書館で外国語の本を借りた。

7. 近年、先進国では老人の人口が増えている。

8. ヨーロッパ文学の歴史を研究している。

9. この間は、お会いできなくて、本当に残念でした。

10. 来年、国へ帰ろうと思います。

I つぎのことばの読み方を、ひらがなでかきなさい。

例1.	車	(くるま)	**例2.**	使う	(つかう)
1.	雨	(　　　)	11.	毎日	(　　　)
2.	花	(　　　)	12.	時間	(　　　)
3.	村	(　　　)	13.	電話	(　　　)
4.	色	(　　　)	14.	病院	(　　　)
5.	弟	(　　　)	15.	政治	(　　　)
6.	若い	(　　　)	16.	映画	(　　　)
7.	短い	(　　　)	17.	予定	(　　　)
8.	静かな	(　　　)	18.	仕事	(　　　)
9.	渡る	(　　　)	19.	説明	(　　　)
10.	降る	(　　　)	20.	準備	(　　　)

J つぎのことばの下線の漢字の読み方と同じ音読みの漢字を｛　　｝の中からえらび、○をつけなさい。また、＿＿にその読み方もかきなさい。

例. 映画 ｛央・(英)・決・円｝ エイ

1.	会議	｛義・機・期・辞｝	＿＿	6.	案内	｛悪・安・薬・妹｝	＿＿
2.	有効	｛動・郊・号・強｝	＿＿	7.	時間	｛持・待・誌・遅｝	＿＿
3.	様子	｛場・洋・有・商｝	＿＿	8.	経済	｛結・強・軽・験｝	＿＿
4.	暖冬	｛単・短・談・館｝	＿＿	9.	宿泊	｛飯・晩・発・白｝	＿＿
5.	同時	｛銅・答・講・老｝	＿＿	10.	公園	｛営・泳・遠・困｝	＿＿

K つぎの[　　]の中はあるグループの漢字ですが、一つだけちがうものがまじっています。例のように、ちがう漢字に×をつけ、＿＿＿に何のグループの漢字かをかきなさい。

例1. [日・火(×)・月・木・金] 曜日(ようび) (days of the week)
例2. [行・見・会・円(×)・教] 動詞(どうし) (verbs)
例3. [足・右・左(×)・同・京] 口 (with the shape 口)
例4. [水(×)・工・公・考・行] コウ (On-reading 'kou')

1. [春・冬・昼・秋・夏] ＿＿＿
2. [道・速・遅・広・重] ＿＿＿
3. [会・外・開・回・海] ＿＿＿
4. [休・集・米・困・機] ＿＿＿
5. [読・話・誌・飲・待] ＿＿＿
6. [兄・友・父・母・妹] ＿＿＿
7. [朝・今・円・夜・夕] ＿＿＿
8. [言・見・元・現・原] ＿＿＿
9. [答・第・質・竹・笑] ＿＿＿
10. [聞・書・食・歩・行] ＿＿＿
11. [週・主・習・終・集] ＿＿＿
12. [目・手・力・耳・足] ＿＿＿
13. [良・正・違・難・悪] ＿＿＿
14. [走・重・赤・地・社] ＿＿＿
15. [有・遊・友・油・右] ＿＿＿
16. [動・男・切・勉・加] ＿＿＿
17. [放・法・忘・訪・方] ＿＿＿
18. [深・洗・消・決・流] ＿＿＿
19. [町・都・区・市・園] ＿＿＿
20. [情・思・感・忙・無] ＿＿＿

あなたの漢字力診断表の書き方

How to fill in the Kanji Ability Chart

14ページ～15ページに<テストの解答>があります。あなたの答えと見くらべて、次のページの診断表に結果を書き入れてください。あなたの答えが正しかったら、表のA～Kの問題の欄に「1」を書き入れます。間違っていたら、何も書かないでください。

The answers are given on p.14 ～ p.15. Check your answers. If your answers are correct, write “1” in the columns A ～ K of the chart on the next page. If your answers are wrong, leave the columns blank.

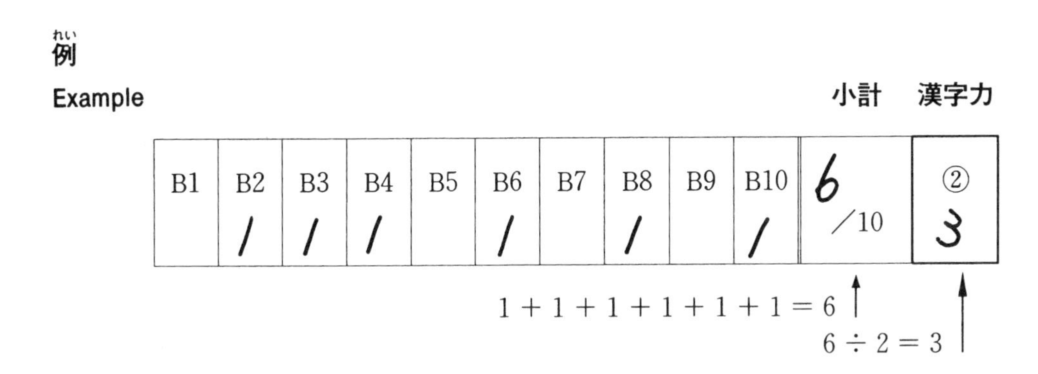

次に、左の欄から右へ「1」を足していった合計点を「小計」の欄に書きます。たとえば上の例のように、10問中6問（B2、B3、B4、B6、B8、B10）が正しかった場合には、小計は「6」になります。そして一番右の「漢字力」の欄に、小計を5点満点になおした数字を書きます。問題が10問の場合には、「6」を2でわったもの、つまり「3」が漢字力になります。ただし、表の①③⑦⑫では、問題が15問ありますから、小計を3でわった数字を「漢字力」の欄に書いてください。

Next, add the numbers in the left columns (B1 ～ B10 on the above) and write the total in the “sub-total” column. For example, if you get six correct answers out of ten questions, your “sub-total” will be 6. However, to graph your score you need to convert your mark to a mark out of 5. For example, if you get 6 correct answers out of 10 questions, divide 6 by 2, to give you a mark of 3 as your Kanji ability. For①③⑦⑫, divide your mark by 3 because there are 15 questions in these sections.

最後に、一番下に140点満点の合計点とパーセントも出しておきましょう。

Lastly, add all the “sub-totals” to get your total mark (the full mark is 140) and calculate its percentage at the bottom.

あなたの漢字力診断表(500字)

Diagnostic Chart of your Kanji Ability

															小計	漢字力	
A1	A2	A3	A4	A5	A6	A7	A8	A9	A10	K1	K6	K7	K12	K19	／15	①	意味
B1	B2	B3	B4	B5	B6	B7	B8	B9	B10						／10	②	語構成
C1	C2	C3	C4	C5	C6	C7	C8	C9	C10	K4	K9	K14	K16	K20	／15	③	字形(部首)
D1	D2	D3	D4	D5	D6	D7	D8	D9	D10						／10	④	書き(単字)
D11	D12	D13	D14	D15	D16	D17	D18	D19	D20						／10	⑤	書き(熟語)
E1	E2	E3	E4	E5	E6	E7	E8	E9	E10						／10	⑥	選択(文脈による)
F1	F2	F3	F4	F5	F6	F7	F8	F9	F10	K2	K5	K10	K13	K18	／15	⑦	用法(品詞)
G1	G2	G3	G4	G5	G6	G7	G8	G9	G10						／10	⑧	用法(送りがな)
H1	H2	H3	H4	H5	H6	H7	H8	H9	H10						／10	⑨	読み(文脈による)
I1	I2	I3	I4	I5	I6	I7	I8	I9	I10						／10	⑩	読み(単字)
I11	I12	I13	I14	I15	I16	I17	I18	I19	I20						／10	⑪	読み(熟語)
J1	J2	J3	J4	J5	J6	J7	J8	J9	J10	K3	K8	K11	K15	K17	／15	⑫	音読み(形声)
														合計	/140	%	

あなたの漢字力診断グラフ

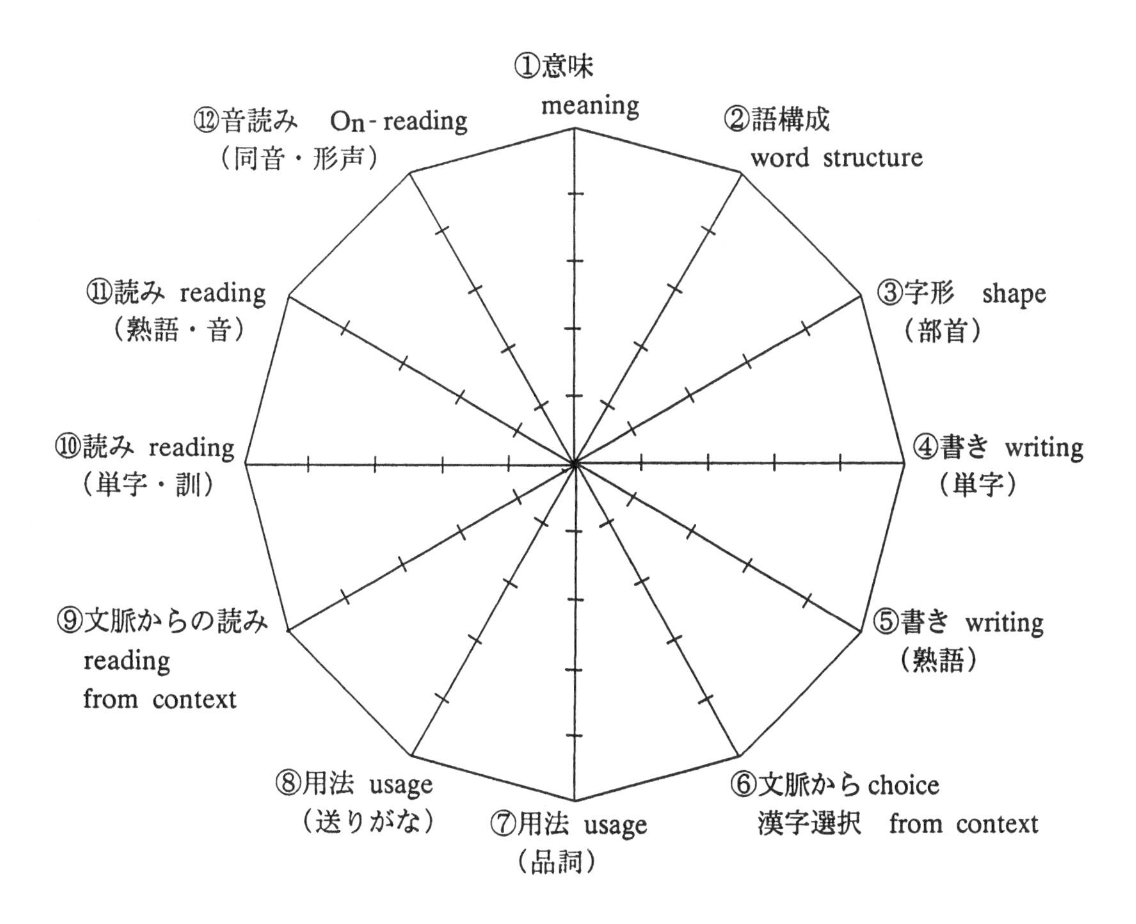

前ページの表の①～⑫の結果（5点満点）を上のグラフのそれぞれの線の上に、赤い「・」で記入してください。そして、それぞれの点を右の例のように線でむすんでください。線が作る図形があなたの漢字力を表しています。

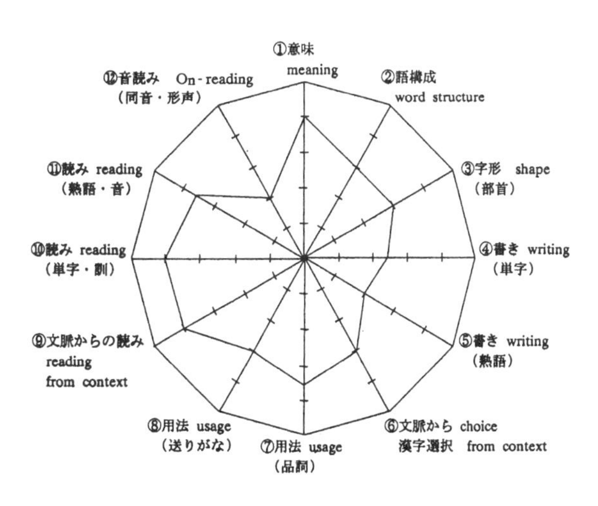

漢字力診断グラフの見方

あなたの漢字力グラフは、どんな形になりましたか。線が大きな円（circle）になれば、あなたの漢字力も大きいことになります。線が中に入りこんでいるところがあなたの弱点（weak points）ですから、これから特にそこを強化してください。

下のA、B、C、Dのグラフ例の中から、あなたの結果に一番近い形を見つけて、そのグラフの下にある説明をよく読んでください。これからのあなたの漢字の勉強にきっと役立つでしょう。

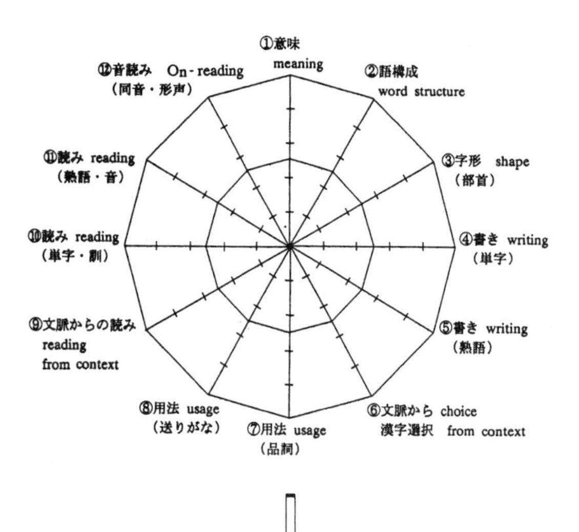

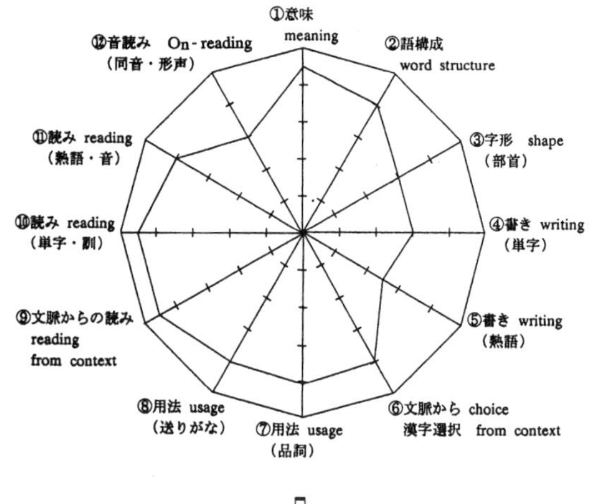

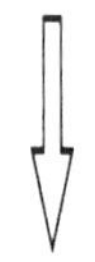

A

あなたの漢字力はまだ十分ではありませんが、バランスはいいです。この調子で漢字力をのばしてください。この本を1課から順に勉強しながら『Basic Kanji Book』Vol. 2を使って復習（review）もしたほうがいいと思います。

B

あなたは漢字の意味や読みはよく知っていますが、漢字を書くことが弱いですね。これからは、書く練習に力を入れましょう。字形をしっかり覚えることが大切です。漢字の構成要素（components）の知識（→復習の課）も役に立つでしょう。

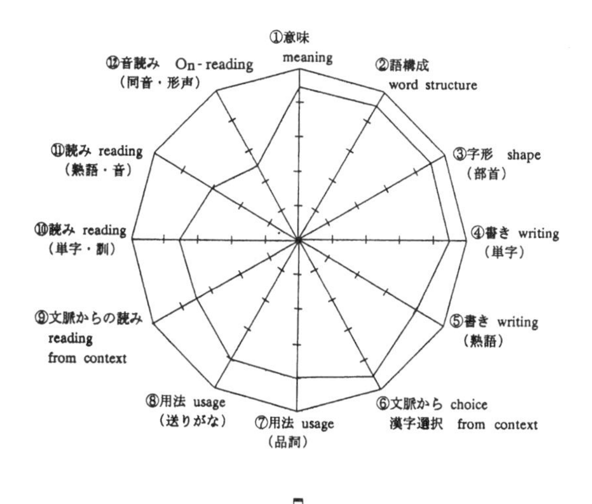

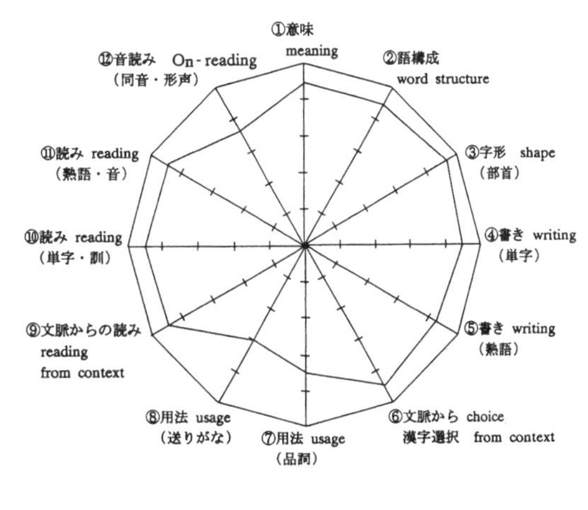

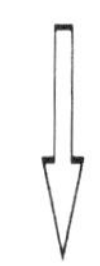

C

あなたは、漢字の意味や字形はよく知っていますが、日本語での読み方がまだ不正確ですね。これからは、濁点（〃）や小さい「っ」、長音などに注意して正確に読む練習をしてください。それには、同音の漢字の知識(→この本の５課、８課、９課)も役に立つでしょう。

D

あなたの漢字力は、ほぼ満点(full marks)に近いですが、残念ながら日本語での用法がまだ弱いですね。漢字のことばを覚える時は、どんな品詞に使われるか(→この本の３課、４課、７課)もいっしょに覚えましょう。動詞・形容詞の送りがなも正確に覚えてください。

もし、あなたの①～⑫の漢字力の平均（average）が２点以下で、Ａより小さい図形になったなら、この本を使って勉強する前に、『Basic Kanji Book』Vol. 1 と Vol. 2 を使って、漢字の体系（system）をざっと復習することをすすめます。バランスのよい漢字力をつけるためには、何よりも基礎（foundation）が大切です。

では、あなたの漢字学習の成功（success）を期待しています。

＜テストの解答＞

A

1. ⟷ 西(にし　West)
2. ⟷ 暗(くら-い　dark)
3. ⟷ 新(あたら-しい　new)
4. ⟷ 安(やす-い　cheap)
5. ⟷ 速(はや-い　fast)
6. ⟷ 後(あと／うし-ろ　after, back)
7. ⟷ 入(はい-る　to come in)
8. ⟷ 降(お-りる　to get off, to alight)
9. ⟷ 減(へ-る　to decrease)
10. ⟷ 開(あ-く　to open)

B

1. 非／人間／的：人間らしくないこと
2. 最／新／報告：最も新しい報告
3. 合格／者／数：合格した人の数
4. 無／公害／車：公害を出さない車
5. 少／人数／制：少ない人数の制度
6. 営業／部／長　：営業をする部の長
7. 原子／力／発電：原子の力で発電すること
8. 比較／研究／法：比較して研究する方法
9. 不／得意／科目：得意でない科目
10. 効果／的／学習：効果がある学習

C

1. 荷 ｛艹｝：くさかんむり　plant
2. 新 ｛斤｝：おのづくり　ax
3. 屋 ｛尸｝：しかばね　corpse
4. 場 ｛土｝：つちへん　ground
5. 遠 ｛辶｝：しんにょう　way
6. 線 ｛糸｝：いとへん　thread
7. 空 ｛穴｝：あなかんむり　hole
8. 意 ｛心｝：したごころ　heart
9. 院 ｛阝｝：こざとへん　cliff
10. 痛 ｛疒｝：やまいだれ　sickness

D

1. 女
2. 歌
3. 駅
4. 熱
5. 頭
6. 次
7. 通る
8. 遊ぶ
9. 細い
10. 弱い
11. 百年
12. 試験
13. 家族
14. 住所
15. 空港
16. 写真
17. 自由な
18. 生活する
19. 結婚する
20. 完成する

E

1. 家の前に黒い車が ｛止｝ まった。
2. 門のところで ｛待｝ っていてください。
3. 何時に ｛夕飯｝ を食べましたか。
4. 日本は ｛物価｝ が高すぎると思う。
5. この建物は現在 ｛使用｝ されていません。
6. 新しいビルを建てる ｛計画｝ がある。
7. どんな ｛料理｝ が好きですか。
8. 政治にはあまり ｛関心｝ がありません。
9. あの ｛音楽家｝ は世界的に有名だ。
10. 今月はずいぶん ｛電気代｝ がかかった。

F

1. 練習(れんしゅう)する
2. 番組(ばんぐみ)ー
3. 適当(てきとう)な
4. 失礼(しつれい)な／する
5. 必要(ひつよう)な
6. 運転(うんてん)する
7. 便利(べんり)な
8. 問題(もんだい)ー
9. 結果(けっか)ー
10. 留学(りゅうがく)する

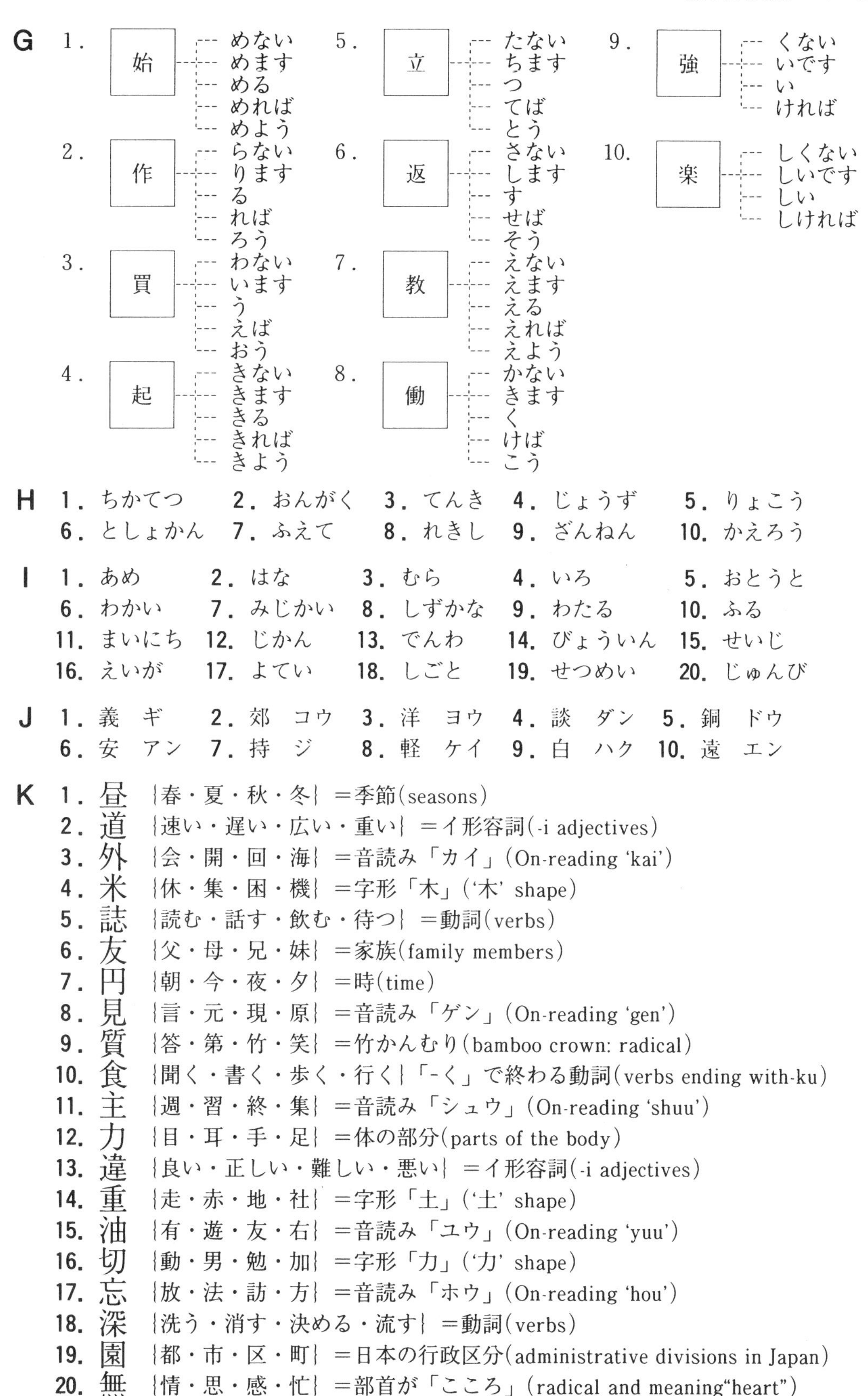

G

1. 始 — めない／めます／める／めれば／めよう
2. 作 — らない／ります／る／れば／ろう
3. 買 — わない／います／う／えば／おう
4. 起 — きない／きます／きる／きれば／きよう
5. 立 — たない／ちます／つ／てば／とう
6. 返 — さない／します／す／せば／そう
7. 教 — えない／えます／える／えれば／えよう
8. 働 — かない／きます／く／けば／こう
9. 強 — くない／いです／い／ければ
10. 楽 — しくない／しいです／しい／しければ

H

1. ちかてつ　2. おんがく　3. てんき　4. じょうず　5. りょこう
6. としょかん　7. ふえて　8. れきし　9. ざんねん　10. かえろう

I

1. あめ　2. はな　3. むら　4. いろ　5. おとうと
6. わかい　7. みじかい　8. しずかな　9. わたる　10. ふる
11. まいにち　12. じかん　13. でんわ　14. びょういん　15. せいじ
16. えいが　17. よてい　18. しごと　19. せつめい　20. じゅんび

J

1. 義　ギ　2. 郊　コウ　3. 洋　ヨウ　4. 談　ダン　5. 銅　ドウ
6. 安　アン　7. 持　ジ　8. 軽　ケイ　9. 白　ハク　10. 遠　エン

K

1. 昼　{春・夏・秋・冬} ＝季節(seasons)
2. 道　{速い・遅い・広い・重い} ＝イ形容詞(-i adjectives)
3. 外　{会・開・回・海} ＝音読み「カイ」(On-reading 'kai')
4. 米　{休・集・困・機} ＝字形「木」('木' shape)
5. 誌　{読む・話す・飲む・待つ} ＝動詞(verbs)
6. 友　{父・母・兄・妹} ＝家族(family members)
7. 円　{朝・今・夜・夕} ＝時(time)
8. 見　{言・元・現・原} ＝音読み「ゲン」(On-reading 'gen')
9. 質　{答・第・竹・笑} ＝竹かんむり(bamboo crown: radical)
10. 食　{聞く・書く・歩く・行く}「-く」で終わる動詞(verbs ending with-ku)
11. 主　{週・習・終・集} ＝音読み「シュウ」(On-reading 'shuu')
12. 力　{目・耳・手・足} ＝体の部分(parts of the body)
13. 違　{良い・正しい・難しい・悪い} ＝イ形容詞(-i adjectives)
14. 重　{走・赤・地・社} ＝字形「土」('土' shape)
15. 油　{有・遊・友・右} ＝音読み「ユウ」(On-reading 'yuu')
16. 切　{動・男・勉・加} ＝字形「力」('力' shape)
17. 忘　{放・法・訪・方} ＝音読み「ホウ」(On-reading 'hou')
18. 深　{洗う・消す・決める・流す} ＝動詞(verbs)
19. 園　{都・市・区・町} ＝日本の行政区分(administrative divisions in Japan)
20. 無　{情・思・感・忙} ＝部首が「こころ」(radical and meaning"heart")

ひらがなになった漢字

曽	世	寸	之	左	己	計	久	幾	加	於	衣	宇	以	安
曽	世	寸	之	左	己	計	久	幾	加	於	衣	宇	以	安
そ	せ	す	し	さ	こ	け	く	き	か	お	え	う	い	あ
保	部	不	比	波	乃	祢	奴	仁	奈	止	天	川	知	太
保	部	不	比	波	乃	祢	奴	仁	奈	止	天	川	知	太
ほ	へ	ふ	ひ	は	の	ね	ぬ	に	な	と	て	つ	ち	た
遠	和	呂	礼	留	利	良	与	由	也	毛	女	武	美	末
遠	和	呂	礼	留	利	良	与	由	也	毛	女	武	美	末
を	わ	ろ	れ	る	り	ら	よ	ゆ	や	も	め	む	み	ま
														ん

日本にはもともと文字がなかったので、中国から伝えられた漢字を使って、日本語の音を書き表すようになりました。これは、万葉仮名（まんようがな）と呼ばれ、ひらがなの始まりになりました。

ひらがなは、漢字全体の形をくずして、簡単に速く書けるようにしたものです。平安時代から、主に女性が多く使い、ひらがなとしての字体ができあがりました。

第1課 漢字の仲間

復習

それぞれの漢字のグループには、ほかにどんな漢字が入るでしょうか。下のa.～z.の中から選びなさい。

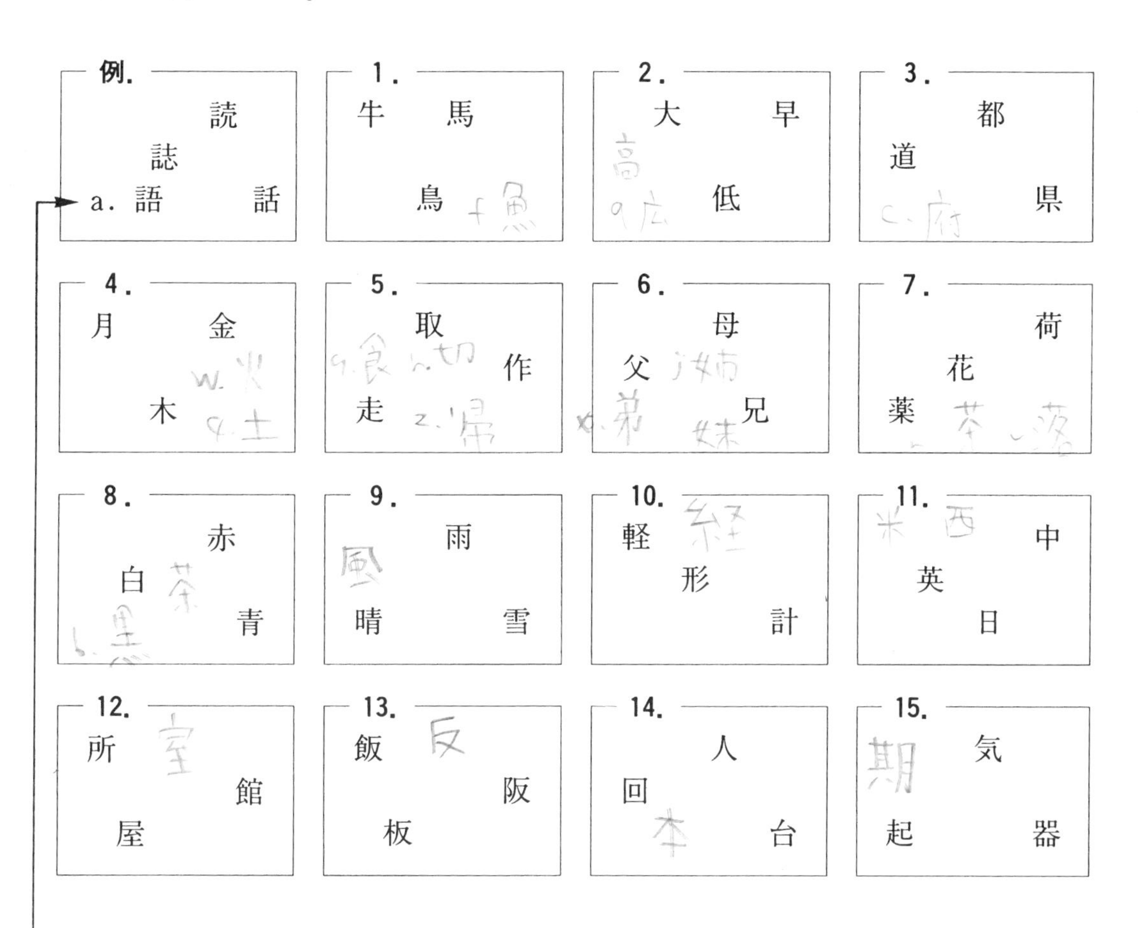

例.
　　　　読
　　　誌
a.語　話

1.
牛　　馬
　　鳥　f魚

2.
　大　　早
高
o広　低

3.
　　　都
　道
c府　　県

4.
月　　金
　w火
　木　q土

5.
　　取
g食　h切　作
走　z帰

6.
　　母
父　j姉
x弟　妹　兄

7.
　　　荷
　　花
薬　茶　u落

8.
　　赤
白　茶
b黒　青

9.
　　　雨
p風
晴　雪

10.
軽　r経
　形
　計

11.
l米　t西　中
　　英
　　日

12.
所　i室
　　館
屋

13.
飯　v反
　　阪
板

14.
　　人
回
s本　台

15.
k期　気
起　器

a.語　b.黒　c.府　d.島　e.土　f.魚　g.食　h.切　i.室
j.姉　k.期　l.米　m.茶　n.水　o.妹　p.風　q.広　r.経
s.本　t.西　u.落　v.反　w.火　x.弟　y.高　z.帰

＜答　え＞

1. f 魚：　牛(うし)・馬(うま)・鳥(とり)・魚(さかな)
　　＝動物(どうぶつ)　animals
2. b 黒，q 広，y 高：　大(おお)きい・早(はや)い・低(ひく)い・黒(くろ)い・広(ひろ)い・高(たか)い　＝イ形容詞(けいようし) -i adjectives
3. c 府：　都(と)・道(どう)・府(ふ)・県(けん)
　　＝行政区分(ぎょうせいくぶん)　administrative divisions
4. e 土，n 水，w 火：　月(げつ)・火(か)・水(すい)・木(もく)・金(きん)・土(ど)
　　＝曜日(ようび)　days of the week
5. h 切，r 経，z 帰：　取(と)る・作(つく)る・走(はし)る・切(き)る・経(へ)る・帰(かえ)る　＝「る」で終わる動詞(どうし)　verbs ending with -ru
6. j 姉，o 妹，x 弟：　母(はは)・父(ちち)・兄(あに)・姉(あね)・妹(いもうと)・弟(おとうと)　＝家族(かぞく)　family members
7. m 茶，u 落：　荷(に)・花(はな)・薬(くすり)・茶(ちゃ)・落(お)ちる
　　＝「艹」草(くさ)かんむりがつく　“plant” radical
8. b 黒，m 茶：　赤(あか)・白(しろ)・青(あお)・黒(くろ)・茶(ちゃ)
　　＝色　colors
9. p 風：　雨(あめ)・晴(は)れ・雪(ゆき)・風(かぜ)
　　＝気象(きしょう)　weather
10. r 経：　軽(ケイ)・形(ケイ)・計(ケイ)・経(ケイ)
　　＝音読みが「ケイ」　On-reading ‘kei’
11. l 米，t 西：　英(えい)・中(ちゅう)・日(にち)・米(べい)・西(せい)
　　＝国名(こくめい)　countries
12. i 室：　所(しょ/じょ)・館(かん)・屋(や)・室(しつ)
　　＝場所(ばしょ)の接尾辞(せつびじ)　place suffixes
13. v 反：　飯(ハン)・阪(ハン)・板(バン)・反(ハン)
　　＝音記号(おんきごう)「反(ハン)」をもつ　phonetic marker 反 ‘han’
14. a 語，d 島，h 切，i 室，k 期，s 本：　～人(にん)・～回(かい)・～台(だい)・～語(ご)・～島(とう)・～切(きれ)・～室(しつ)・～期(き)・～本(ほん／ぽん／ぼん)　＝助数詞(じょすうし)　counters
15. k 期，z 帰：　気(キ)・起(キ)・器(キ)・期(キ)・帰(キ)
　　＝音読みが「キ」 On-reading ‘ki’

基本練習

I. 1～12はどんな漢字のグループでしょうか。[　　] にそれぞれのグループの名前をつけ、グループに入る仲間(なかま)の漢字を下のa.～z.の中から選びなさい。(グループに入る漢字はいくつ選んでもよい。使わない字もある。)

1. 浅 深　流 　港 [？がい～つは]	**2.** 　好 校 　　広 考 [こ]	**3.** 　厚　薄 遠 　低 [い形]	**4.** 　　男 町 　細　留 [田]
5. 庁　部 局　課 [行政]	**6.** 秋　終 　　週 集 [しゅ]	**7.** 　国 現　理 　主 [王]	**8.** 欧　次 　　歌 飲 [欠]
9. 　英 仏　米 西 [国の名前]	**10.** 　貧 正 　美　新 [_しい]	**11.** 残　売 　移 　送 [るで終るり]	**12.** 耳 　頭 足　手 [体の部分]

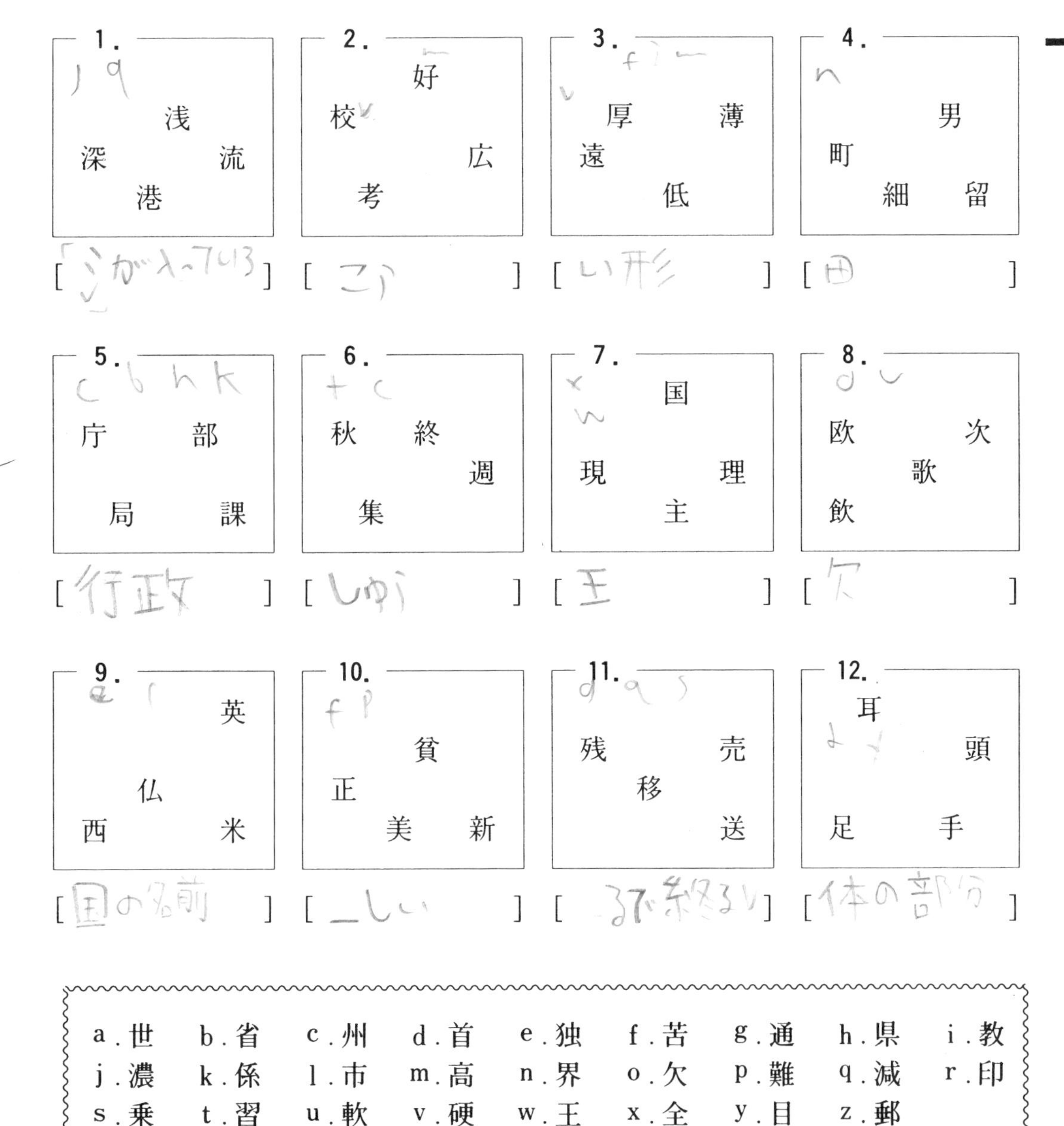

a.世　b.省　c.州　d.首　e.独　f.苦　g.通　h.県　i.教
j.濃　k.係　l.市　m.高　n.界　o.欠　p.難　q.減　r.印
s.乗　t.習　u.軟　v.硬　w.王　x.全　y.目　z.郵

Ⅱ. 次の文の下線のことばの下に読み方を書き、それと同じ仲間のことばをふたつ、例(れい)のように＿＿＿に漢字で書きなさい。

例.	両親は太田市に住んでいる。 し	町(まち)／村(むら)
1.	あの赤いセーターを着た人が田中さんだ。	紅 朱
2.	兄は東京の大学で勉強している。	姉 妹
3.	駅の東口で待ち合わせをした。	南口 北口
4.	ころんで、指にけがをしてしまった。	足 頭
5.	田中さんの後ろにいるのが高橋さんです。	前 裏
6.	一年の中で春が一番好きだ。	秋 冬
7.	一日のうちで、朝が一番忙しい。	昼 夜
8.	このごろ、暑い日が続いている。	寒い, 涼しい
9.	新聞の一面は「来月首相訪仏」という記事だ。	米 英
10.	机(つくえ)の上に厚い辞書が置いてある。	重い
11.	鈴木(すずき)さんは文部科学省につとめている。	＿＿＿
12.	彼は子どもの時、医者になりたかったそうだ。	＿＿＿
13.	この町は農業が中心である。	＿＿＿
14.	家計が苦しいので、交通費を節約(せつやく)している。	＿＿＿
15.	映画館の前で友人とばったり会った。	＿＿＿
16.	きのうから首が痛い。	＿＿＿

要点

漢字は、一つ一つがそれぞれ形（かたち）、音（おと）、意味（いみ）、用法（ようほう）を持っています。これらの形、音、意味、そして用法などをカギ（key）にして、共通点を持っている漢字の仲間（なかま）を見つけ、グループに分けてみましょう。

①形のグループ　Grouping by shape

②音のグループ　Grouping by pronunciation

③意味のグループ　Grouping by meaning

④用法のグループ　Grouping by usage

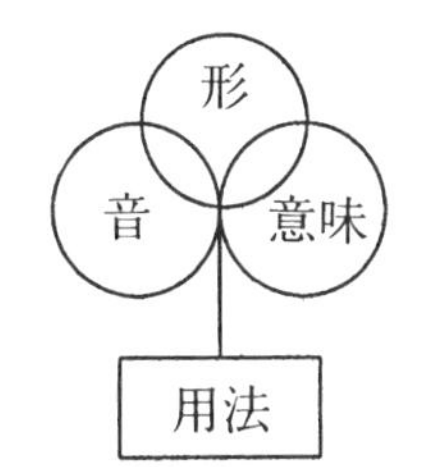

このように漢字を分類する方法は、新しい漢字を覚える時にも、覚えた漢字を思い出す時などにも役に立ちます。

①形のグループ　Grouping by shape

同じ部首（ぶしゅ）（意味を表している部分：Radicals）を持つ漢字があります。（⇨BK L.11, 12, 13, 14）漢字に共通の部首をさがしてみましょう。

＜へん＞	◧：海　温　涼　深　浅　濃	など→	氵（さんずい）water
＜つくり＞	◨：頭　題　願　顔　類	など→	頁（おおがい）head
＜かんむり＞	⬒：花　茶　薬　苦　落　薄	など→	艹（くさかんむり）plant
＜あし＞	⬓：思　悪　意　感　忘　悲	など→	心（こころ）heart
＜にょう＞	◱：道　週　近　遠　通　送	など→	辶（しんにょう）way
＜たれ＞	◰：広　店　度　席　府　庁	など→	广（まだれ）roof
＜かまえ＞	▣：問　間　開　閉　聞　関	など→	門（もんがまえ）gate

形は少し違っても同じ部首としてあつかわれるものもあります。漢和辞典（じてん）を引くときに、知っていると便利です。

例1.　「忄」（りっしんべん）も「心」（こころ, heart）のグループ
忙　性　情　快　憎　思　悪　意　感　忘　悲　怒　恐　など

例2.　「灬」（れっか）も「火」（ひ, fire）のグループ
黒　熱　無　然　煮　照　畑　焼　炒　炊　災　炎　など

ほかに、部首ではありませんが、ある共通の形を部分として持つ漢字もあります。

＜部分＞	:品	古	加	商	器	局	など	→	口
	:町	細	留	男	界	胃	など	→	田
	:赤	考	社	地	遠	壁	など	→	土
	:全	国	現	理	球	環	など	→	王

②音のグループ　Grouping by pronunciation

漢字には、意味を表す部分（部首）と、音を表す部分（音記号）とからできているものがあり、それらは形声文字と呼ばれています。(⇨BK L.14)

音記号というのは、音読みを表している部分です。

音記号	音読み			
＜ 青 ＞	セイ	:青（セイ） （あお-い）	晴（セイ） （は-れ）	静（セイ） （しず-か）
＜ 可 ＞	カ	:可（カ）	何（カ） （なに/なん）	歌（カ） （うた）
＜ 交 ＞	コウ	:交（コウ） （まじ-わる）	校（コウ）	効（コウ） （き-く）
＜ 古 ＞	コ	:古（コ） （ふる-い）	故（コ） （ゆえ）	個（コ）
＜ 寺 ＞	ジ	:寺（ジ） （てら）	持（ジ） （も-つ）	時（ジ） （とき）
＜ 方 ＞	ホウ	:方（ホウ） （かた）	訪（ホウ） （たず-ねる）	放（ホウ） （はな-つ）

※くわしいことは、復習 1 －形声文字(1)(pp.93～97)を参照。

③意味のグループ　Grouping by meaning

漢字を意味によってグループに分けてみましょう。たとえば、『Basic Kanji Book』には、次のような意味によるグループ分けがあります。

＜家族＞	family members	:父　母　兄　姉　弟　妹	⇨BK L.15
＜位置＞	locations	:右　左　上　下　中	⇨BK L.18
＜方角＞	directions	:東　西　南　北	⇨BK L.18
＜季節＞	seasons	:春　夏　秋　冬	⇨BK L.26

＜色（いろ）＞ colors ：赤　青　黒　白　茶　⇨BK L.23

＜行政区分（ぎょうせいくぶん）＞：都　道　府　県　市　区　町　村　⇨BK L.20
administrative divisions

＜専門分野（せんもんぶんや）＞：政治　経済　教育　歴史　化学　など　⇨BK L.22
fields of academic study

このほかにも、いろいろな意味のグループが考えられます。

＜国名（こくめい）＞ countries
：米（べい）＝アメリカ　　露（ろ）＝ロシア
英（えい）＝イギリス　　中（ちゅう）＝中国
西（せい）＝スペイン　　韓（かん）＝韓国
仏（ふつ）＝フランス　　豪（ごう）＝オーストラリア
独（どく）＝ドイツ　　伯（はく）＝ブラジル
印（いん）＝インド
c.f. ＜地域（ちいき）＞ 欧（おう）＝ヨーロッパ
亜（あ）＝アジア

＜体の部分＞ parts of the body
：目　耳　口　歯　指　頭　顔　首（くび）

＜他（た）の行政区分＞ other administrative divisions
：州（しゅう）　ニューヨーク州　New York State (U.S.)
省（しょう）　山東省（さんとう）　Shandong Province (China)
郡（ぐん）　西多摩郡（にしたま）　Nishitama District

＜官公庁（かんこうちょう）＞ public offices
：省（しょう）　文部科学省　Ministry of Education, Culture, Sports, Science and Technology
経済産業省　Ministry of Economy, Trade and Industry
庁（ちょう）　警察庁（けいさつ）　National Police Agency
国税庁（こくぜい）　National Tax Administration
局（きょく）　水道局　Water Works Bureau
郵便局（ゆうびん）　Post Office

＜部局（ぶきょく）＞ divisions of organization
：局（きょく）　経理局　Finance and Accounting Bureau
部（ぶ）　営業部　Sales Department
総務部（そうむ）　General Affairs Department
課（か）　人事課　Personnel Section
経理課　Accounting Section
係（かかり）　第二係（だいにがかり）　2nd Sub-section
受付係（うけつけがかり）　Receptionist

④用法のグループ Grouping by usage

『Basic Kanji Book』には次のような品詞(parts of speech)などによる分類があります。

＜イ形容詞＞：高い　安い　多い　少ない　長い　短い　など
-i adjectives　⇨BK L.8, 14, 16, 28, 38

＜動詞＞　：話す　聞く　読む　書く　食べる　飲む　など
verbs　⇨BK L.9, 17, 24, 30, 37, 43

＜スル動詞＞：練習する　勉強する　研究する　質問する　など
-suru verbs　⇨BK L.21

＜ナ形容詞＞：元気な　有名な　便利な　適当な　など
-na adjectives　⇨BK L.16, 28

＜場所＞の接尾辞：～所　～場　～地　～園　～館　など
suffixes (place)　⇨BK L.19

＜仕事＞の接尾辞：～家　～手　～者　～員　～人　など
suffixes (occupation)　⇨BK L.27

＜お金＞の接尾辞：～代　～費　～料　～金　など
suffixes (money)　⇨第6課(p.112)

＜否定＞の接頭辞：非～　不～　無～　未～　など
negative prefixes　⇨BK L.45, 第6課(p.113)

この課では、国や地域に使われる漢字、部局などに使われる漢字のほかに、イ形容詞に使われる漢字として、さらに次の漢字を勉強します。

＜イ形容詞＞：

貧(まず)しい	poor	硬(かた)い	hard, stiff
浅(あさ)い	shallow	軟(やわ)らかい	soft
薄(うす)い	weak (liquid), light (color/density), thin		
濃(こ)い	strong (liquid), dark (color/density)		
厚(あつ)い	thick		

第1課の学習漢字

仏	独	印	欧	州	世	界	郵	省	庁	
p.244	p.256	p.290	p.284	p.330	p.329	p.301	p.281	p.316	p.322	
係	厚	薄	濃	硬	軟	浅	貧	王	首	20
p.245	p.321	p.298	p.256	p.264	p.273	p.254	p.319	p.261	p.294	

※上の学習漢字のほかにも、もしあなたがまだ知らない漢字がこの課に出ていたら、本の後ろにある漢字索引（Kanji Index）を見て、勉強しておきましょう。

応用練習

I. 次の文中で使えることばを、{a.～f.} の中から選んで、○をつけてみましょう。使えることばは、一つだけではありません。

例. パーティーで食べたり {(a) 歌ったり (b) 話したり c. 読んだり / (d) 飲んだり e. 押したり f. 書いたり} した。

1. 田中さんは今 {a. 会議 b. 仕事 c. 結婚 / d. 世界 e. 勉強 f. 電話} 中です。

2. 本屋で新しい {a. 東 b. 北 c. 西 / d. 仏 e. 独 f. 英} 和辞典(じてん)を見つけた。

3. そこを {a. 遊んで b. 曲がって c. 通って / d. 渡って e. 歩いて f. 止まって} ください。

4. このお茶は {a. 熱 b. 濃 c. 寒 / d. 薄 e. 暑 f. 弱} すぎて、おいしくない。

5. けさから {a. 心 b. 頭 c. 熱 / d. 体 e. 首 f. 歯} が痛くて、困っている。

6. {a. 営業 b. 案内 c. 教育 / d. 運転 e. 経済 f. 歴史} を勉強するために大学へ行く。

7. 卒業したら、 {a. 放送局 b. 政治家 c. 新聞社 / d. 外務省(がいむ) e. 国税庁(こくぜい) f. 銀行員} で仕事をする。

8. 「趣味(しゅみ)は {a. 読書 b. 辞書 c. 質問 / d. 料理 e. 旅行 f. 運動} だ。」と答える人が多い。

9. 彼は {a. 山口県 b. 北海道 c. 外務省 / d. 京都府 e. テキサス州 f. 商業地} で生まれ、東京で育った。

10. その国の {a. 国長 b. 国首 c. 首相 / d. 大統領(だいとうりょう) e. 元首 f. 国王} と会見する。

Ⅱ. 次の（　　）の中に、適当な漢字を１字、入れなさい。

1. 中国の四川（①　　）は、パンダのふるさととして有名です。

2. 京都市は京都（②　　）の（③　　）庁所在地です。

3. フランスは18（④　　）紀末に起きた革命によって（⑤　　）制から共和制に移行し、ルイ16（⑥　　）は、フランス最後の国（⑦　　）となった。

4. 九州は福岡（⑧　　）、佐賀（⑨　　）、長崎（⑩　　）、熊本（⑪　　）、大分（⑫　　）、宮崎（⑬　　）、鹿児島（⑭　　）という７つの（⑮　　）に分かれている。

5. 毎日、気象（⑯　　）から全国の天気予報が発表されます。

6. そのパーティーには、政（⑰　　）や経済（⑱　　）の大物が多数出席していた。

7. 郵便（⑲　　）は平成15年４月から日本（⑳　　）政公社の下に置かれていたが、平成18年10月に民営化された。

8. EUというのは、（㉑　　）州連合のことです。

9. このコピーは（㉒　　）くて読めません。もっと（㉓　　）くしてください。

10. 彼は（㉔　　）（㉕　　）中を回って、（㉖　　）しい人々のためにチャリティー・コンサートを開いている。

11. 私はまだ経験が（㉗　　）いので、人前で話すとき、（㉘　　）くなってしまいます。

12. 日本の行政組織は、2014年現在、下図のようになっている。
内閣のもとには、内閣官房、内閣法制（㉙　　）、人事院、内閣府、復興（㉚　　）と、11の（㉛　　）が置かれている。それらは、総務（㉜　　）、法務（㉝　　）、外務（㉞　　）、財務（㉟　　）、文部科学（㊱　　）、厚生労働（㊲　　）、農林水産（㊳　　）、経済産業（㊴　　）、国土交通（㊵　　）、環境（㊶　　）、防衛（㊷　　）である。そして、内閣府のもとには、宮内（㊸　　）、公正取引き委員会・警察（㊹　　）、金融（㊺　　）、消費者（㊻　　）が置かれている。

＜日本の行政組織＞

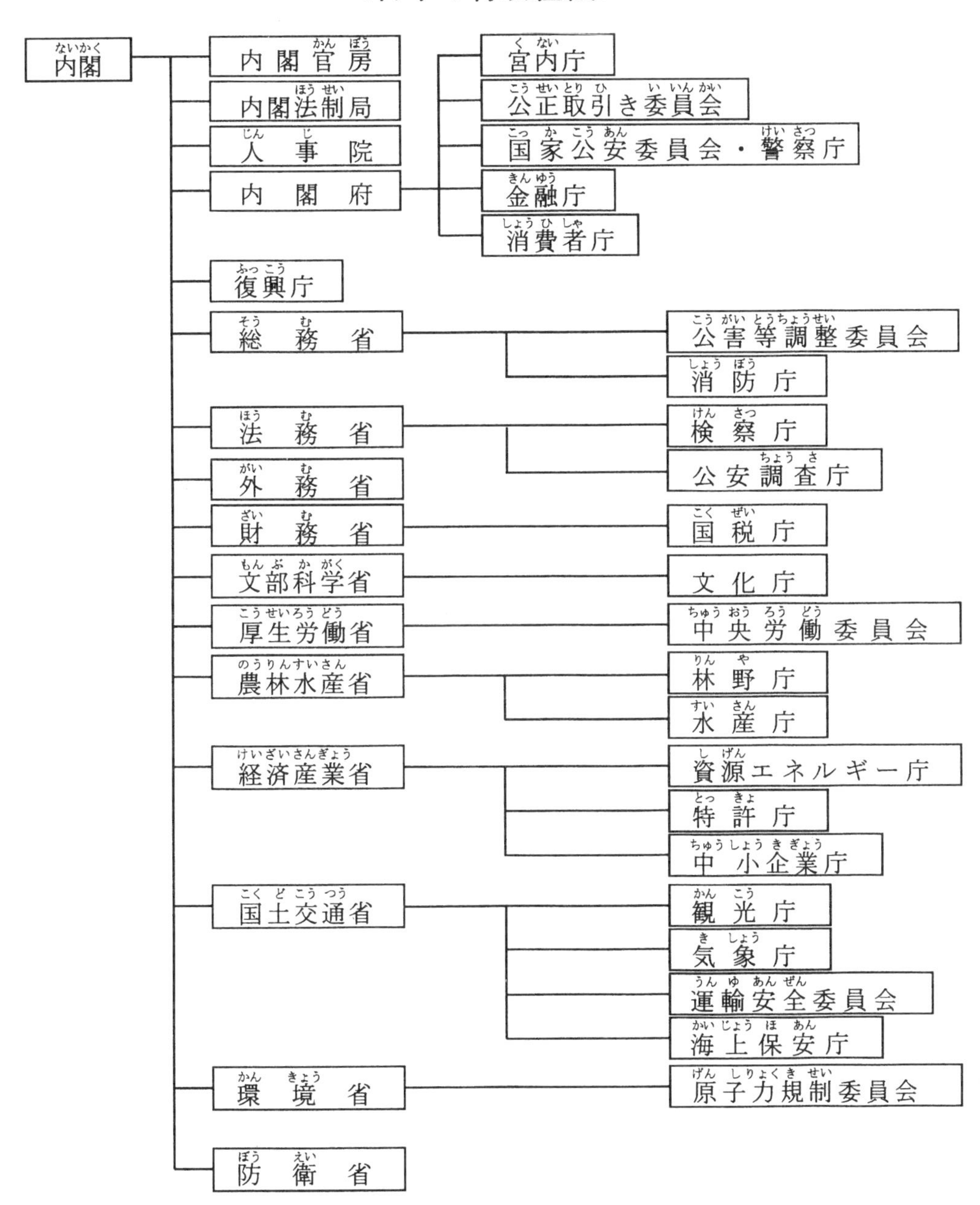

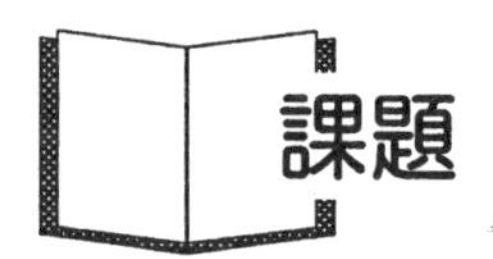

Ⅰ．次のa.～g.の質問項目について、まわりの友だちや日本人に日本語で質問し、その答えを下の表の２．～５．に記入してください。１．には、あなた自身の答えを記入してください。

	1.あなた	2.	3.	4.	5.
a．出身地 birthplace					
b．職業・仕事 occupation, job					
c．専門 speciality					
d．趣味 hobbies					
e．好きな色					
f．好きな漢字					
g．行きたい国					
h．					
i．					

※できるだけ多くの人に質問して、その結果を下のように集計し、日本語で発表してみましょう。h.とi.のところに質問も増やしてみてください。

例　「好きな色」を留学生20人に聞きました。

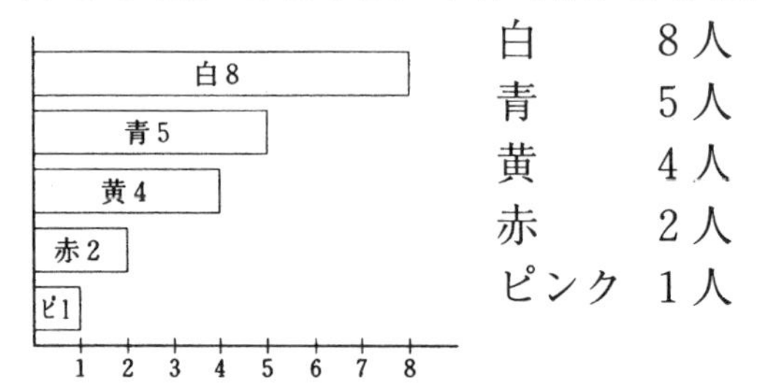

Ⅱ. 自分で、いろいろな漢字の仲間(なかま)をさがす問題を10作ってください。
友だちと問題を見せ合って、おたがいにやってみましょう。

例.
晩 朝
今
夜
a.昼

[時を表す漢字]

1. [ ]
2. [ ]
3. [ ]
4. [ ]
5. [ ]
6. [ ]
7. [ ]
8. [ ]
9. [ ]
10. [ ]

a.昼	b.	c.	d.	e.	f.	g.	h.
i.	j.	k.	l.	m.	n.	o.	p.
q.	r.	s.	t.	u.	v.	w.	x.

※答えは、別の紙に書いてください。

かたかなになった漢字

曽	世	須	之	散	己	介	久	幾	加	於	江	宇	伊	阿
ソ	世	ほ	え	サ	コ	ケ	ク	き	カ	オ	エ	ウ	イ	ア
ソ	セ	ス	シ	サ	コ	ケ	ク	キ	カ	オ	エ	ウ	イ	ア
保	部	不	比	八	乃	祢	奴	二	奈	止	天	川	千	多
ホ	ヘ	フ	ヒ	ハ	ノ	ネ	ヌ	ニ	ナ	ト	テ	リ	千	タ
ホ	ヘ	フ	ヒ	ハ	ノ	ネ	ヌ	ニ	ナ	ト	テ	ツ	チ	タ
乎	和	呂	礼	流	利	良	与	由	也	毛	女	牟	三	末
ラ	ワ	ロ	レ	ル	り	ら	与	由	ヤ	毛	め	ム	ミ	マ
ヲ	ワ	ロ	レ	ル	リ	ラ	ヨ	ユ	ヤ	モ	メ	ム	ミ	マ
														レ
														ン

かたかなは、主に漢字の一部分をとって、簡単な形にしたものです。中国から伝えられた本や仏教の経典を読むために作られました。

平安時代には、お坊さんや学者のような知識階級の男性が、漢字で書かれた文章を読む時に、送りがなやふりがなとして使いました。

かたかなのもとになった漢字は、ひらがなのもとになった漢字と違っている場合もあります。たとえば、かたかなの「ア」は「阿」という漢字から作られましたが、ひらがなの「あ」のもとになったのは、「安」という漢字だといわれています。p.16の表と比べてみてください。

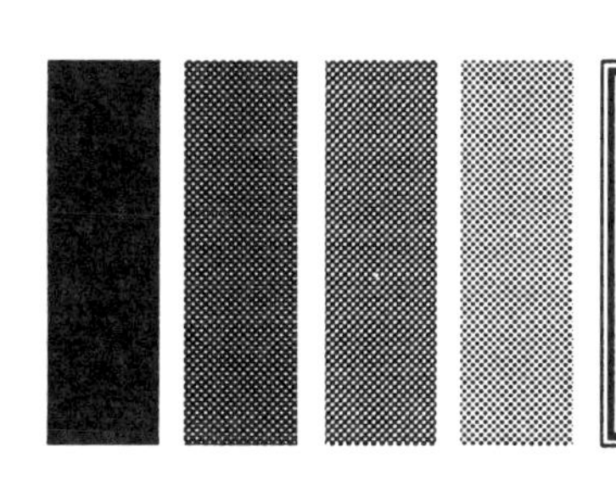

第２課
反対語の漢字

復習

次のことばと反対の意味のことば、あるいは対（つい）になっていることばを＿＿＿に書きなさい。

例.	上	⟷	下
1.	女	⟷	＿＿＿
2.	前	⟷	＿＿＿
3.	右	⟷	＿＿＿
4.	北	⟷	＿＿＿
5.	内	⟷	＿＿＿
6.	強い	⟷	＿＿＿
7.	良い	⟷	＿＿＿
8.	短い	⟷	＿＿＿
9.	軽い	⟷	＿＿＿
10.	高い	⟷	＿＿＿
11.	冷たい	⟷	＿＿＿
12.	少ない	⟷	＿＿＿
13.	硬い	⟷	＿＿＿
14.	薄い	⟷	＿＿＿
15.	深い	⟷	＿＿＿
16.	入る	⟷	＿＿＿
17.	乗る	⟷	＿＿＿
18.	動く	⟷	＿＿＿
19.	始まる	⟷	＿＿＿
20.	増える	⟷	＿＿＿
21.	心配する	⟷	＿＿＿
22.	出席する	⟷	＿＿＿
23.	賛成する	⟷	＿＿＿
24.	以上	⟷	＿＿＿

＜答　え＞

1.	女(おんな)	⟺	男(おとこ)
	woman		man
2.	前(まえ)	⟺	後(うし)ろ
	front		back
	前(まえ)	⟺	後(あと)
	before		after
3.	右(みぎ)	⟺	左(ひだり)
	right		left
4.	北(きた)	⟺	南(みなみ)
	north		south
5.	内(うち)	⟺	外(そと)
	inside		outside
6.	強(つよ)い	⟺	弱(よわ)い
	strong		weak
7.	良(よ)い	⟺	悪(わる)い
	good		bad
8.	短(みじか)い	⟺	長(なが)い
	short		long
9.	軽(かる)い	⟺	重(おも)い
	light		heavy
10.	高(たか)い	⟺	低(ひく)い
	high		low
	高(たか)い	⟺	安(やす)い
	expensive		cheap
11.	冷(つめ)たい	⟺	熱(あつ)い
	cold		hot
	冷(つめ)たい	⟺	温(あたた)かい
	cold		warm
12.	少(すく)ない	⟺	多(おお)い
	few, little		many, much
13.	硬(かた)い	⟺	軟(やわ)らかい
	hard		soft
14.	薄(うす)い	⟺	厚(あつ)い
	thin		thick
	薄(うす)い	⟺	濃(こ)い
	light(color/density)		dark
15.	深(ふか)い	⟺	浅(あさ)い
	deep		shallow
16.	入(はい)る	⟺	出(で)る
	to come in		to go out
17.	乗(の)る	⟺	降(お)りる
	to get on		to get off
18.	動(うご)く	⟺	止(と)まる
	to move		to stop
19.	始(はじ)まる	⟺	終(おわ)る
	to start		to end
20.	増(ふ)える	⟺	減(へ)る
	to increase		to decrease
21.	心配する(しんぱい)	⟺	安心する(あんしん)
	to worry		to be relieved
22.	出席する(しゅっせき)	⟺	欠席する(けっせき)
	to be present		to be absent
23.	賛成する(さんせい)	⟺	反対する(はんたい)
	to agree		to oppose
24.	以上(いじょう)	⟺	以下(いか)
	more than		less than

基本練習

I. 次の文を読んで、下線のことばの下に読み方を書きなさい。そして反対の意味のことば、あるいは対（つい）になっていることばと、その読みを書きなさい。

例.	友人の結婚式に出席しようと思っている。 しゅっせき	⟷	欠席 けっせき
1.	彼が住んでいるところは交通が不便だ。	⟷	便利
2.	今年の夏の東京の最高気温は35度だった。	⟷	最低
3.	古城（こじょう）めぐりのツアーは4月26日に出発する。	⟷	到着
4.	NTTの番号案内は有料です。	⟷	無料
5.	戦前の日本の教育制度を研究している。	⟷	戦後
6.	自分の短所を知ることが大切だ。	⟷	長所
7.	交通事故による死者（ししゃ）が増加している。	⟷	減少
8.	最近さまざまな分野に女性が進出してきた。	⟷	男性
9.	国際線の飛行機の発着は向こうのターミナルだ。	⟷	国内
10.	彼女は先週の日曜日に退院したそうだ。	⟷	入院
11.	親切な駅員さんが道を教えてくれた。	⟷	不親切
12.	この食品は低温で保存（ほぞん）してください。	⟷	高温
13.	出国する際には、この書類が必要だ。	⟷	入国
14.	この戦争は長期化する恐（おそ）れがある。	⟷	短期

Ⅱ. 次の文の下線のところに適当なことばを書き、その読み方を下に書きなさい。
後ろの（　　　）には、それと反対、または対(つい)になることばがあります。

例. この大学には留学生が500人 ＿以上＿ いる。 ⟺ （ 以下 ）
いじょう　　いか

1. １週間で論文を仕上げるのは絶対(ぜったい)に＿不可能＿だ。 ⟺ （ 可能 ）

2. ＿低気圧＿が接近しているので雨になるだろう。 ⟺ （ 高気圧 ）

3. この許可証(きょかしょう)は期限(きげん)が切れていて＿無効＿だ。 ⟺ （ 有効 ）

4. 地下水から＿多少＿の水銀が検出(けんしゅつ)された。 ⟺ （ 多量 ）

5. 戦争のために軍事(ぐんじ)関係の＿支出＿が多かった。 ⟺ （ 収入 ）

6. 試合の＿開始＿時間を教えてください。 ⟺ （ 終了 ）

7. その国はオリンピックへの＿不参加＿を表明した。 ⟺ （ 参加 ）

8. 彼女は非常(ひじょう)に＿有能＿な秘書(ひしょ)だ。 ⟺ （ 無能 ）

9. この仕事で＿成功＿するのは難しい。 ⟺ （ 失敗 ）

10. この本には＿複雑＿な数式がたくさんある。 ⟺ （ 簡単 ）

11. その殺人(さつじん)は＿内部＿の者によるものと思われる。 ⟺ （ 外部 ）

12. この書類を＿拡大＿してコピーしてください。 ⟺ （ 縮小 ）

13. ＿勝利＿の知らせを聞いて、祝電(しゅくでん)を打った。 ⟺ （ 敗北 ）

14. ＿上層＿階級(かいきゅう)の人とつき合うのは大変だ。 ⟺ （ 下層 ）

反対の意味をもつことば、あるいは対になることばには、次の①〜⑤のようにいろいろなタイプがあります。

①否定の接頭辞　Prefixes with negative meanings

（⇨BK L.45, 第6課）

2

不（ふ）：	NA	⟺	不〜	[＝〜ではない]
	親切（しんせつ）な	⟺	不親切な	[＝親切ではない]
	可能（かのう）な	⟺	不可能な	[＝可能ではない]
	便利（べんり）な	⟺	不便な	[＝便利ではない]
	VN	⟺	不〜	[＝〜しない]
	安定（あんてい）する	⟺	＊不安定な	[＝安定しない]
	参加（さんか）する	⟺	＊不参加	[＝参加しない]
無（む）：	NA/N	⟺	無〜	[＝〜がない]
	有力（ゆうりょく）な	⟺	無力な	[＝力がない]
	有効（ゆうこう）な	⟺	無効な	[＝効力がない]
	有能（ゆうのう）な	⟺	無能な	[＝能力がない]
	有料（ゆうりょう）	⟺	無料	[＝料金がいらない]

＊上の「不安定」や「不参加」のように、反対の意味の接辞がつくと、使い方が変わるものがあるので、注意してください。

例1． この国の政情（せいじょう）は安定している。
The political situation of this country is stable.
不安定だ。　unstable
×不安定している。

例2． 精神的（せいしんてき）に不安定な状態（じょうたい）　mentally unstable condition
安定した　stable
×安定な

例3． シンポジウムに参加する。　to participate in the symposium
不参加だ。　not to participate
×不参加する。

②対になる形容詞の漢字　Pairs of adjectives with opposite meanings

例.			
高い ⟺ 低い	：最高(さいこう) the highest	⟺	最低(さいてい) the lowest
	高気圧(こうきあつ) high atmospheric pressure	⟺	低気圧(ていきあつ) low atmospheric pressure
長い ⟺ 短い	：長期(ちょうき) long term	⟺	短期(たんき) short term
	長所(ちょうしょ) a strong point	⟺	短所(たんしょ) a weak point
多い ⟺ 少ない	：多数(たすう) a majority	⟺	少数(しょうすう) a minority
	多量(たりょう) a large quantity	⟺	少量(しょうりょう) a small quantity
大きい ⟺ 小さい	：最大(さいだい) the biggest	⟺	最小(さいしょう) the smallest
	拡大(かくだい)する to enlarge	⟺	縮小(しゅくしょう)する to reduce
硬(かた)い ⟺ 軟(やわ)らかい	：硬化(こうか)する to stiffen	⟺	軟化(なんか)する to soften
	強硬(きょうこう)な strong, stubborn	⟺	柔軟(じゅうなん)な flexible
強い ⟺ 弱い	：強固(きょうこ)な firm, strong	⟺	軟弱(なんじゃく)な weak, feeble
		⟺	薄弱(はくじゃく)な weak, infirm

「強硬な態度(たいど)（hard-line attitude）」や「強硬な手段(しゅだん)（drastic measure）」はマイナスのイメージ、「強固な意志(いし)（strong will）」や「強固な基礎(きそ)（solid foundation）」はプラスのイメージになる。「軟弱な外交（weak-kneed diplomacy）」「意志が薄弱だ（to be weak-willed）」のように、文中での使い方が違うものもあるので注意する必要がある。

③対(つい)になる動詞(どうし)の漢字 Pairs of verbs with opposite meanings

例. 増える ⟺ 減る	:	増加(ぞうか)する to increase	⟺	減少(げんしょう)する to decrease
始める ⟺ 終わる	:	開始(かいし)する to start	⟺	終了(しゅうりょう)する to finish
出る ⟺ 入る	:	出力(しゅつりょく) output	⟺	入力(にゅうりょく) input
		支出(ししゅつ) expenses	⟺	収入(しゅうにゅう) income
		輸出(ゆしゅつ)する to export	⟺	輸入(ゆにゅう)する to import
出る ⟺ 欠(か)く	:	出席(しゅっせき)する to attend, to be present	⟺	欠席(けっせき)する to be absent
入る ⟺ 退(しりぞ)く	:	入院(にゅういん)する to enter hospital	⟺	退院(たいいん)する to leave hospital
		入場(にゅうじょう)する to enter (a place)	⟺	退場(たいじょう)する to leave (a place)
進む ⟺ 退く	:	進化(しんか)する to evolve	⟺	退化(たいか)する to degenerate, to degrade
発つ ⟺ 着く	:	出発(しゅっぱつ)する to depart	⟺	到着(とうちゃく)する to arrive
勝(か)つ ⟺ 敗(やぶ)れる	:	勝者(しょうしゃ) winner	⟺	敗者(はいしゃ) defeated person, loser
		勝利(しょうり) victory	⟺	敗北(はいぼく) defeat
		完勝(かんしょう) total victory	⟺	完敗(かんぱい) total defeat
勝つ ⟺ 負(ま)ける	:	勝負(しょうぶ) match, game, gamble		

「出・入」と「出・欠」、「入・退」と「進・退」、「勝・敗」と「勝・負」のように、対(つい)になる漢字が一通りではないこともあるので、注意すること。また、「入学」と対になるのは、「退学(withdrawal from school)」より、むしろ「卒業(graduation)」であることにも注意。

④対(つい)になる名詞(めいし)の漢字 Pairs of nouns with opposite meanings

例. 前 ⟷ 後 ：戦前(せんぜん) ⟷ 戦後(せんご)
prewar / postwar
c.f. 戦争(せんそう)の前と後という意味だが、ふつうは第二次世界大戦の前と後を表す。

上 ⟷ 下 ：上層(じょうそう) ⟷ 下層(かそう)
upper classes / lower classes

上昇(じょうしょう)する ⟷ 下降(かこう)する
to rise, to ascend / to fall, to descend

c.f. 株式市場(かぶしきしじょう)(stock market)や為替相場(かわせそうば)(exchange rate)では、「下落(げらく)する to fall, to descend」も使われる。その際(さい)に対になるのは、「高騰(こうとう)する to rise」が多い。

内 ⟷ 外 ：内部(ないぶ) ⟷ 外部(がいぶ)
the inside / the outside

内線(ないせん) ⟷ 外線(がいせん)
internal extension / outside line

国内(こくない) ⟷ 国外(こくがい)
domestic / outside the country

海外(かいがい)
overseas, abroad

c.f. 国際(こくさい)
international

⑤その他(た) Others

例. 簡単(かんたん)な simple, light / 単純(たんじゅん)な simple, easy ⟷ 複雑(ふくざつ)な complicated

賛成(さんせい)する to agree ⟷ 反対(はんたい)する to oppose

成功(せいこう)する to succeed ⟷ 失敗(しっぱい)する to fail

戦争(せんそう) war ⟷ 平和(へいわ) peace

需要(じゅよう) demand ⟷ 供給(きょうきゅう) supply

⑥対になる漢字の組み合わせ語 Words made of Kanji Pairs

（対：つい）

対の意味を表すもの：
高低(こうてい)　＝高いか低いか
大小(だいしょう)　＝大きいか小さいか
強弱(きょうじゃく)＝強いか弱いか
増減(ぞうげん)　＝増えるか減るか
勝敗(しょうはい)　＝勝つか敗れるか
進退(しんたい)　＝進むか退くか
出欠(しゅっけつ)　＝出席するか欠席するか

収支(しゅうし)　＝収入と支出
発着(はっちゃく)　＝発つと着く
前後(ぜんご)　＝前と後／前と後ろ
左右(さゆう)　＝左と右
上下(じょうげ)　＝上と下
内外(ないがい)　＝内と外
公私(こうし)　＝公(おおやけ)と私(わたくし)

特別な意味をもつもの：
多少(たしょう) more or less, a little
加減(かげん) allowances, adjustment
始終(しじゅう) always, all the time
終始(しゅうし) from beginning to end
勝負(しょうぶ) match, game, gamble

第2課の学習漢字

戦	争	際	可	能	収	支	圧	量	層
p. 324	p. 293	p. 258	p. 307	p. 259	p. 279	p. 306	p. 309	p. 299	p. 323
了	参	昇	輪	拡	縮	複	純	功	勝
p. 329	p. 292	p. 298	p. 273	p. 252	p. 268	p. 265	p. 267	p. 250	p. 278
敗	負								
p. 283	p. 318								

22

応用練習

I. 新聞などで漢字のことばを見つけたら、その反対の意味のことばや対になることばがあるかどうか調べて、いっしょにおぼえましょう。たとえば、次の文の下線のことばと反対の意味のことばは何でしょうか。表に整理(せいり)して、記入してみましょう。

例. この番組の<u>開始</u>時間は6時40分だ。

1. 地球(ちきゅう)の気温は年々<u>上昇</u>しているといわれている。
2. <u>収入</u>の大半は、食費と住居費(じゅうきょひ)に当てられる。
3. <u>屋内</u>プールなので、冬でも泳げる。
4. 今日は、私の人生で<u>最良</u>の日だと思う。
5. この機械(きかい)の原理は<u>単純</u>で、だれにでもわかる。
6. もし<u>可能</u>なら、来週までに仕上げてほしい。
7. <u>少数</u>意見も大切にする方針(ほうしん)である。
8. シンポジウムの<u>開会</u>式に出席した。
9. 米国はロケットの打ち上げに<u>成功</u>した。
10. このまま赤字が<u>拡大</u>すると、大変なことになる。

	反対語（読み）	品詞	意　味	対になる漢字	タイプ
例	開始（かいし） ⬍ 終了（しゅうりょう）	VN VN	starting ⬍ ending	始（始める） ⬍ 終（終わる）	動詞
1	収入 支出		income expenditures	入る 出る	[illegible]
2	屋内　おくない 屋外		in shel out shel	内 外	名詞
3					
4	最良 最悪		best worst	良い 悪い	い形容詞

5	単純 複雑	単 複		
6	可能 不可能			
7	少数 多数			
8	閉会			
9	失敗			
10	縮小			

Ⅱ. 次の文を読んで、□に適当な漢字を入れてみましょう。

例. 昨日(さくじつ)の会議は、[出]席者より[欠]席者のほうが多かった。

1. 今は知らない者がいないほど□名な作家である彼も、十年前は□名の新人だった。

2. 赤字というのは、□入より□出のほうが多いことである。

3. □後、日本ではやっと男女平等(びょうどう)の考え方が認(みと)められるようになったが、□前の男尊女卑(だんそんじょひ)の考え方がまだ強く残っている。

4. あまり物事を□雑に考えないで、もっと単□に考えたほうが楽ですよ。

5. 日本と欧米の貿易摩擦の問題は、日本が農産物や食料の□入を□大せずに相変わらず電気製品や車の□出を続けているために日本の貿易黒字が□小しないことに原因があると言われている。

6. 物価は上□しているのに、働く者の賃金は高くならず、そのうえ株価は下□する一方なので、政府に対する批判が高まっている。

7. この問題に□成の人は○、反□の人は×と書いてください。

8. 意志が□弱で、強□な手段がとれないでいる。

9. 「□□は□□のもと」（“Every failure is a stepping stone to success.”）ということわざ（proverb）がある。

10. この□負で、□利者となるか□北者となるか、尊敬されるかされないかが決まる。

11. この社会では、上□階級の子弟はよい教育を受けられるが、下□階級の子弟には、ほとんどその機会がない。

Ⅲ. 次の◯に入る漢字を下から選んで漢語を作ってください。どんなことばができるでしょうか。自分でも問題を作ってみましょう。

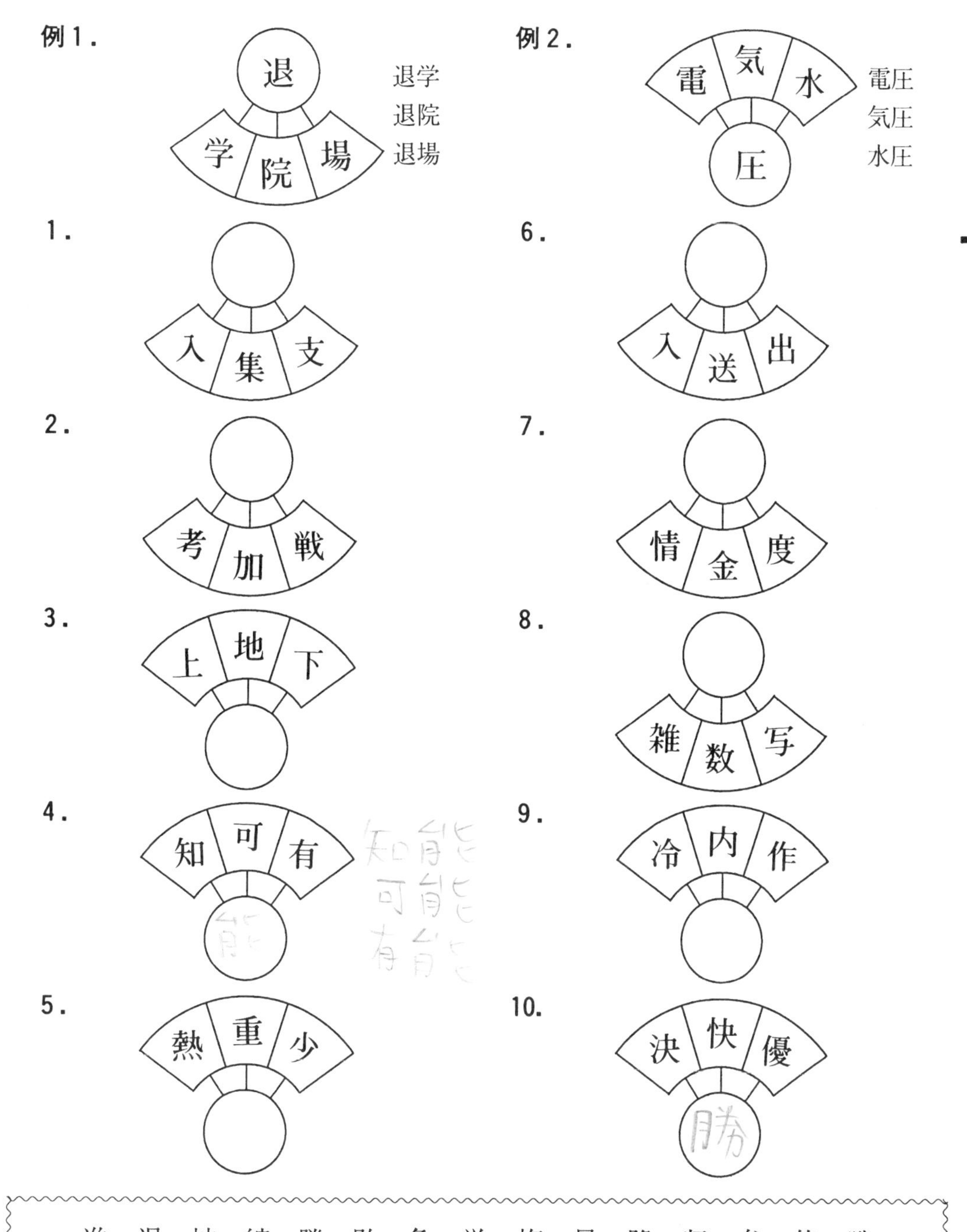

進 退 拡 縮 勝 敗 負 単 複 昇 降 収 参 能 戦
争 輸 際 純 功 層 圧 了 量

課題

Ⅰ. 下の①～⑤は、新聞の見出しと記事の一部です。見出しの中から反対の意味の語や対になる語を見つけて、p.40のような表に記入してみましょう。

①
来年度
日本の黒字110億ドル増

②
渡辺外相
コメ関税化柔軟に対応
「世界相手に戦はしない」

③
拡大欧州　多難なスタート
欧州連合(EU)首脳会議は、統合への柱となる欧州憲法を採択して18日閉幕する。25カ国体制の発足後初の首脳会議だが、欧州委員長の人選をめぐって紛糾するなど拡大EUの多難さもみせつけた。

④
12月中旬
米車販売
10・9％も増加

⑤
12月の都区部消費者物価
前月比0.3％下落
4年ぶり低水準

①来年度　日本の黒字100億(おく)ドル増　　※年度＝４月１日～３月31日

Next fiscal year　Japanese balance 10 billion dollars increase

②渡辺外相(わたなべがいしょう)　コメ関税化(かんぜいか)柔軟に対応(たいおう)　「世界相手に戦(いくさ)はしない」

Foreign Minister Watanabe　Flexible measure to counter rice custom duty.

“We won’t fight against the world.”

③拡大欧州　多難なスタート

Expanding Europe　Start with many problems

④12月中旬(ちゅうじゅん)米車販売(はんばい)　10.9％も増加

Mid-December American car sales 10.9% increase

⑤12月の都区部(とくぶ)消費者物価　前月比(ぜんげつひ)0.3％下落　４年ぶり低水準(ていすいじゅん)

December Consumers’ Price Index in city area compared with previous month 0.3% down　The lowest standard in 4 years

Ⅱ. 新聞の見出しの中から、自分で反対の意味をもつ語をみつけて、整理してみましょう。対になる語のカードを作って、「ばば抜(ぬ)き(card game “Old Maid”)」などのゲームをすることもできます。

第3課
漢語の動詞(1)

復習

Ⅰ. 下線と同じ意味のことばを見つけ、線で結(むす)びなさい。

例. 日本語をまなぶ。	・発見する
1. 仕事がふえる。	・完成する
2. 作品ができる。	・低下する
3. 試験日をしらせる。	・発売する
4. 木の葉の色がかわる。	・学習する
5. 新しい星をみつける。	・増加する
6. 気温がひくくなる。	・変化する
7. 人口が都市にあつまる。	・通知する
8. 新しい商品をうりだす。	・集中する

Ⅱ. 下線と同じ意味のことばを見つけ、線で結びなさい。

1. 会議にでる。	・出港する
2. オリンピックにでる。	・出場する
3. 船(ふね)がでる。	・出演(しゅつえん)する
4. のぞみ6号は8時に東京駅をでる。	・出席する
5. 日本企業(きぎょう)が海外にでる。	・出発する
6. 映画や劇(げき)などにでる。	・進出する

＜答　え＞

Ⅰ.

1. 仕事が増(ふ)える。 → 増加(ぞうか)する
2. 作品ができる。 → 完成(かんせい)する
3. 試験日を知(し)らせる。 → 通知(つうち)する
4. 木の葉の色が変(か)わる。 → 変化(へんか)する
5. 新しい星を見(み)つける。 → 発見(はっけん)する
6. 気温が低(ひく)くなる。 → 低下(ていか)する
7. 人口が都市に集(あつ)まる。 → 集中(しゅうちゅう)する
8. 新しい商品を売(う)り出(だ)す。 → 発売(はつばい)する

Ⅱ.

1. 会議に出(で)る。 → 出席(しゅっせき)する
2. オリンピックに出る。 → 出場(しゅつじょう)する
3. 船が出る。 → 出港(しゅっこう)する
4. のぞみ6号は8時に東京駅を出る。 → 出発(しゅっぱつ)する
5. 日本企業が海外に出る。 → 進出(しんしゅつ)する
6. 映画や劇などに出る。 → 出演(しゅつえん)する

基本練習

Ⅰ. 下線と同じ意味のことばを見つけ、線で結びなさい。

A)	1. 領土(りょうど)を二つにわける。	・分割(ぶんかつ)する
	2. 図書を分野別にわける。	・分担(ぶんたん)する
	3. 仕事を３人でわけておこなう。	・分類(ぶんるい)する
	4. 被災地(ひさいち)の子どもたちに学用品をわける。	・分配(ぶんぱい)する
B)	1. 規則(きそく)をなおす。	・修理(しゅうり)する
	2. 虫歯(むしば)をなおす。	・治療(ちりょう)する
	3. 間違いをなおす。	・訂正(ていせい)する
	4. こわれた三輪車(さんりんしゃ)をなおす。	・改正(かいせい)する
C)	1. 学校をやめる。	・中止(ちゅうし)する
	2. 会社をやめる。	・退職(たいしょく)する
	3. 台風のため、運動会をやめる。	・停止(ていし)する
	4. しばらく営業をやめる。	・退学(たいがく)する
D)	1. 川でおぼれた人をたすける。	・救援(きゅうえん)する
	2. 困っている人々を経済的にたすける。	・支援(しえん)する
	3. 災害(さいがい)にあって困っている人をたすける。	・援助(えんじょ)する
	4. WWF(世界自然保護基金(しぜんほごききん))の活動をたすける。	・救助(きゅうじょ)する

Ⅱ. 次の下線のことばの読みを書き、[　　] に適当な助詞(じょし)を入れて、例(れい)のようにやさしく書きかえなさい。

例. 領土(りょうど)の分割(ぶんかつ) → 領土 [を] 分けること

1. 国会議員の選出 → 国会議員 [　　] ＿＿＿＿＿＿

2. 気候(きこう)の変化 → 気候 [　　] ＿＿＿＿＿＿

3. 物価の変動 → 物価 [　　] ＿＿＿＿＿＿

4. 進学率(しんがくりつ)の低下 → 進学率 [　　] ＿＿＿＿＿＿

5. 人材(じんざい)の養成 → 人材 [　　] ＿＿＿＿＿＿

6. テレビドラマの制作 → テレビドラマ [　　] ＿＿＿＿＿＿

7. 憲法(けんぽう)改正の動き → 憲法 [　　] ＿＿＿＿＿＿動き

8. ガン治療の機械(きかい) → ガン [　　] ＿＿＿＿＿＿機械

9. 難民の救援活動 → 難民 [　　] ＿＿＿＿＿＿活動

10. テレビ出演の知らせ → テレビ [　　] ＿＿＿＿＿＿知らせ

Ⅲ. 次の漢語は、a.〜d.のうち、どのような漢字の組み合わせになっていますか。下の例(れい)のように意味の単位に分解して、(　　)に書き入れなさい。

a. V＋V　：　出動 → （出る）＋（動く）＝出て動く
b. V＋Nヲ：　出港 → （出る）＋（港）＝港を出る
c. V＋Nニ：　出社 → （出る）＋（(会)社）＝会社に出る
d. その他　：　出火 → （出す）＋（火）＝火を出す
　　　　　　　　　　　（出る）＋（火）＝火が出る

例. （ a ）：　分配 → （分ける）＋（配る）＝ 分けて配る

1. （　）：　変動 → （　　）＋（　　）＝＿＿＿＿＿＿

2. （　）：　変色 → （　　）＋（　　）＝＿＿＿＿＿＿

3. （　）：　分類 → （　　）＋（　　）＝＿＿＿＿＿＿

4. （　）：　救助 → （　　）＋（　　）＝＿＿＿＿＿＿

5. （　）：　退職 → （　　）＋（　　）＝＿＿＿＿＿＿

6. （　）：　改正 → （　　）＋（　　）＝＿＿＿＿＿＿

7. （　）：　延期 → （　　）＋（　　）＝＿＿＿＿＿＿

8. （　）：　消火 → （　　）＋（　　）＝＿＿＿＿＿＿

①「和語」動詞と「漢語」動詞 Kun reading verbs and On reading verbs

同じ意味を表す「和語」と「漢語」がある場合、たいてい「和語」のほうが広い意味を表します。次の動詞を見てみましょう。

わける…何を？

分割(ぶんかつ)する：国土、領土、土地、支払い、…を～
to divide the land, territory, payments, etc.

分担(ぶんたん)する：仕事、家事、役割、費用、…を～
to share the work, task, expenses, etc.

分類(ぶんるい)する：動物、植物、図書、語彙、…を～
to classify animals, plants, books, vocabulary, etc.

分配(ぶんぱい)する：所得、利益、食料、…を～
to share the money, to distribute the profits, food, etc.

分解(ぶんかい)する：機械、化合物、…を～
to disassemble a machine, to resolve a compound, etc.

分断(ぶんだん)する：敵の軍隊、道路、…を～
to divide the enemy, road, etc.

なおす…何を？

修理(しゅうり)する：機械、自転車、車、…を～
to repair a machine, a bicycle, a car, etc.

治療(ちりょう)する：病気、けが、…を～
to treat a disease, an injury, etc.

改正(かいせい)する：法律、規則、条約、…を～
to amend a law, a rule, a treaty, etc.

修正(しゅうせい)する：予算、写真、文章、字句などの不適当なところを～
to revise budget, to retouch a negative, to amend writing, to alter the wording, etc.

訂正(ていせい)する：内容や字句などの間違いを～
to correct errors

やめる…何を？

中止(ちゅうし)する：計画、試合、行事、…を～
to cancel the plan, to call off the game, etc.

停止(ていし)する：運転、営業、…を(一時的に)～
to stop operation, to suspend business, etc. (to stop temporarily)

退学(たいがく)する　：学校を(完全に)やめる
to withdraw from school

退職(たいしょく)する　：会社、職場、…を(完全に)～
to retire from the service, to resign an office, etc.

辞職(じしょく)する　：会社、職場、…を(自分の意志(いし)で)～
to resign one's post, office, etc.

たすける…どんな人を？　どのように？

救助(きゅうじょ)する　：命(いのち)が危険(きけん)な状態(じょうたい)にある人を～
to rescue a person, to save a life

救出(きゅうしゅつ)する：危険な状態のところから人を外へ出して～
to rescue a person out of the danger

救援(きゅうえん)する　：災害(さいがい)で困っている人々を手伝って～
to aid people in a disaster

援助(えんじょ)する　：困っている人々を経済的に～
to give financial assistance

支援(しえん)する　：考えに賛成し、活動を手伝って～
to give support to the activities

応援(おうえん)する　：スポーツ選手などをはげまして～
to cheer for sports players

つくる…何を？

製造(せいぞう)する　：工業製品を～
to manufacture goods

制作(せいさく)する　：絵画(かいが)や彫刻(ちょうこく)、テレビ番組などの作品を～
to make paintings, sculptures, to produce TV programs

作成(さくせい)する　：計画や予定表、文書、試験問題などを～
to make a plan, to compile a document, etc.

創作(そうさく)する　：芸術(げいじゅつ)・文芸(ぶんげい)作品を～（新しいものをつくる）
to write/make an original work

創造(そうぞう)する　：神(かみ)が天地(てんち)を～、人が文化を～（はじめてつくる）
to create the world, culture

そだてる…何を？

保育(ほいく)する　：赤ん坊(あかんぼう)や幼児(ようじ)を～　to nurse/rear a baby

養育(よういく)する　：子どもを～　to bring up a child

教育(きょういく)する　：人、学生、子どもを～　to educate people

養成(ようせい)する　：技術者(ぎじゅつしゃ)、専門家(せんもんか)などの人材(じんざい)を～
to train engineers, specialists, etc.

＊飼育(しいく)する　：動物を～　to breed animals
＊栽培(さいばい)する　：植物を～　to produce/grow plants

のばす…何を？

延期(えんき)する　：行事の時期を～　to postpone the event
延長(えんちょう)する　：会議の時間や期間を～　to prolong a meeting, the term

かわる…何が？／かえる…何を？

変動(へんどう)する　：物価が～、地殻が～
prices fluctuate, the crust of the earth changes
変化(へんか)する　：温度が～、形が～
the temperature changes, the shape changes
変色(へんしょく)する　：ものの色が～、衣類の色が～
the colors of the things/clothes change
変更(へんこう)する　：計画を～、予定を～
to change/alter/modify the plan

②自動詞と他動詞の用法　Intransitive and transitive verbs

予定が変わる＝予定が変更になる
予定を変える＝予定を変更する

子どもが育つ　＝子どもが発育する
子どもを育てる＝子どもを保育する／養育する／教育する

病気が治る：病気が治癒する＝回復する
病気を治す：病気を治療する

③短縮と省略　Shortening and omission

漢語を使うと、少ない字数で多くの情報を伝えることができるので、新聞の見出しなどによく使われます。

1) ことばが短縮できる。

・色が変わる　→　変色　：　変色に注意
・時期を延ばす　→　延期　：　外相会談延期へ
・日本を訪れる　→　訪日　：　来年訪日の予定
・戦いに参加する→　参戦　：　仏も参戦か

2) 長い説明を一語に短縮できる。
- 子どもを育てるのにかかるお金 → 養育費(よういくひ)
- 難民を助けるためのセンター → 難民救援(きゅうえん)センター
- 自動車を作るための工場 → 自動車製造(せいぞう)工場
- 日本語の教師(きょうし)を育てるための講座(こうざ) → 日本語教師養成(ようせい)講座

3) 助詞(じょし)や「する」が省略(しょうりゃく)できる。
- 新大陸(しんたいりく)発見 (＝新大陸を発見した)
- 中国訪問決定 (＝中国を訪問することが／を決定した)

④漢語動詞の語構成(ごこうせい) Structure of Kanji verbs

1) V＋V： V_1+V_2 to do V_1 and V_2

出発(しゅっぱつ)する ＝ 出る＋発(た)つ
出現(しゅつげん)する ＝ 出る＋現(あらわ)れる
出動(しゅつどう)する ＝ 出る＋動(うご)く
出演(しゅつえん)する ＝ 出る＋演(えん)じる

2) V＋N： N(place)ヲ V to leave a place

出港(しゅっこう)する ＝ 港(みなと)を出る
出国(しゅっこく)する ＝ 国を出る
*出所(しゅっしょ)する ＝ 所を出る (＝刑務所(けいむしょ)を出ること)
*出家(しゅっけ)する ＝ 家を出る (＝家を出て寺に入ること)

N(place)ニ V to arrive / to appear at a place

出場(しゅつじょう)する＝ 場(ば)に出る
出席(しゅっせき)する ＝ 席に出る
出社(しゅっしゃ)する ＝ (会)社に出る
出世(しゅっせ)する ＝ 世(よ)に出る(＝社会で高い地位を得ること)

3) Vt＋N： N(object)ヲ Vt to put something out

出題(しゅつだい)する ＝ (問)題を出す
出願(しゅつがん)する ＝ 願(書)を出す
出力(しゅつりょく)する＝ 力を出す
出資(しゅっし)する ＝ 資(金)を出す
出品(しゅっぴん)する ＝ (作)品を出す
出荷(しゅっか)する ＝ 荷(物)を出す
出火(しゅっか)する ＝ 火を出す／火が出る
出血(しゅっけつ)する ＝ 血(ち)を出す／血が出る

⑤長い漢字熟語の語構成　Structure of Kanji compound words

・出発延期	→出発／延期	→　出発の時期を延ばすこと
・出場停止	→出場／停止	→　出場をやめること
・集中治療法	→集中／治療／法	→　集中して治す方法
・共同制作番組	→共同／制作／番組	→　共同して作った番組
・人質救出不可能	→人質／救出／不／可能	→　人質を助け出すことができない

※語構成については、⇨BK L.20の復習(Vol.1 p.200), L.25の復習(Vol.2 pp.32～33), L.35の復習(Vol.2 pp.131～132)を参照。

3

第3課の学習漢字

演	担	解	断	更	改	訂	修	療	停
p.256	p.252	p.273	p.282	p.330	p.283	p.270	p.246	p.323	p.247
職	救	援	助	応	製	造	創	養	延
p.269	p.283	p.253	p.277	p.312	p.318	p.327	p.277	p.304	p.328

20

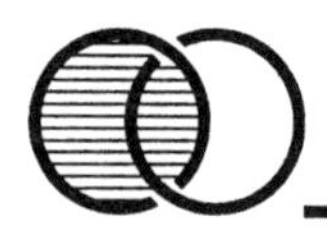

応用練習

Ⅰ. 下線のことばと同じ意味で使えることばを下から選び、その読みを書きましょう。

1. 昨年(さくねん)、日本と中国が共同でテレビドラマを<u>つくる</u>ことが決まった。

　[創造する　作成する　制作する　製造する]

2. 留学に必要な書類を<u>つくる</u>。

　[創造する　作成する　制作する　製造する]

3. この国にユートピアを<u>つくる</u>つもりだ。

　[創造する　作成する　制作する　製造する]

4. あれはコンピュータを<u>つくる</u>工場だ。

　[創造する　作成する　制作する　製造する]

5. 海岸(かいがん)には係員がいて、おぼれた人がいたら<u>たすける</u>。

　[救助する　支援する　援助する　応援する]

6. 親をなくした子どもたちが進学できるように、学費を<u>たすける</u>。

　[救助する　救援する　援助する　応援する]

7. 地震(じしん)でこわれたビルに閉じこめられた人々を<u>たすける</u>。

　[救援する　救出する　援助する　支援する]

8. エイズを<u>なおす</u>薬は、まだ発見されていない。

　[訂正する　修正する　修理する　治療する]

9. その法律(ほうりつ)をなおすべきかどうかは、疑問(ぎもん)だ。

[訂正する　改正する　修理する　治療する]

10. 間違った字は、線で消して、なおしてください。

[訂正する　修正する　修理する　治療する]

11. 野球の試合が２時間のびたために、テレビ番組の放送時間が変更になった。

[延期する　延長する　延着する　遅延する]

12. 村の観光地化(かんこうちか)の問題に関する会議は、来月にのばすことになった。

[延期する　延長する　延着する　遅延する]

13. 残業が多くて給料(きゅうりょう)が安いので、会社をやめることにした。

[停職する　止職する　辞職する　休職する]

14. 学校の補修(ほしゅう)工事の費用を父兄がわけて受け持つことになった。

[分解する　分業する　分断する　分担する]

15. 大きな機械(きかい)をいくつかの部分にわけて、トラックで運ぶ。

[分解する　分類する　分断する　分担する]

16. この地点に上陸(じょうりく)すれば、敵(てき)を二つにわけることができる。

[分解する　分類する　分断する　分配する]

Ⅱ. □に適当な漢字を﹏の中から選んで、入れてみましょう。漢字は何回使ってもかまいません。できる人は、下の漢字を見ないでやってみましょう。

例. 医者を[養]成する。
よう　せい

㊎養	造	究	求	療	助	演
訂	廃	改	解	担	単	創
増	配	停	製	制	退	救
断	延	遠	続	保	食	更
援	応	育	修	収	経	職

1. □急車を呼ぶ。
きゅう きゅうしゃ

2. □札口で待ち合わせる。
かい　さつぐち

3. 間違いを□正する。
てい　せい

4. □当の教師(きょうし)に相談する。
たん　とう

5. 治□代が払えない。
ち　りょう だい

6. □□して、ずっと家にいる。
たい しょく

7. 女性軍(ぐん)を□□する。
おう　えん

8. □手として働いている。
じょ　しゅ

9. 予定を変□する。
へん　こう

10. 梅雨(ばいう)前線が□滞している。
てい　たい

11. 国の教育□度を□革する必要がある。
せい　ど　　かい　かく

12. 自動車の部品を□□している。
せい　ぞう

13. 別居(べっきょ)している夫から子どもの□□費を受け取る。
よう いく ひ

14. この本は、初版(しょはん)が1947年で、今出ているのは□□版だ。
かい てい ばん

15. 運動会は雨のため、□期されることになった。
えん き

16. 水は、酸素(さんそ)と水素(すいそ)に分□される。
ぶん かい

17. 彼はそう□定した。
だん てい

18. 彼女は高校を中途(ちゅうと)□学して、働いている。
たい がく

19. 今□作中の映画は、貧しい漁村(ぎょそん)が舞台(ぶたい)となっている。
せい さくちゅう

20. 事故でけがをした人を□□する。
きゅう じょ

21. □止信号
てい し しんごう

22. 漢字は□語力がある。
ぞう ごりょく

23. 利益(りえき)を分□する。
ぶん ぱい

24. きのうの巨人阪神戦(きょじんはんしんせん)は□長14回まで□いた。
えん ちょう つづ

25. 不適当なところを□正液で直してください。
しゅう せいえき

課題

Ⅰ． 辞書を引いて、同じ漢字を使った類義の漢語動詞（「する」をつけて動詞として使えることば）を集め、ことばの意味と用法を下のように分類してみましょう。

	漢語	読み	意味・用法
分ける／分かれる	分割	ぶんかつ	一つのものをいくつかに分けること
			・領土や土地を分割する／代金を分割して払う
	分担	ぶんたん	仕事や費用をみんなで分けて、受け持つこと
			・仕事、費用、役割を分担する
	分類	ぶんるい	ある基準によって異なる種類に分け、系統づけること
			・動物、植物、書物、語彙などを分類する
	分配	ぶんぱい	あるものを分けて、それぞれに配ること
			・利益、財産、収穫などを分配する
	分解	ぶんかい	一体となっているものを部分や要素に分けること
			・機械、化合物、因数を分解する ※化合物が分解する（＝～が分かれる）
	分断	ぶんだん	大きくまとまっているべき力、勢いを分けること
			・敵の勢力、軍隊、道路を分断する
	分析	ぶんせき	複雑な物事を解きほぐして整理し、その組み立てや関係をはっきりさせること
			・原因、結果、状況、心理を分析する

Ⅱ. 新聞記事などには、たくさんの漢語動詞が使われています。右は記事の一部(全体は⇨第7課 p.134)ですが、「改善」「作成」などが使われています。

とかく「患者に冷たい」といわれる大学病院の悪いイメージを改善しようと、東大医学部付属病院(東京都文京区本郷、武藤徹一郎病院長)は、医師や看護婦が患者に対して取るべき態度や服装などの「気くばりのすすめ」を説くマナー集を作成することにした。近年、地盤沈下がささやかれる東大病院。外来・入院患者からの投書を反省材料に、「居心地のいい病院」へ脱皮を図る方針だ。

*患者(かんじゃ) patient
改善(かいぜん)する to improve
東大付属(とうだいふぞく)病院
the Tokyo University Hospital
医師(いし) doctor　　看護婦(かんごふ)＝看護師 nurse
態度(たいど) attitude　　服装(ふくそう) clothes
地盤沈下(じばんちんか) ground subsidence
＝権威(けんい)(authority)などが落ちること
材料(ざいりょう) material
居心地(いごこち)がいい comfortable
脱皮(だっぴ)する to shed skin＝to emerge
方針(ほうしん) policy

辞書で「改」と「作」を使った漢語動詞を調べ、課題Ⅰと同じようにリストアップしてみましょう。辞書には、現在はあまり使われていない古いことばもあります。先生やまわりの日本人、友だちなどに質問して、よく使われるものだけを集めましょう。

	漢語	読み	意味・用法

※ノートに線を引いて、上のような表を作り、新聞などでよく見る漢語動詞をまとめておくと、あなただけの漢字単語ノートができます。

複合語の送りがな

―「取組」？「取組み」？「取り組み」？―

相撲で力士が対戦することを「とりくみ」といいます。漢字で書くとどうなるでしょうか。「取る」と「組む」という二つの動詞からできている複合語ですから、「取り組み」となるはずです。しかし、読み違える心配のない場合は、前の動詞の送りがなを省略することができ、「取組み」も考えられます。

複合語が名詞の場合、その語が名詞として一般によく使われるものであれば、後ろの送りがなも省略することがあります。「受付(うけつけ)」「売上(うりあげ)」「締切(しめきり)」などは、よく見られる例です。

ここで、複合語の送りがなのつけ方をまとめてみましょう。

ａ．動詞＋動詞→ 複合動詞 の場合：

例．取り組む、勝ち越す、呼び出す、書き込む、……
　　取組む、　勝越す、　呼出す、　書込む、　……

ｂ．動詞＋動詞→ 複合名詞 の場合：

例．取り組み、受け付け、申し込み、引き出し、……
　　取組み、　受付け、　申込み、　引出し、　……
　　取組、　　受付、　　申込、　　　　　　　……

ｃ．名詞＋動詞→ 複合名詞 の場合：

例．米作り、人助け、水遊び、山登り、塩焼き、……
　　　　　　　　　　　　　　　　　塩焼、　……

ｄ．動詞＋名詞→ 複合名詞 の場合：

例．飲み物、乗り物、焼き肉、積み荷、浮き袋、……
　　飲物、　乗物、　焼肉、　積荷、　浮袋、　……

【問題】 次の語は複合名詞です。どんな送りがなが省略されているか、読み方を考えてみましょう。(答えは、p.219にあります。)

1．組立　2．割引　3．立入　4．売上　5．書留　6．押売
7．編物　8．封切　9．梅干　10．田植　11．飛込台　12．差出人

第４課 漢語の形容詞

復習

□に下の〔　　〕から適当な漢字を一つずつ選んで入れて、ナ形容詞を作りなさい。例（れい）のように下に読み方も書きなさい。

例. 子どもたちが［元］気に遊んでいる。
　　　　　　　　げん　き

1. あの大学は□名だ。
2. □切な用事を思い出した。
3. 必□な手続きをする。
4. 彼はとても親□だ。
5. □利な道具が発明された。
6. 特□に注文する。
7. 単□すぎる。
8. 簡□な問題なら、わかる。
9. 得□なスポーツは何ですか。
10. 自□に話してください。
11. □和な世界を作ろう。
12. □念な結果を聞いた。
13. 大□な仕事を頼（たの）まれた。
14. □雑な事情がある。

〔別　複　平　要　変　単　有　大　由　便
　残　得　（元）　切　分　意　純〕

＜答　え＞

1. あの大学は有名だ。
ゆうめい
That university is famous.

2. 大切な用事を思い出す。
たいせつ
I remembered an important appointment.

3. 必要な手続きをする。
ひつよう
I will carry out the necessary procedures.

4. 彼はとても親切だ。
しんせつ
He is very kind.

5. 便利な道具が発明された。
べんり
Useful tools were invented.

6. 特別に注文する。
とくべつ
I make a special order.

7. 単純すぎる。
たんじゅん
It is too simple.

8. 簡単な問題ならわかる。
かんたん
If it is a simple question, I can understand it.

9. 得意なスポーツは何ですか。
とくい
What sports are you good at?

10. 自由に話してください。
じゆう
Please speak freely.

11. 平和な世界を作ろう。
へいわ
Let's establish world peace.

12. 残念な結果を聞いた。
ざんねん
I heard the regrettable result.

13. 大変な／大切な仕事を頼まれた。
たいへん　たいせつ
I was asked to do a hard/important job.

14. 複雑な事情がある。
ふくざつ
I am in an awkward situation.

基本練習

I. 右の形容詞(けいようし)の漢字の中から適当なものを選び、漢語のナ形容詞を作りなさい。

新しい	古い	多い	重い	強い	弱い
大きい	速い	(熱)い	高い	低い	温かい
正しい	深い	快い	硬い	軟らかい	
冷やか	安らか	乏しい	忙しい	等しい	
危ない	貧しい	激しい	難しい	険しい	

(同じ字を２度使ってもよい。使わない字もある。)

例. [熱]心に勉強する。
ねっ しん

1. [高]価な品物を買った。
こう か

2. [安]全運転に気をつける。
あん ぜん

3. 困[難]な問題に直面する。
こん なん

4. 急[激]な変化が起こった。
きゅう げき

5. [冷]静に考える必要がある。
れい せい

6. [重]要な書類を持って来る。
じゅう よう

7. [多]様な文化がある。
た よう

8. [貧][乏]で大学へ行けない。
びん ぼう

9. [温]厚な性格の人だ。
おん こう

10. [深]刻に悩(なや)んでいる。
しん こく

11. [快]適な生活をする。
かい てき

12. [正]確な時間を知りたい。
せい かく

13. 貴[重]な経験をする。
き ちょう

14. [危][険]だから、入るな。
き けん

15. 平[等]にあつかう。
びょう どう

16. [強][硬]な態度(たいど)をとる。
きょう こう

4

Ⅱ. 次の漢語の形容詞(けいようし)の意味を右の説明の中から見つけて、線で結びなさい。

A：プラスのイメージ

例.	可能(かのう)な	・たくさんあって、ゆたかなようす
1.	健康(けんこう)な	・気持ちがいいようす
2.	幸福(こうふく)な	・いつもと同じでただしいようす
3.	平等(びょうどう)な	・やわらかくて、しなやかなようす
4.	快適(かいてき)な	・たしかで、間違いがないようす
5.	豊富(ほうふ)な	・できるようす
6.	柔軟(じゅうなん)な	・色や味などがこいようす
7.	確実(かくじつ)な	・しあわせなようす
8.	正常(せいじょう)な	・体の状態(じょうたい)がいいようす
9.	濃厚(のうこう)な	・みんなが同じであるようす

B：マイナスのイメージ

1.	過激(かげき)な	・いつもと違って、おかしいようす
2.	貧弱(ひんじゃく)な	・重大で、ふかく考えるようす
3.	異常(いじょう)な	・やり方がつよすぎるようす
4.	危険(きけん)な	・みすぼらしく見かけが悪いようす
5.	深刻(しんこく)な	・あぶないようす
6.	強硬(きょうこう)な	・考えや行動がはげしすぎるようす

要点

①和語の形容詞と漢語形容詞 Japanese adjectives and Kanji adjectives

和語の形容詞の漢字は、次のような漢語の形容詞(ナ形容詞)に使われており、いろいろな文脈(context)で使い分けられます。それぞれの意味の違いに注意しましょう。(＊印がついているのは、名詞になります。)

重(おも)い
… heavy, serious

- 重大(じゅうだい)な
  important, serious
- 重要(じゅうよう)な
  important, essential
- 厳重(げんじゅう)な
  strict, stern
- 貴重(きちょう)な
  precious, valuable

軽(かる)い
… light

- 軽薄(けいはく)な
  insincere, fickle
- 軽率(けいそつ)な
  rash, hasty
- 軽快(けいかい)な
  light, nimble
- 軽妙(けいみょう)な
  light, witty, clever

等(ひと)しい
… equal

- 平等(びょうどう)な
  equal, impartial
- 均等(きんとう)な
  equal, even
- 高等(こうとう)な
  high, high-grade
- ＊対等(たいとう)の
  equal (for two)

強(つよ)い
… strong

- 強力(きょうりょく)な
  strong, powerful
- 強硬(きょうこう)な
  strong, firm
- 強情(ごうじょう)な
  obstinate, stubborn
- 強引(ごういん)な
  forced, coercive

弱(よわ)い
… weak

- 軟弱(なんじゃく)な
  feeble, weak-hearted
- 薄弱(はくじゃく)な
  feeble, weak
- 貧弱(ひんじゃく)な
  poor, scanty
- 病弱(びょうじゃく)な
  weak, sickly

正(ただ)しい
… right

- 正確(せいかく)な
  accurate, exact
- 正常(せいじょう)な
  normal, regular
- 正当(せいとう)な
  justifiable, right
- ＊正式(せいしき)の
  formal, official

幸(しあわ)せな
… happy

- 幸福(こうふく)な
  happy
- 幸運(こううん)な
  fortunate, lucky
- 不幸(ふこう)な
  unhappy
- ＊薄幸(はっこう)の
  ill-fated

健(すこ)やかな
… healthy

- 健康(けんこう)な
  healthy, sound
- 健全(けんぜん)な
  wholesome

確(たし)かな
… certain

- 確実(かくじつ)な
  certain, sure
- 正確(せいかく)な
  accurate, exact
- 明確(めいかく)な
  clear, precise
- 的確(てきかく)な
  precise, accurate

②ナ形容詞の文中での用法　Usages of -na adjectives

a．名詞（めいし）の前に来るとき「～な」の形になる：　NAな N

例. 熱心な先生　a keen and enthusiastic teacher
強硬な反対　strong opposition

ただし、名詞の前に来るとき「～の」になるものがある。意味の違いに注意。

自由な生活	a free life	自由の女神（めがみ）	the Statue of Liberty
平和な世界	world peace	平和の祭典（さいてん）	Festival of Peace

そのままの形で名詞について、漢字熟語をつくる場合もある。

自由貿易（ぼうえき）	＝自由な貿易	（×自由の貿易）
平和公園	（×平和な公園）	＝平和の公園
強硬手段（しゅだん）	＝強硬な手段（しゅだん）	（×強硬の手段）
危険地域（きけんちいき）	＝危険な地域	（×危険の地域）
重要書類	＝重要な書類	（×重要の書類）
健康（けんこう）食品	（×健康な食品）	＝健康のための／健康によい 食品

b．動詞（どうし）の前に来ると「～に」の形になる：　NAに V

例. 熱心に教える　to teach earnestly
強硬に反対する　to oppose strongly

使われる動詞が「なる」や「する」だけに限（かぎ）られるものもある。

例. 有名／危険／重大／貧乏（びんぼう）　に { なる　to become ～ / する　to make it ～ }

c．文末（ぶんまつ）で述語（じゅつご）になるとき「～だ」の形になる：　NA だ／である。

例. あの先生は熱心だ。　That teacher is earnest.
彼の反対は強硬だった。His objection was strong.

③名詞としての用法　Usages as nouns

そのままで名詞として使われるもの、「さ」がついて程度（ていど）を表す名詞になるもの、「性」がついて性質を表す名詞になるもの、という3種があります。（ただし、これらの漢語形容詞の用法は、日本人でも、使ったり使わなかったりという個人差（こじんさ）が大きいものです。特に人によって意見がいろいろ分かれるものには、△印がつけてあります。）

a．そのままで名詞として使われる

例.	自由を実現(じつげん)する。 freedom	△自由さ	×自由性
	平等(びょうどう)を主張(しゅちょう)する。 equality	×平等さ	△平等性
	他人(たにん)の幸福(こうふく)をも考える。 happiness	×幸福さ	×幸福性
	何よりも健康(けんこう)が一番大事だ。 health	×健康さ	×健康性
	貧乏(びんぼう)に慣(な)れてしまう。 poverty	×貧乏さ	*○貧乏性(しょう)
	死ぬ危険(きけん)がある。 danger	×危険さ	○危険性
	必要に応(おう)じて決める。 necessity	×必要さ	○必要性

b．「さ」がつく

例.	先生の熱心さに感心した。enthusiasm	×熱心	×熱心性
	正確(せいかく)さを第一に考える。 accuracy	○正確	×正確性
	ことの重大さに気づく。 seriousness	×重大	○重大性
	問題の複雑さに驚く。 complexity	×複雑	○複雑性

c．「性」がつく

例.	失敗する可能性もある。 possibility	×可能	×可能さ
	確実性(かくじつせい)が高い。 certainty	×確実	△確実さ
	重要性を認(みと)める。importance	×重要	△重要さ
	柔軟性(じゅうなんせい)のある対応(たいおう)をする。flexibility	×柔軟	△柔軟さ

漢語のナ形容詞には、ふつう「的」(ナ形容詞を作る接尾辞(せつびじ))はつきませんが、例外(れいがい)もあります。

例. 健康な healthy → 健康的な healthful
平和な peaceful → 平和的な peaceful, amicable

④同じ漢字を使った、意味が似(に)ている語 Synonyms using the same Kanji

簡単(かんたん)な ― 単純(たんじゅん)な
適当(てきとう)な ― 適切(てきせつ)な
急速(きゅうそく)な ― 急激(きゅうげき)な
健康(けんこう)な ― 健全(けんぜん)な

4

貧乏(びんぼう)な　－　貧困(ひんこん)な
幸福(こうふく)な　－　幸運(こううん)な
不幸(ふこう)な　－　不運(ふうん)な
重要(じゅうよう)な　－　重大(じゅうだい)な
正確(せいかく)な　－　明確(めいかく)な
明解(めいかい)な／明快(めいかい)な　－　明白(めいはく)な
平等(びょうどう)な　－　均等(きんとう)な

⑤対になる漢語形容詞　Pairs of Kanji adjectives

(c.f. ⇨第２課　反対語の漢字)

危険(きけん)な ⟷ 安全(あんぜん)な
強固(きょうこ)な ⟷ 薄弱(はくじゃく)な
強硬(きょうこう)な ⟷ 柔軟(じゅうなん)な
健康(けんこう)な ⟷ 病弱(びょうじゃく)な／不健康(ふけんこう)な
幸福(こうふく)な ⟷ 不幸(ふこう)な
幸運(こううん)な ⟷ 不運(ふうん)な
快適(かいてき)な ⟷ 不快(ふかい)な
正常(せいじょう)な ⟷ 異常(いじょう)な
有能(ゆうのう)な ⟷ 無能(むのう)な
有利(ゆうり)な ⟷ 不利(ふり)な
貧乏(びんぼう)な ⟷ 裕福(ゆうふく)な／金持(かねも)ちの　＊「金持ち」は漢語ではない。
複雑(ふくざつ)な ⟷ 単純(たんじゅん)な／簡単(かんたん)な
正確(せいかく)な ⟷ 不正確(ふせいかく)な
平等(びょうどう)な ⟷ 不平等(ふびょうどう)な
自由(じゆう)な ⟷ 不自由(ふじゆう)な
必要(ひつよう)な ⟷ 不必要(ふひつよう)な／不要(ふよう)な

第４課の学習漢字

幸	福	健	康	確	異	常	柔	豊	富
p. 275	p. 262	p. 247	p. 322	p. 264	p. 301	p. 311	p. 315	p. 320	p. 296
危	険	均	等	乏	裕	貴	激	刻	快
p. 293	p. 257	p. 249	p. 303	p. 320	p. 265	p. 319	p. 256	p. 276	p. 251

20

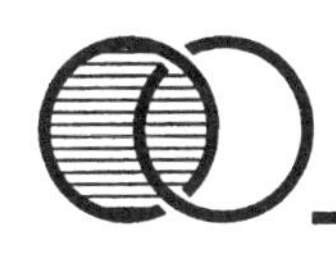

応用練習

I. 次のことばと反対の意味のナ形容詞を(　　)に書き、読みも書いてみましょう。

例. 便利な ⟺ (不便（ふべん）な)

1. 単純な ⟺ (　　　　)	9. 必要な ⟺ (　　　　)
2. 有力な ⟺ (　　　　)	10. 正確な ⟺ (　　　　)
3. 幸運な ⟺ (　　　　)	11. 有利な ⟺ (　　　　)
4. 貧乏な ⟺ (　　　　)	12. 完全な ⟺ (　　　　)
5. 正常な ⟺ (　　　　)	13. 可能な ⟺ (　　　　)
6. 自由な ⟺ (　　　　)	14. 病弱な ⟺ (　　　　)
7. 安全な ⟺ (　　　　)	15. 快適な ⟺ (　　　　)
8. 平等な ⟺ (　　　　)	16. 柔軟な ⟺ (　　　　)

II. 次の(　　)に、下の｛　　｝から適当なことばを選んで入れましょう。
(できる人は下のことばを紙でかくして、やってみましょう。)

1. こんな(　　　　)なプレゼントは、とてもいただけません。
｛ 高価　高等　貴重　重要 ｝

2. 年をとると、(　　　　)な変化にはなかなかついていけない。
｛ 大変　急変　感激　急激 ｝

3. 信号が黄色（きいろ）のときは、止まらないと(　　　　)です。
｛ 危険　危機　保険　険悪 ｝

4. 彼はどんな時でも(　　　　)だから、頼（たよ）りになる。
｛ 寒冷　静冷　冷血（れいけつ）　冷静 ｝

4

5. この時計は非常に（　　　　）で、遅れたり進んだりしない。
｛ 正当　正確　明確　確実 ｝

6. あの（　　　　）な田中さんが怒(おこ)るなんて、めずらしい。
｛ 温厚　温暖　平温　適温 ｝

7. 留学して、（　　　　）な体験をしました。
｛ 高価　高等　貴重　高貴 ｝

8. 彼女の両親は（　　　　）だったが、娘(むすめ)にはぜいたくをさせなかった。
｛ 豊富　裕福　幸福　幸運 ｝

9. 酒やタバコは、青少年の（　　　　）な育成をさまたげるといわれる。
｛ 安全　健全　健康　安心 ｝

10. この土地では山から流れてくる川の（　　　　）な水を利用している。
｛ 豊富　豊作　裕福　富裕 ｝

11. 健康診断(しんだん)の結果、何も（　　　　）がなかった。
｛ 不常　無常　異常　非常 ｝

12. この会社では男性も女性も機会が（　　　　）に与(あた)えられている。
｛ 均等　平均　正等　高等 ｝

13. 隣(となり)の人は毎朝（　　　　）な足どりでジョギングをしている。
｛ 快速　快適　軽快　軽薄 ｝

14. あの人は若いころは（　　　　）だったが、今は弁護士(べんごし)として成功した。
｛ 貧困　貧乏　貧弱　貧富 ｝

15. 与党(よとう)は、予算案(よさんあん)を（　　　　）に採決(さいけつ)に持(も)ち込(こ)んだ。
｛ 強硬　強情　強力　強調 ｝

16. （　　　　）のために、塩分(えんぶん)ひかえめの食事をとる。
｛ 健全　健康　強健　保健 ｝

17. この鳥は、数が少ない（　　　　）な動物なので、法律(ほうりつ)で保護(ほご)されている。
｛ 高等　高貴　貴重　重大 ｝

Ⅲ. 下から適当な漢語形容詞を選んで（　　）に入れ、その読みを書きましょう。

例.　（ 無理（むり） ）な追（お）い越（こ）しはやめましょう。

1. 日本の鉄道は、時間に（　　　　）なことで有名だ。
　　＊早すぎたり遅すぎたりしないこと

2. 機械（きかい）が（　　　　）に作動（さどう）しない場合には、ランプがつく。赤いランプがついたら（　　　　）なので、非常口から建物の外に出ること。

3. （　　　　）にも、才能（さいのう）の豊かなすばらしい人にめぐり会うことができた。

4. 川の（　　　　）な水を利用して、発電をしている。

5. 外交官（がいこうかん）は、常に異文化と接触（せっしょく）して仕事をしなければならないので、どんな事にも（　　　　）に対応（たいおう）できる人が求められる。

6. 「（　　　　）な精神（せいしん）は、（　　　　）な身体（しんたい）に宿（やど）る（a sound mind in a sound body）」という。

7. 日本の憲法（けんぽう）では、男女の（　　　　）な権利（けんり）が認（みと）められている。

8. 近代化が（　　　　）に進んだために、公害（こうがい）などの問題も出てきている。

9. 彼は悲観的（ひかんてき）な性格で、何でも（　　　　）に考えてしまう傾向（けいこう）がある。

10. 最近、（　　　　）な犯罪（はんざい）が増えてきて、恐（おそ）ろしい。

~~（無理）~~ 無理	不利	健全	健康	保健	貧乏
危機	危険	確実	正確	正常	明確
深刻	深遠	高等	平等	幸運	不運
急激	過激	険悪	悪質	冷静	貴重
柔軟	軟弱	異常	非常	裕福	豊富

Ⅳ. 次の（　　）に、一番適当と思われるナ形容詞を﹇　﹈の中から選んで、入れてみましょう。同じことばを何回使ってもかまいません。

最近、東京ではゴミの問題が（a.　　　　）な社会問題になってきている。ものが増え、人々が（b.　　　　）でぜいたくな消費生活を楽しめるようになったため、ほしいものを次々と買い、あきると平気でどんどん捨(す)てるといった（c.　　　　）な事態(じたい)が起こっている。その結果、東京の近郊(きんこう)だけではゴミ処理(しょり)が（d.　　　　）になり、遠く離れた地方にまでゴミを捨(す)てに行くので、地方にはゴミの山ができつつある。

それと同様に、先進国の自分（e.　　　　）な論理のために、開発途上国(とじょうこく)の自然が破壊(はかい)されていくのも問題である。この問題を解決するためには、まず、私たち一人一人が（f.　　　　）な資源(しげん)を無駄(むだ)にしないように、自分たちの生活を反省してみる（g.　　　　）がある。ものを買う前に本当に（h.　　　　）なものかどうかよく考え、買ったものは最後まで（i.　　　　）に使わなければならない。また、どうしても捨(す)てなければならない時にも、ほかの人が使えるものかどうか、再利用(さいりよう)の（j.　　　　）性を考えてみるべきであろう。

必要	不必要
可能	不可能
正常	異常
便利	不便
深刻	簡単
親切	勝手
大変	大切
貴重	確実
健康	急激

課題

Ⅰ. 辞書を引いたりまわりの日本人に聞いたりして、次の漢語形容詞の用法を調べ、下の表をうめてみましょう。使うことができない場合には×、何人かに聞いてみて、人によって使ったり使わなかったり意見が違う場合は、△をつけてください。

	＋ ← 形容詞性 → －			副詞性	－ ← 名詞性 → ＋		
	～なN	～N	～のN	～にV	～さ	～性	を～
熱心	熱心な先生	×	×	熱心に働く	熱心さ	×	×
自由	自由な生活	自由貿易	自由の女神	自由に話す	自由さ△	×	自由を求める
可能	可能な計画	×	×	可能になる/する	×	可能性	×
危険							
健康							
幸福							
正確							
平和							

Ⅱ. ノートに線を引いて、上のような表を作り、新聞などでよく見る漢語形容詞をまとめておきましょう。漢語動詞（⇨p.58）や名詞も集めて品詞別に色分けしておくと、使い方がわかって便利です。

体に関係のある漢字

—月(にくづき)と頁(おおがい)—

「朝」の部首の「月」と「腹(はら)」の部首の「月」は、同じ形をしていますが、実は違う意味をもつ別々の部首です。前の「月」の意味は、“moon”ですが、後ろの「月」は、「肉」という漢字と同じ意味“meat”で、「にくづき」と呼ばれています。この部首をもつ漢字は、下のように、体に関係のある漢字なのです。

また、「頁（おおがい）」も体に関係のある漢字の部首になっています。「頁」は人間のあたまやかおを表す部首です。

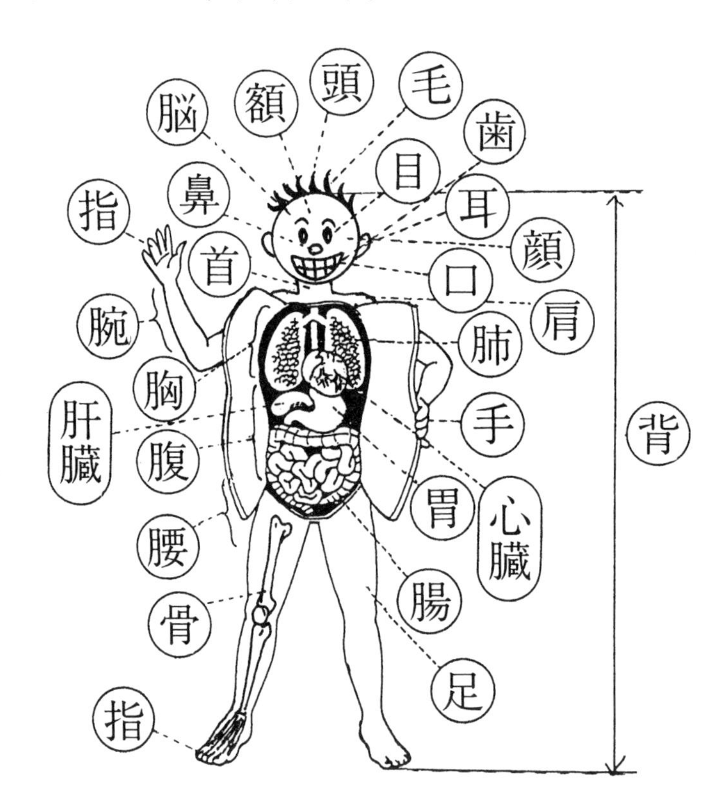

頁　：　頭(あたま)　顔(かお)　額(ひたい)

月　：　脳(のう)　胸(むね)　背(せ)　腹(はら)　腕(うで)
肩(かた)　腰(こし)　肺(はい)　胃(い)　腸(ちょう)
肝臓(かんぞう)　心臓(しんぞう)　骨(ほね)

その他：　手(て)　足(あし)　目(め)　耳(みみ)　鼻(はな)
口(くち)　歯(は)　毛(け)　首(くび)　指(ゆび)

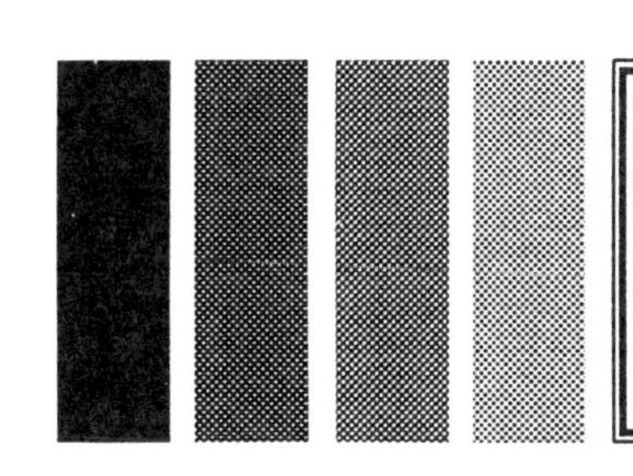

第5課
同音の漢字

次の文を読んで、ａ．とｂ．のうち正しいほうを選びなさい。実際に使われるものは、どちらか1つです。

1. 山田さんは（ａ．兄弟　ｂ．兄第）がいない。
2. よくわからないので、もう一度（ａ．説明　ｂ．設明）してください。
3. 本屋で（ａ．雑試　ｂ．雑誌）を買った。
4. 今日は（ａ．特別　ｂ．得別）に品物が安くなっている。
5. その信号のところを（ａ．右折　ｂ．右接）してください。
6. 明日6時にここへ（ａ．連絡　ｂ．練絡）してください。
7. きのう（ａ．書店　ｂ．署店）で今評判（ひょうばん）になっている写真集を買った。
8. 大学に入学（ａ．顔書　ｂ．願書）を出しに行った。
9. 私の（ａ．家族　ｂ．家続）は北海道に住んでいる。
10. 兄は（ａ．放送局　ｂ．放送曲）で働いている。
11. 先生のお宅を（ａ．訪門　ｂ．訪問）した。
12. この町は、人口が（ａ．減小　ｂ．減少）している。
13. 熱があって、（ａ．頭通　ｂ．頭痛）がする。
14. パーティーに行くのに（ａ．的当　ｂ．適当）な服が見つからない。
15. 木村先生はとても（ａ．新切　ｂ．親切）だ。
16. （ａ．大平洋　ｂ．太平洋）は世界で一番大きい海だ。
17. 彼の考え方は（ａ．非現実的　ｂ．悲現実的）だ。
18. 石川さんは（ａ．大学員　ｂ．大学院）で勉強している。
19. 父は新聞（ａ．記者　ｂ．記社）をしている。
20. 日曜日に（ａ．有園地　ｂ．遊園地）に行った。
21. この国の（ａ．正治　ｂ．政治）をもっとよくしなければならない。
22. 研究のことで先生に（ａ．相断　ｂ．相談）した。

＜答　え＞

1. a. 兄弟(きょうだい) brothers (and sisters)
2. a. 説明(せつめい)する to explain
3. b. 雑誌(ざっし) magazine
4. a. 特別(とくべつ)に specially
5. a. 右折(うせつ)する to turn right
6. a. 連絡(れんらく)する to make contact
7. a. 書店(しょてん) bookshop
8. b. 願書(がんしょ) application form
9. a. 家族(かぞく) family
10. a. 放送局(ほうそうきょく) radio/TV station
11. b. 訪問(ほうもん)する to visit
12. b. 減少(げんしょう)する to decrease
13. b. 頭痛(ずつう) headache
14. b. 適当(てきとう)な appropriate
15. b. 親切(しんせつ)な kind
16. b. 太平洋(たいへいよう) the Pacific Ocean
17. a. 非現実的(ひげんじつてき)な unrealistic
18. b. 大学院(だいがくいん) graduate school
19. a. 記者(きしゃ) reporter
20. b. 遊園地(ゆうえんち) amusement park
21. b. 政治(せいじ) politics
22. b. 相談(そうだん)する to consult

Ⅰ. 次の文のａ.とｂ.は、同じ読み方で、意味が違う語です。文を読んで、ａ.とｂ.のうち、適当なほうを選びなさい。

1. 料理に（ａ.化学　ｂ.科学）調味料を使った。
2. 電話はこのビルの（ａ.一回　ｂ.一階）にある。
3. 私は音楽に（ａ.関心　ｂ.感心）がある。
4. 母は毎日（ａ.火事　ｂ.家事）で忙しい。
5. オリンピックで勝者の（ａ.国家　ｂ.国歌）が流れた。
6. このトイレは（ａ.洋式　ｂ.様式）だ。
7. これは私（ａ.故人　ｂ.個人）の意見です。
8. 新しいレストランが（ａ.回転　ｂ.開店）した。
9. 部長は（ａ.使用　ｂ.私用）で外出している。
10. 旅行は短い（ａ.期間　ｂ.機関）だったが、楽しかった。
11. あの人の（ａ.良心　ｂ.両親）は北海道に住んでいる。
12. この国の（ａ.東部　ｂ.頭部）には広い平野がある。
13. 子どものとき、（ａ.伝記　ｂ.電気）を読むのが好きだった。
14. この品は（ａ.高価　ｂ.効果）で、私には買えない。
15. 品物の質をもっと（ａ.向上　ｂ.工場）させなければならない。
16. 彼が彼女と結婚するなんて（ａ.創造　ｂ.想像）できない。
17. レポートの（ａ.紀元　ｂ.期限）をまもってください。
18. （ａ.保健　ｂ.保険）所で健康診断(しんだん)を受けた。
19. あの人は（ａ.強力　ｂ.協力）な味方(みかた)になってくれそうだ。
20. 彼女は（ａ.整形　ｂ.政経）手術をしたらしい。

Ⅱ. 次の文を読んで、下線のカタカナの部分を書き表すのに適当な漢字を、(　　)の中から選びなさい。

1. この会館を使うときは、使用リョウを払わなければならない。
(a. 料　b. 量)

2. 駅のホームに自動販売(はんばい)キがある。
(a. 器　b. 機)

3. 鈴木(すずき)さんはこの大学の英米文学研究カに入学した。
(a. 科　b. 課)

4. 父はずっと消防ショで働いている。
(a. 所　b. 署)

5. 車を運転する人は、自動車保ケンに加入してください。
(a. 険　b. 健)

6. 水は0度より温度が下がるとコ体になる。
(a. 固　b. 個)

7. 私の友人は、東京のコウ外に家を買った。
(a. 効　b. 郊)

8. 農業キョウ同組合は、農業機械の普及(ふきゅう)のために資金の貸付(かしつけ)を行っている。
(a. 共　b. 協)

9. 記録的(きろくてき)な大雪で、電車がフ通になってしまった。
(a. 普　b. 不)

10. あの選手は、去年(きょねん)の夏からけがでずっとキュウ場している。
(a. 球　b. 休)

11. 人生の中でこんなにいい機カイはめったにない。
(a. 械　b. 会)

12. 大学のシュウ囲には店がほとんどない。
(a. 週　b. 周)

13. 会社に採用(さいよう)されても、一人前のエンジニアになるには最テイ３年はかかる。
(a．低　b．底)

14. 彼の専(せん)モンは、動物セイ理学だそうだ。
(a．問　b．門) (a．整　b．生)

15. 昨夜(さくや)遅く市街地(しがいち)で道路工事中に水道カンをこわすという事故が発生した。
(a．官　b．管)

16. この国は天ネン資源(しげん)が乏しいので、周りの国々からの輸入に依存(いぞん)している。
(a．然　b．念)

17. 高橋さんは今でも毎晩、日キをつけている。
(a．紀　b．記　c．起)

18. 自分の意見をはっきり主チョウしたほうがいい。
(a．長　b．張　c．調)

19. この箱(はこ)の中の書類を全部セイ理しないと、帰るわけにはいかない。
(a．整　b．製　c．制)

20. 今年のボウ年会は、カラオケで一晩中歌うつもりだ。
(a．防　b．忙　c．忘)

※できた人は、次は(　　)の部分を紙などでかくして、書けるかどうかやってみましょう。

①同じ音記号を持つ漢字　Kanji with the same phonetic markers

同音の漢字には同じ音記号を持つものが多くあります。(⇨復習 1：形声文字)

漢字				音読み	音記号
官	館	管	…	カン	［官］
故	固	個	…	コ	［古］
交	効	郊	…	コウ	［交］
正	政	整	…	セイ	［正］
低	底	邸	…	テイ	［氐］
点	店	貼	…	テン	［占］
洋	様	養	…	ヨウ	［羊］
周	週		…	シュウ	［周］
通	痛		…	ツウ	［甬］

②同音の接尾辞　Suffixes of the same sound

同音で、意味や使い方の似ている漢字には注意してください。次のものは、接尾辞として使われることが多い同音の漢字です。

音	漢字	分野	例
カ	科	（学校）	社会科、国語科、数学科、研究科
	科	（病院）	内科、外科、耳鼻科、婦人科、精神科
	課	（会社）	会計課、人事課、総務課、営業課
キ	器	（道具）	食器、楽器、茶器、消火器、炊飯器
	器	（器官）	臓器、消化器、呼吸器、循環器
	機	（機械）	洗濯機、掃除機、印刷機、飛行機
ショ	所	（場所）	役所、事務所、案内所、裁判所
	署	（機関）	警察署、消防署、税務署

リョウ…
- 料
  - （材料）　原料、資料、衣料（いりょう）、食料、調味料
  - （料金）　手数料、入場料、水道料、使用料
- 量　（多さ・重さ）　雨量（うりょう）、積雪量（せきせつりょう）、排水量（はいすいりょう）、使用量

③同音の漢字語のアクセント　Homophones with different accentuations

同音の漢字語の中には、アクセントで区別されるものもあります。

いっかい	…	一階（い┌っかい）	：一回（い┌っか┐い）
こうじょう	…	向上（こ┌うじょう）	：工場（こ┌うじょ┐う）
でんき	…	伝記（で┌んき）	：電気（で┐んき）
こうがい	…	公害（こ┌うがい）	：郊外（こ┐うがい）

④同音の漢字語の意味の違い　Homophones with different meanings

アクセントが２種類（しゅるい）以上あるものには＊印がつけてあります。

かいてい	…	改訂（か┌いてい） ＝本の間違いを直すこと	：海底（か┌いてい） ＝海の底
かいてん	…	回転（か┌いてん） ＝回ること	：開店（か┌いてん） ＝店を開くこと
＊きかん	…	期間（き┐かん） ＝ある長さの時間	：機関（き┐かん） ＝機械や装置、組織
		器官（き┐かん） ＝体の部分	：気管（き┌かん） ＝呼吸の空気の通路
きげん	…	期限（き┐げん） ＝しめきり	：紀元（き┐げん） ＝歴史年代の元
きゅうじょう	…	休場（きゅ┌うじょう） ＝試合を休むこと	：球場（きゅ┌うじょう） ＝野球のグランド
＊こうがい	…	公害（こ┌うがい） ＝環境（かんきょう）や住民に対する害	：郊外（こ┐うがい） ＝都会の周辺

5

	口外(こうがい) ＝秘密(ひみつ)などを他人に話すこと	：	校外(こうがい) ＝学校の外
＊しゅちょう…	主張(しゅちょう) ＝意見を言う	：	首長(しゅちょう) ＝行政機関の長
しょうか …	消化(しょうか) ＝食べた物をこなすこと	：	消火(しょうか) ＝火を消すこと
せいけい …	生計(せいけい) ＝生活する方法	：	整形(せいけい) ＝体の形をなおすこと
せいぜん …	生前(せいぜん) ＝死ぬ前／生きている間	：	整然(せいぜん) ＝整(ととの)っているようす
そうぞう …	創造(そうぞう) ＝新しいものを初めて作ること	：	想像(そうぞう) ＝頭の中で考えること
ていか …	低下(ていか) ＝下がること	：	定価(ていか) ＝決められた値段(ねだん)
りょうしん…	良心(りょうしん) ＝正しく良い心	：	両親(りょうしん) ＝父と母

⑤ 1つの漢字が共通している同音語 Homophones which have the same Kanji

同音の漢字語には、1つの漢字が共通するものがたくさんあります。意味が似ているものもありますから、注意してください。

＊いっかい …	一回(いっかい) ＝1度	：	一階(いっかい) ＝建物の地上の階
かいてい …	改訂(かいてい) ＝本の内容(ないよう)を直すこと	：	改定(かいてい) ＝決めた内容を改めること
かじ …	火事(かじ) ＝火による災害(さいがい)	：	家事(かじ) ＝家の中の仕事

きかい …	機械(きかい) ＝しくみや道具	： 機会(きかい) ＝チャンス
きょうかい…	教会(きょうかい) ＝キリスト教の集会所	： 協会(きょうかい) ＝ある目的のための会
きょうちょう…	強調(きょうちょう) ＝強く説明すること	： 協調(きょうちょう) ＝いっしょに協力すること
きょうどう…	共同(きょうどう) ＝いっしょにすること	： 協同(きょうどう) ＝協力して仕事をすること
きょうりょく…	強力(きょうりょく) ＝強い力	： 協力(きょうりょく) ＝力を合わせること
こじん …	故人(こじん) ＝なくなった人	： 個人(こじん) ＝一人の人間
こたい …	個体(こたい) ＝一つの独立したもの	： 固体(こたい) ＝固く形が決まった物質
こっか …	国家(こっか) ＝国	： 国歌(こっか) ＝国の歌
しょめい …	署名(しょめい) ＝名前を書くこと	： 書名(しょめい) ＝本の題名
せいり …	整理(せいり) ＝片(かた)づけること	： 生理(せいり) ＝生物の体の働き
ふつう …	不通(ふつう) ＝通らないこと	： 普通(ふつう) ＝いつものようす
ほけん …	保健(ほけん) ＝健康を保(たも)つこと	： 保険(ほけん) ＝災害(さいがい)に備(そな)えてお金をかけること
ようしき …	洋式(ようしき) ＝西洋のやり方	： 様式(ようしき) ＝やり方

5

⑥同音の漢字語の用法　Usage of Kanji homophones

同音の漢字語には、品詞（ひんし）や使い方が違うものがあります。

（N＝名詞、VN＝「する」をつけて漢語動詞（どうし）になるもの、NA＝ナ形容詞（けいようし））

かんしん … 関心（かんしん）N ：政治に関心がある
感心（かんしん）VN ：上手な外国語に感心する
NA ：感心な子ども

きょうりょく… 強力（きょうりょく）NA ：強力なチーム
協力（きょうりょく）VN ：みんなが協力する

こうか … 高価（こうか）NA ：高価な品物
硬化（こうか）VN ：態度（たいど）が硬化する
効果（こうか）N ：効果がある
校歌（こうか）N ：校歌を歌う

しよう … 使用（しよう）VN ：道具を使用する
私用（しよう）N ：私用と公用の区別をする。
仕様（しよう）N ：新しい仕様の機械を買う

こうじょう… 向上（こうじょう）VN ：生活水準が向上する
工場（こうじょう）N ：工場を建てる

第５課の学習漢字

保	防	署	固	郊	害	協	普	球	械
p. 246	p. 257	p. 302	p. 325	p. 281	p. 296	p. 248	p. 313	p. 262	p. 260
周	囲	底	整	官	管	然	張	紀	限
p. 308	p. 325	p. 322	p. 321	p. 296	p. 303	p. 315	p. 249	p. 267	p. 257
想	像								
p. 313	p. 247								

22

応用練習

I．次の文を読んで、(　)の語の中から、適当なものを選び、読み方を書きましょう。

1．国際交流の行事に参加したいが、なかなか（a．機会　b．機械）がない。

2．毎朝、公園のまわりを（a．一周　b．一週）している。

3．今度、小学校の教科書が（a．改訂　b．改定　c．海底）される。

4．本が増えたので、少し（a．生理　b．整理）しなければならない。

5．ＪＲ山手線（やまのてせん）は現在事故で（a．不通　b．普通）となっております。

6．事故を減らすためには、国民の（a．協力　b．強力）が必要だ。

7．会社をやめてから、国民健康（a．保険　b．保健）に加入した。

8．水は（a．固体　b．個体）になると、「氷（こおり）」と呼ばれる。

9．おなかが悪くて、（a．消火　b．消化）のいいものしか食べられない。

10．水が（a．器官　b．気管）に入ってしまい、とても苦しかった。

11．今月からタクシー料金が（a．改訂　b．改定　c．海底）された。

12．私は猫（ねこ）が（a．生理　b．整理）的に苦手だ。

13．我々（われわれ）の体内には、様々な（a．器官　b．気管）がある。

14．（a．不通　b．普通）列車（れっしゃ）に乗って、のんびり旅行した。

15．（a．改訂　b．改定　c．海底）に油田が発見された。

16．最近はどこの会社でもＯＡ（a．機器　b．危機）が使われている。

＊ＯＡ＝Office Automation

17．憲法（けんぽう）によって（a．個人　b．故人）の自由が保証（ほしょう）されている。

18．（a．保険　b．保健）所で予防注射（ちゅうしゃ）をしてもらった。

5

19. 中日ヤクルトの試合を見に、(a.休場 b.球場) へ行った。

20. 毎週日曜日は (a.協会 b.教会) のミサに行く。

21. 学校では、生徒(せいと)の個性と (a.想像 b.創造) 性を育てる教育をすることが大切だ。

22. 彼は自分勝手で、(a.強調 b.協調) 性がない。

23. (a.紀元 b.期限)前3000年ごろ、ナイル川のほとりに文明が生まれた。

24. 兄は (a.郊外 b.公害) 研究所で働くことを承知(しょうち)した。

※正しいほうを選ぶことができた人は、上の1.～24.の文を、(　　) の部分をひらがなに直してノートに写し、今度はそれを見ながら自分で正しい漢字が書けるかどうか、やってみましょう。

例1. 国際交流の行事に参加したいが、なかなか (きかい) がない。

Ⅱ. 次の文を読んで、a.とb.のうち、適当なほうを選びましょう。

1. スポーツ大会の (a.会開 b.開会) 式が行われた。

2. 将来(しょうらい)、栄養士(えいようし)になりたいが、勉強の (a.方法 b.法方) がわからない。

3. 今日の授業(じゅぎょう)は (a.午後 b.後午) からだ。

4. 妹は (a.高校 b.校高) 3年生だ。

5. 田中さんは外国から輸入した宝石(ほうせき)の (a.売買 b.買売) をしている。

6. その事件(じけん)については (a.全然 b.然全) 知らない。

7. 趣味(しゅみ)で切手を (a.収集 b.集収) している人は多い。

8. 高橋さんは日射病(にっしゃびょう)で倒(たお)れ、(a.急救 b.救急) 車で病院へ運ばれた。

9. 日曜日にこの町の（a. 町長　b. 長町）選挙(せんきょ)が行われる。

10. アラブの国々で戦争が起こると、石油（a. 危機　b. 機危）が起こる。

11. ワープロなどのＯＡ（a. 器機　b. 機器）が普及(ふきゅう)している。

III. 次のカタカナのことばを適当な漢字に直して（　　）に書きましょう。それから、アクセントに気をつけて声(こえ)に出して読んでみましょう。テープに録音(ろくおん)して自分で聞いたり、日本人の友だちに聞いてもらったりしてみましょう。

例. 駅前にカイテン寿司(ずし)の店がカイテンした。
（ 回転 ）（ 開店 ）

1. 都心ばかりでなく、コウガイでもコウガイ問題が起こってきている。
（　　　）（　　　）

しかし、この町で起こっていることは、まだコウガイしないでほしい。
（　　　）

2. 政府のコウカンと意見をコウカンして、彼にコウカンを持った。
（　　　）（　　　）（　　　）

3. 貿易(ぼうえき)シュウシは、シュウシ赤字だった。
（　　　）（　　　）

4. その用紙にほしい本のショメイを書いて、ショメイしてください。
（　　　）（　　　）

5. キョウリョクな味方のキョウリョクを得て、仕事がうまくいった。
（　　　）（　　　）

6. 彼はセイゼン一人暮(ぐ)らしだったが、部屋はセイゼンと片(かた)づいていた。
（　　　）（　　　）

7. 数学のエンシュウで、エンシュウの長さを求めた。
（　　　）（　　　）

8. 新聞社に「キシャのキシャがキシャでキシャした。」という
（　　　）（　　　）（ 汽車 ）（　　　）

知らせが届(とど)いた。

5

課題

I. 次の文章（ぶんしょう）を、ワープロなどを使って漢字仮名（かな）交（ま）じり文に直してみましょう。漢字に変換（へんかん）することばの下に線を引き、漢字表記をその下に書いてください。さらにその同音語を例（れい）のように下に並べて書きましょう。

例. ぶんか　かいかんで　こうえんかいが　ひらかれる。

ぶんか	かいかんで	こうえんかいが	ひらかれる。
文化	会館	講演会	開かれる
文科	開館	後援	
分化	快感	公演	
		公園	

せいめい　ほけんの　パンフレットを　みて、おどろいた。ほけんといえば、むかしは　せいめい ほけんや　かさい ほけんなど、たんじゅんなものしか　なかったが、げんだいでは、ほけん しょうひんが　ずいぶんたように　なった。いろいろな　じこや　さいがいに　そなえた　そんがいほけんや　しょうがい ほけん、じどうしゃ ほけんや　かいがい りょこうほけんなどの　ほかに、つり ほけん、スキー ほけん、ゴルフ ほけんまである。なんと　ペットの　ほけんも　あると　きき、わらって　しまった。つくづく　きけんな　じだいに　いきて　いるのだと　かんじた。

II. ワープロや電子手帳（てちょう）などを使って、同音語を5組さがし、下の例のような問題を作ってみましょう。友だちが間違えそうな問題を作って、お互（たが）いにやってみてください。国語辞典（じてん）や和英辞典などでも同音語をさがすことができます。特に、意味が似（に）ているものや同じ品詞のものなどを集めて覚えましょう。

例. 試験は {a. 以外　b. 意外} にやさしかった。　読み方（**いがい**）

復習1 形声文字(1)

I. 次の下線の漢字を、部首(radicals)と音記号(sound markers)とに分けてください。部首の意味も考えてみましょう。

			部首		音記号	音読み
例.	学校	=	[木] tree	+	[交]	(コウ)
1.	男性	=	[ ]	+	[ ]	( )
2.	夕飯	=	[ ]	+	[ ]	( )
3.	旅館	=	[ ]	+	[ ]	( )
4.	宿泊	=	[ ]	+	[ ]	( )
5.	政府	=	[ ]	+	[ ]	( )
6.	来週	=	[ ]	+	[ ]	( )
7.	試験	=	[ ]	+	[ ]	( )
8.	訪問	=	[ ]	+	[ ]	( )
9.	適当	=	[ ]	+	[ ]	( )
10.	案内	=	[ ]	+	[ ]	( )
11.	時間	=	[ ]	+	[ ]	( )
12.	町長	=	[ ]	+	[ ]	( )
13.	出荷	=	[ ]	+	[ ]	( )
14.	晴天	=	[ ]	+	[ ]	( )
15.	事故	=	[ ]	+	[ ]	( )

＜答　え＞

		部首		音記号	音読み
1. 男性 だんせい(male)	=	[忄] heart	+	[生]	(セイ)
2. 夕飯 ゆうはん(dinner)	=	[飠] eat	+	[反]	(ハン)
3. 旅館 りょかん(inn)	=	[飠] eat	+	[官]	(カン)
4. 宿泊する しゅくはく(to stay)	=	[氵] water	+	[白]	(ハク)
5. 政府 せいふ(government)	=	[广] roof	+	[付]	(フ)
6. 来週 らいしゅう(next week)	=	[辶] way	+	[周]	(シュウ)
7. 試験 しけん(examination)	=	[馬] horse	+	[㑒]	(ケン)
8. 訪問する ほうもん(to visit)	=	[言] say	+	[方]	(ホウ)
9. 適当な てきとう(suitable)	=	[辶] way	+	[啇]	(テキ)
10. 案内する あんない(to guide)	=	[木] tree	+	[安]	(アン)
11. 時間 じかん(time)	=	[日] sun	+	[寺]	(ジ)
12. 町長 ちょうちょう(mayor)	=	[田] rice field	+	[丁]	(チョウ)
13. 出荷する しゅっか(to ship)	=	[艹] plant	+	[可]	(カ)
14. 晴天 せいてん(clear sky)	=	[日] sun	+	[青]	(セイ)
15. 事故 じこ(accident)	=	[攵] whip	+	[古]	(コ)

Ⅱ. 次のことばの中から同じ音読みの漢字を選んで○をつけ、共通する音記号とその読みを書きなさい。

			音記号	読み
例.	◯時間	所◯持金	：［ 寺 ］	（ ジ ）
1.	農園	遠足	：［ ］	（ ）
2.	結果	課題	：［ ］	（ ）
3.	正義	議会	：［ ］	（ ）
4.	経済	軽減	：［ ］	（ ）
5.	試験	危険	：［ ］	（ ）
6.	変更	強硬	：［ ］	（ ）
7.	都市	姉妹	：［ ］	（ ）
8.	先週	周囲	：［ ］	（ ）
9.	少数	文部省	：［ ］	（ ）
10.	生活	性格	：［ ］	（ ）
11.	制度	製造	：［ ］	（ ）
12.	先生	洗面	：［ ］	（ ）
13.	相談	想像	：［ ］	（ ）
14.	通学	頭痛	：［ ］	（ ）
15.	海底	低下	：［ ］	（ ）
16.	点数	売店	：［ ］	（ ）
17.	農業	濃度	：［ ］	（ ）
18.	白鳥	拍手	：［ ］	（ ）
19.	付近	政府	：［ ］	（ ）
20.	多忙	忘年会	：［ ］	（ ）

				音記号	読み
21.	文化	生花	貨物	：[　　]	（　　）
22.	可能	出荷	歌手	：[　　]	（　　）
23.	旅館	管理	器官	：[　　]	（　　）
24.	野球	要求	救助	：[　　]	（　　）
25.	個人	固体	湖水	：[　　]	（　　）
26.	効果	郊外	学校	：[　　]	（　　）
27.	寺院	時間	持続	：[　　]	（　　）
28.	改正	政治	整理	：[　　]	（　　）
29.	晴天	冷静	青年	：[　　]	（　　）
30.	官庁	町長	2丁目	：[　　]	（　　）
31.	社長	出張	手帳	：[　　]	（　　）
32.	反対	夕飯	販売	：[　　]	（　　）
33.	方面	訪問	放送	：[　　]	（　　）
34.	洋式	様子	養成	：[　　]	（　　）

Ⅲ．下線の漢字の読みに注意して、（　　）にことばの読み方を書きなさい。

例．２丁目（にちょうめ）：訂正（　ていせい　）　停学（　ていがく　）

1．中央　（ちゅうおう）：英語（　　　　）　映画（　　　　）

2．自己　（　じ　こ　）：日記（　　　　）　紀元（　　　　）

3．医者　（　いしゃ　）：暑中（　　　　）　部署（　　　　）

4．方面　（　ほうめん　）：予防（　　　　）　妨害（　　　　）

5．時間　（　じかん　）：期待（　　　　）　特別（　　　　）

L１－L５

①意味を表す部分（部首）と音を表す部分（音記号）

漢字の中には意味を表す部分(部首)と音を表す部分(音記号)との組み合わせでできているものがあり、形声文字(けいせいもじ)と言います。(⇨BK L.14, 第１課p.22, 第５課p.80) 日本で使われている漢字の80％以上は形声文字ですから、よく使われる音記号を覚えると、知らない漢字の音読みを考えるとき、役に立ちます。

部首		音記号		形声文字			
飠（しょくへん） eat	＋	官 カン	＝	館 building, hall	：	図書館	としょかん
木（きへん） tree	＋	官 カン	＝	棺 coffin	：	石棺	せっかん
⺮（たけかんむり） bamboo	＋	官 カン	＝	管 pipe	：	管理する	かんりする
			c.f.	官 official	：	官庁	かんちょう

②音記号の位置

音記号は漢字のいろいろな位置に使われます。また、下のようにもとの音記号(「古」)から別の音記号（「固」「胡」）が作られる場合もあります。

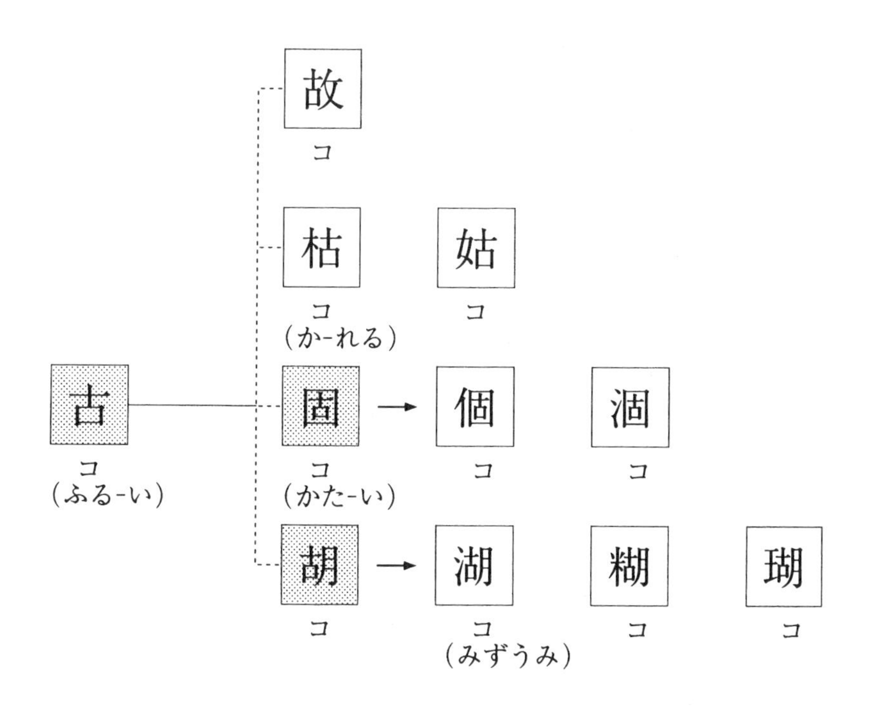

③漢字と音記号

漢字がそのまま音記号（＝音符）になっているものと、そうでないものがあります。

a．一つの漢字がそのまま音記号になっているもの

音記号		これまでに習った漢字	未習の漢字（常用漢字内）
安	（アン）	：案	
化	（カ）	：花　貨	靴
可	（カ）	：何　歌　荷	河　苛
果	（カ）	：課	菓
介	（カイ）	：界	
戒	（カイ）	：械	
間	（カン）	：簡	
官	（カン）	：館　管	棺
己	（キ）	：記　起　紀	忌
義	（ギ）	：議	儀　犠
九	（キュウ）	：究	
求	（キュウ）	：球　救	
系	（ケイ）	：係	
建	（ケン）	：健	鍵
古	（コ）	：固　個　故　湖	枯　錮
五	（ゴ）	：語	悟
交	（コウ）	：校　郊　効	絞
更	（コウ）	：硬	梗
工	（コウ）	：功	江　攻　項　巧　貢　紅　虹
市	（シ）	：姉	
士	（シ）	：仕　誌	志
止	（シ）	：歯	祉　紫
寺	（ジ）	：時　持	侍
周	（シュウ）	：週	
宿	（シュク）	：縮	
少	（ショウ）	：省	抄　渉　沙
正	（ショウ）	：	証　症
	（セイ）	：政　整	征
生	（セイ）	：性	姓　星　牲　醒
青	（セイ）	：晴　静	精　清　請
制	（セイ）	：製	
先	（セン）	：洗	
泉	（セン）	：線	腺

相	（ソウ）	：想	霜
倉	（ソウ）	：創	
代	（タイ）	：貸	袋
丁	（チョウ）	：町　庁	頂
	（テイ）	：訂　停	亭
長	（チョウ）	：張　帳	
農	（ノウ）	：濃	
白	（ハク）	：泊　拍	迫　伯　舶
反	（ハン）	：飯　販	版　阪　坂　板
非	（ヒ）	：悲	
付	（フ）	：府	符　附　腐
方	（ホウ）	：放　訪	倣　芳
	（ボウ）	：防	房　紡　坊　妨　傍　肪
亡	（ボウ）	：忙　忘	望
民	（ミン）	：眠	
羊	（ヨウ）	：洋　様　養	窯

＊ただし「羊」は漢字の上の部分に使われると「⺶」になります。

b．漢字の一部が音記号になっているもの

袁	（エン）	：園　遠	猿
圣	（ケイ）	：経　軽	径　茎
㑒	（ケン）	：験　険	剣　倹　検
且	（ソ）	：組	祖　粗　租　阻　狙
甬	（ツウ）	：通　痛	
氐	（テイ）	：低　底	邸　抵
啇	（テキ）	：適	敵　摘　滴

＊ただし「袁(エン)」は「猿」のときだけ下の形が少し変わります。

復1

④漢字の読みと音記号としての読み

ある漢字は、単独で使われるときと音記号として使われるときで読み方が違います

例1． 央　単独　＝オウ　：　中央（ちゅうおう）
　　　音記号＝エイ　：　英語（えいご）　映画（えいが）

例2． 己　単独　＝コ，キ　：　自己（じこ）　知己（ちき）
　　　音記号＝キ　：　日記（にっき）　紀元（きげん）

例3． 者　単独　＝シャ　：　記者（きしゃ）
　　　音記号＝ショ　：　署名（しょめい）　残暑（ざんしょ）

例4. 占　単独　＝セン　：独占（どくせん）
　　　　音記号＝テン　：書店（しょてん）　点数（てんすう）

⑤音記号の表すいろいろな音

音記号の中には、音が少し変わっているものや同じ形が違う音を表しているものもあります。(⇨復習(ふくしゅう) 2 p.193〜195)

例1. 台　タイ・ダイ　　　：台風（たいふう）　台所（だいどころ）
　　　　→シ　　始　：始発（しはつ）
　　　　→ジ　　治　：政治（せいじ）

例2. 主　シュ　　　　　　：主人（しゅじん）
　　　　→チュウ　注　：注意（ちゅうい）
　　　　→ジュウ　住　：住所（じゅうしょ）

例3. 方　ホウ　　　　　　：方向（ほうこう）
　　　　→ホウ　　訪　：訪問（ほうもん）
　　　　　　　　　放　：放送（ほうそう）
　　　　→ボウ　　防　：予防（よぼう）

例4. 丁　テイ・チョウ　　：丁寧（ていねい）　丁度（ちょうど）
　　　　→テイ　　訂　：訂正（ていせい）
　　　　　　　　　停　：停留所（ていりゅうじょ）
　　　　→チョウ　庁　：県庁（けんちょう）
　　　　　　　　　町　：町長（ちょうちょう）

例5. 各　カク　　　　　　：各自（かくじ）　各国（かっこく）
　　　　→カク　　格　：性格（せいかく）
　　　　→キャク　客　：乗客（じょうきゃく）
　　　　→ラク　　落　：落第（らくだい）

＊「客」は語によって「カク」と読むこともある。旅客機（りょかくき）

⑥例外的(れいがいてき)な読み方をする漢字

	寺	時	持	待	特		音記号	音
例1.	寺	時	持	待	特	➡	寺	ジ
	ジ	ジ	ジ	タイ	トク	＝音読み		
	(てら)	(とき)	(も-つ)	(ま-つ)		(＝訓(くん)読み)		

音記号　音

例2.

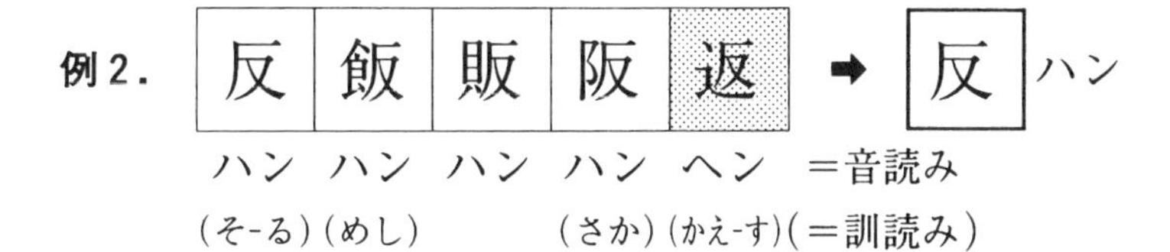

反	飯	販	阪	返	➡	反	ハン
ハン	ハン	ハン	ハン	ヘン	＝音読み		
(そ-る)	(めし)		(さか)	(かえ-す)	(＝訓読み)		

例3.

古	故	固	湖	苦	➡	古	コ
コ	コ	コ	コ	ク	＝音読み		
(ふる-い)	(ゆえ)	(かた-い)	(みずうみ)	(くる-しい)	(＝訓読み)		

例4.

青	晴	静	精	情	➡	青	セイ
セイ	セイ	セイ	セイ	ジョウ	＝音読み		
(あお)	(は-れる)	(しず-か)		(なさ-け)	(＝訓読み)		

例5.

交	郊	効	校	較	➡	交	コウ
コウ	コウ	コウ	コウ	カク	＝音読み		
(まじ-わる)		(き-く)		(くら-べる)	(＝訓読み)		

例6.

白	泊	拍	迫	百	➡	白	ハク
ハク	ハク	ハク	ハク	ヒャク	＝音読み		
(しろ)	(と-まる)		(せま-る)		(＝訓読み)		

復1

復習(ふくしゅう)1の学習漢字

貨	帳	販	拍	湖	義	丁	己	付	央	10
p. 319	p. 287	p. 272	p. 252	p. 255	p. 304	p. 279	p. 280	p. 244	p. 310	

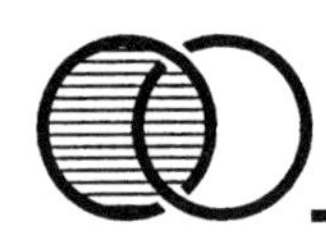

応用練習

Ⅰ. 左の部首と右上の音記号を合わせて形声文字(けいせいもじ)を作り、その音読みも下に書いてみましょう。(漢字ができないマスには／を引く。15字以上できれば、合格！)

	反	生	白	青	㑒	寺	意 味
木							木 tree
日				晴			日 sun
氵							水 water
イ							人 man
阝							がけ cliff
言							言う to say
扌			拍				手 hand
忄							心 heart
飠							食べる to eat
土							土 earth
読み			ハク				

Ⅱ. 次の漢字が読めますか。知らない漢字でも、音記号から読み方を考えてみましょう。

1. 紅茶　2. 半径　3. 犠牲　4. 倹約　5. 星座

6. 意志　7. 精力　8. 水滴　9. 舶来　10. 判断

Ⅲ. 漢字辞典(じてん)で同じ音読みの漢字を調べ、その中から音記号をさがしてみましょう。

例.	晴	清	精	請	静	→	青	音記号
音読み：	セイ	セイ	セイ	セイ	セイ		セイ	
訓(くん)読み：	は-れる	きよ-い		こ-う	しず-か		あお	
熟語(じゅくご)：	晴天(せいてん)	清潔(せいけつ)	精神(せいしん)	請求(せいきゅう)	安静(あんせい)		青年(せいねん)	

1.						→		音記号

音読み：
訓読み：
熟　語：

2.						→		音記号

音読み：
訓読み：
熟　語：

3.						→		音記号

音読み：
訓読み：
熟　語：

4.						→		音記号

音読み：
訓読み：
熟　語：

Ⅰ. 漢字の「しりとり」を作りましょう。上にある漢字の部首か音記号かどちらかを使った漢字で、□の中をうめましょう。

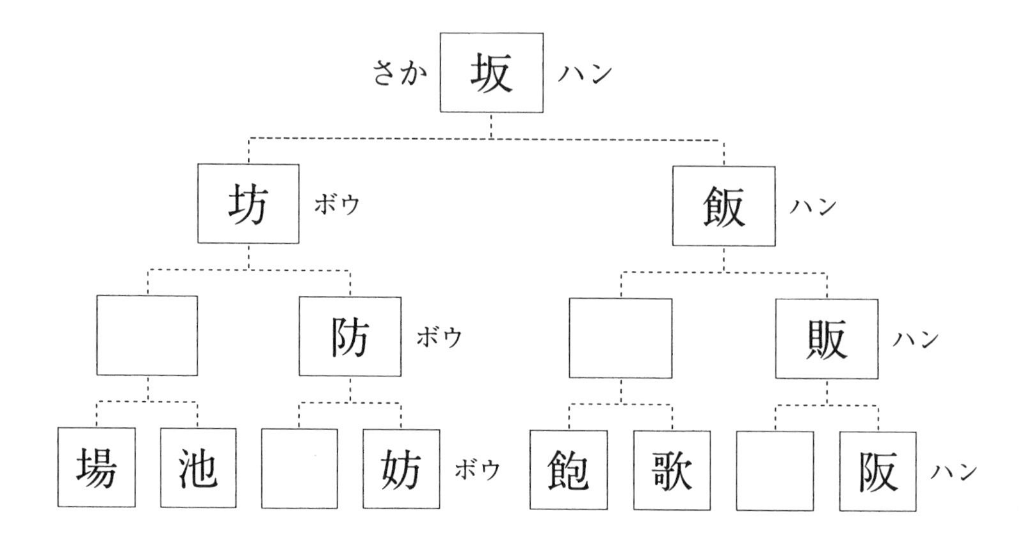

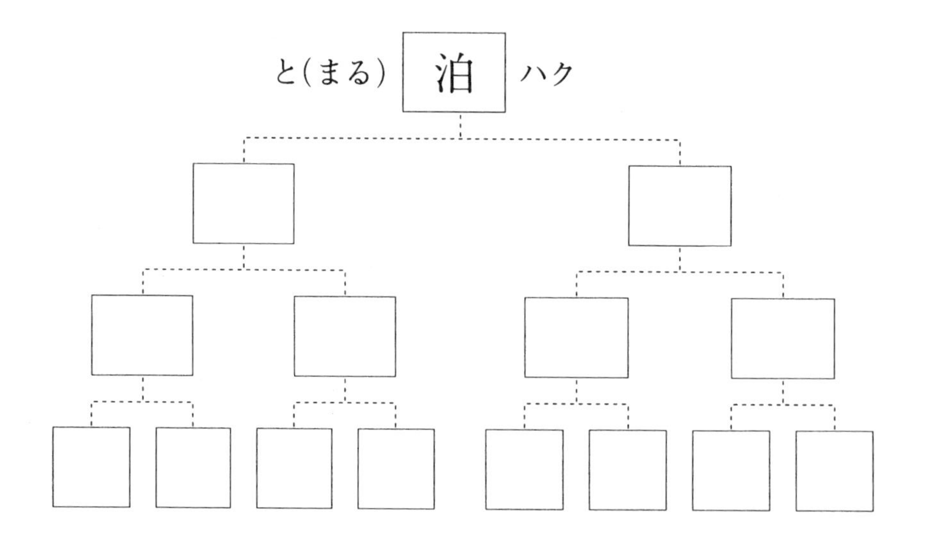

復習練習 ―1課から5課までに習った漢字の復習(ふくしゅう)―

I．次の下線のことばの読みを書いてみましょう。

1．輸入を減らして輸出を拡大すれば、貿易(ぼうえき)収支は黒字になる。

2．世界の国々が仕事を分担し、互(たが)いに助け合い、協力し合えば、どんな複雑な国際問題も解決するだろう。

3．工場で機械や製品を製造したり管理したり修理したりするロボットがいるのだから、そのうち病院で人間の体の器官を検(けん)査(さ)して健康を管理したり、治療したりするロボットもできるかもしれない。

4．文部科学省の下には文化庁、農林水産省の下には林野庁と水産庁、国土交通省の下には気(き)象(しょう)庁、海上保安庁などがある。では、消防庁と消防署は、何省の下にあるか。

5．都心から快速電車で50分、普通電車なら1時間10分かかる郊外に家を買った。職場からは少し遠いが、自然にめぐまれた快適な住まいだ。

6．異常気象が続いて、地球の平均気温が毎年1度ずつ上昇したらどうなるか、想像できるだろうか。地球の温暖化は、非常に深刻な問題なのである。

7. 貧乏な家に生まれた子どもも、裕福な家に生まれた子どもも、平等に教育を受けることができ、だれにでも成功する可能性がある社会が私の理想だ。

8. 危険や失敗をおそれずに行動し、エネルギッシュで創造力があり、しかも考え方が柔軟な人間を養成したい。

9. 低気圧が多量の激しい雨を降らせたため、野球の試合はあすに延期になった。応援しているチームが勝つか負けるか、勝負はやってみなければわからない。

10. 周囲の国々への経済的な援助にもっと予算(よさん)を使うべきだ。

11. 首相は、自国民を救出するために、その戦争に参加することを強硬に主張した。

12. 仕事の終了期限が近づいてきたので、予定を変更して、たまっている資料の整理にとりかかった。

13. 正確にはわからないが、紀元前10世紀ごろ、この古代国家は海底に沈(しず)んでしまったらしい。この地層からその時代の王に関する貴重な資料が発見された。

14. オペラの公演は、非常ベルの音で一時中断されたが、係員が異常のないことを確かめた上で、続けられた。

15. 以前に口頭で訂正をお願いしたが、今度改めて文書で通知した。

Ⅱ. 次の国や地域（ちいき）を表す漢字１字を書いてみましょう。

1. インド ＝（　　　）
2. フィリピン ＝（　　　）
3. ちゅうごく ＝（　　　）
4. イギリス ＝（　　　）
5. フランス ＝（　　　）
6. ドイツ ＝（　　　）
7. スペイン ＝（　　　）
8. アメリカ ＝（　　　）
9. カナダ ＝（　　　）
10. ヨーロッパ ＝（　　　）
11. イタリア ＝（　　　）
12. オランダ ＝（　　　）
13. ロシア ＝（　　　）
14. かんこく ＝（　　　）
15. オーストラリア ＝（　　　）
16. アジア ＝（　　　）

Ⅲ. 次のことばと反対の意味のことばを書いてみましょう。

1. 深い ⟺（　　　）
2. 薄い(本が) ⟺（　　　）
3. 薄い(色が) ⟺（　　　）
4. 乏しい ⟺（　　　）
5. 軟らかい ⟺（　　　）
6. 下降する ⟺（　　　）
7. 成功する ⟺（　　　）
8. 短縮する ⟺（　　　）
9. 拡大する ⟺（　　　）
10. 発車する ⟺（　　　）
11. 人工 ⟺（　　　）
12. 有限 ⟺（　　　）
13. 平和 ⟺（　　　）
14. 収入 ⟺（　　　）
15. 正常な ⟺（　　　）
16. 安全な ⟺（　　　）
17. 不幸な ⟺（　　　）
18. 不快な ⟺（　　　）
19. 複雑な ⟺（　　　）
20. 軟弱な ⟺（　　　）

長い漢語のアクセント

長い複合語になると、単独の語のときとアクセントが変わることがあります。下のような例を覚えておきましょう。長い漢語のアクセントはふつう１音目の後から上がります。次にどこで下がるか注意しましょう。６字以上の漢語は、適当に区切って読みます。

＜３字漢語＞

a. 接頭辞＋２字漢語　□／□□：後部の１音目まで高く、その後から下がる。

例. 人口（じんこう）→　総人口（そう／じんこう）
問題（もんだい）→　諸問題（しょ／もんだい）
開発（かいはつ）→　未開発（み／かいはつ）
※接頭辞によっては、前部の１音目の後から下がるものもある。
方面（ほうめん）→　各方面（かく／ほうめん）

b. ２字漢語＋接尾辞　□□／□：接尾辞によって決まる。

例１. 前部の終わりまで高く、後部は下がる。
外務（がいむ）→　外務省（がいむ／しょう）
管理（かんり）→　管理者（かんり／しゃ）
※前部が「い，う，ん」で終わるときは、前部の後ろから１音目から下がる。
経営（けいえい）→　経営学（けいえい／がく）
特急（とっきゅう）→　特急券（とっきゅう／けん）
結婚（けっこん）→　結婚式（けっこん／しき）

例２. 下がらないで、ずっと高い。
報告（ほうこく）→　報告書（ほうこく／しょ）
音楽（おんがく）→　音楽家（おんがく／か）

＜４字漢語＞

a. ２字漢語２つ　□□／□□：後部の１音目まで高く、その後から下がる。

例. 日本（にほん）、経済（けいざい）
→日本経済（にほん／けいざい）
最高（さいこう）、気温（きおん）
→最高気温（さいこう／きおん）

b. 接頭辞や接尾辞と２字漢語　□／□□／□：接辞によって決まる。

例. 超能力者（ちょう／のうりょく／しゃ）
反過激派（はん／かげき／は）

＜５字漢語＞

接辞と２字漢語２つ　{ □□／□□／□ , □／□□／□□ , □□／□／□□ }：語構成と接辞による。

例. 経済企画局（けいざい／きかく／きょく）
最高責任者（さいこう／せきにん／しゃ）
新空港問題（しん／くうこう／もんだい）
自由化政策（じゆう／か／せいさく）
高齢化社会（こうれい／か／しゃかい）

第6課 漢語の語構成

復習

I. 下線の3字漢語は、次のa.～d.の構成のうち、どれでしょうか。

a.□□＋□　b.□＋□□　c.□＋□＋□　d.(□＋□)△＝□△＋□△
△(□＋□)＝△□＋△□

例1. 日曜はよく映画館へ行く。　(a)　映画＋館
2. 新空港を建設中である。　(b)　新＋空港
3. サイズには大中小がある。　(c)　大＋中＋小
4. 国公立大学は学費が安い。　(d)　(国＋公)立＝国立＋公立

1. 来年度の予算(よさん)が決まった。　(　　)
2. 上野動物園でパンダを見た。　(　　)
3. 欧州共同体は、英独仏が中心になろう。　(　　)
4. 研究の分担者になる。　(　　)
5. 北から高気圧が近づいている。　(　　)
6. 輸出入のバランスをとる。　(　　)
7. この辺(へん)は商業地だから、にぎやかだ。　(　　)
8. 酒やタバコは青少年の健全な育成を妨(さまた)げる。　(　　)
9. 鈴木さんは旅行社で働いている。　(　　)
10. 彼と正反対の意見を持っている。　(　　)
11. 日本人は雪月花を楽しみながら酒を飲む。　(　　)
12. 車は急停車することがあるので注意して下さい。　(　　)

Ⅱ. 次の□に下の漢字から適当なものを選んで入れなさい。
（Aには場所を表す接尾辞（せつびじ）、Bにはいろいろな接頭辞（せっとうじ）が入る。）

A：
1. 映画□
2. 保健□
3. 事務（じむ）□
4. 幼稚（ようち）□
5. 新聞□
6. 研究□
7. 大使□
8. 消防□
9. 実験□
10. 住宅□
11. 駐車（ちゅうしゃ）□
12. 図書□
13. 野球□
14. 美容（びよう）□
15. 喫茶（きっさ）□

[館　室　所　署　園　院　場　地　店　屋　社]

B：
1. □上昇
2. □可能
3. □公式
4. □意味
5. □平等
6. □製品
7. □学歴
8. □正確
9. □世界
10. □工業
11. □降下
12. □発売
13. □関心
14. □人数
15. □有力

[新　多　重　高　急　全　最　無　不　非]

＜答　え＞

Ⅰ.
1. b．来＋年度（らい＋ねんど）next fiscal year
2. a．動物＋園（どうぶつ＋えん）zoological garden（zoo）
3. c．英＋独＋仏（えい＋どく＋ふつ）England, Germany, France
4. a．分担＋者（ぶんたん＋しゃ）sharer, partner
5. b．高＋気圧（こう＋きあつ）high atmospheric pressure
6. d．輸出＋輸入（ゆしゅつ＋ゆにゅう）export and import
7. a．商業＋地（しょうぎょう＋ち）commercial district
8. d．青年＋少年（せいねん＋しょうねん）younger generation
9. a．旅行＋(会)社（りょこう＋(かい)しゃ）travel agency
10. b．正＋反対（せい＋はんたい）direct opposition
11. c．雪＋月＋花（せつ＋げつ＋か）snow and moon and flowers
12. b．急＋停車（きゅう＋ていしゃ）sudden stop

Ⅱ.
A 1. 映画館（えいがかん）movie theater
2. 保健所（ほけんじょ）(public) health center
　保健室（ほけんしつ）clinic
3. 事務所（じむしょ）／事務室（じむしつ）office
4. 幼稚園（ようちえん）kindergarten
5. 新聞社（しんぶんしゃ）newspaper company
　新聞屋（しんぶんや）newspaper agency, news dealer
6. 研究所（けんきゅうじょ）research institute
　研究室（けんきゅうしつ）professor's office, seminar room
7. 大使館（たいしかん）embassy
8. 消防署（しょうぼうしょ）fire station
9. 実験室（じっけんしつ）laboratory
　実験場（じっけんじょう）testing site
10. 住宅地（じゅうたくち）residential area
11. 駐車場（ちゅうしゃじょう）parking lot
12. 図書館（としょかん）／図書室（としょしつ）library
13. 野球場（やきゅうじょう）baseball ground
14. 美容院（びよういん）／美容室（びようしつ）beauty parlor
15. 喫茶店（きっさてん）／喫茶室（きっさしつ）coffee shop

B 1. 急上昇（きゅうじょうしょう）スル　rapid rise
2. 不可能（ふかのう）ナ　impossible
3. 非公式（ひこうしき）　unofficial, informal
4. 無意味（むいみ）ナ　meaningless
5. 不平等（ふびょうどう）ナ　unequal
6. 新製品（しんせいひん）new product／全製品　whole products
7. 高学歴（こうがくれき）high academic career
8. 不正確（ふせいかく）ナ　incorrect, inaccurate
9. 全世界（ぜんせかい）whole world／新世界　new world
10. 重工業（じゅうこうぎょう）heavy industry
11. 急降下（きゅうこうか）スル　steep dive, sudden drop
12. 新発売（しんはつばい）newly on sale
13. 無関心（むかんしん）ナ　indifferent
14. 多人数（たにんずう）a large number of people
15. 最有力（さいゆうりょく）most powerful, strongest

基本練習

Ⅰ. 下線のことばを意味の単位に切って、例(れい)のように書きかえなさい。

例. 最近、交通量(こうつうりょう)が増えている。(交通)+(量) =(交通の量)

1. 最新型(さいしんがた)のカメラを買った。 ( )+( )=( )

2. 住民税(じゅうみんぜい)を払った。 ( )+( )=( )

3. 調理師(ちょうりし)になりたいと思う。 ( )+( )=( )

4. 国民総生産(そうせいさん)の1%に当たる。( )+( )=( )

5. 町の青年団(せいねんだん)の会合がある。 ( )+( )=( )

6. 各方面(かくほうめん)の専門家が集まった。( )+( )=( )

7. 経済界(けいざいかい)の大物(おおもの)が出席した。 ( )+( )=( )

8. 土地の再開発(さいかいはつ)に反対する。 ( )+( )=( )

9. 外国から超高速(ちょうこうそく)旅客機を買う。( )+( )=( )

10. 未公開(みこうかい)の映画を放映する。 ( )+( )=( )

Ⅱ. 次のことばを例のように言いかえなさい。

例. 無気力 → 気力がないこと
危険性 → 危険な性質・危険であること
総人口 → すべての人口

1. 急発進 →
2. 指定席 →
3. 世界史 →
4. 再(さい)試験 →
5. 入場券(けん) →
6. 未使用 →

7. 諸(しょ)問題 →

8. 不参加 →

9. 国連軍(ぐん) →

10. 成長率(りつ) →

11. 不正確 →

12. 各(かく)分野 →

13. 平均値(ち) →

14. 高性能 →

15. 支出額(がく) →

16. 農民層 →

17. 旧(きゅう)体制 →

18. 音楽堂(どう) →

19. 火山帯(たい) →

20. 強硬派(は) →

Ⅲ. (　　) に適当な漢字を下から選んで入れなさい。(何回使ってもよい。)

A. 超 急 各 再 額 税 値 率 館 堂 軍 団 派 帯 層 型

1. 文部科学省は (　　　) 都道府県に、教員の採用(さいよう)に関する通達を出した。

2. 働く女性が増えるにつれて、出生 (　　　) の低下が目立つ。

3. 国会議事 (　　　) のまわりを過激 (　　　) の学生が取り囲んだ。

4. あの最新 (　　　) の車の人気が (　　　) 上昇しているそうだ。

5. 野球の試合で、応援 (　　　) ばかり見ていて、試合を見ない人もいる。

6. 政府は自衛隊(じえいたい)を国連 (　　　) に参加させることを強硬に主張した。

7. 店で買物すると、何にでも5％の消費 (　　　) がかかる。

8. このごろ、夜中の時間 (　　　) に面白いテレビ番組が多い。

B. 不 無 非 未 総 満 超 再 群 層 界 券 師 士

9. コンサートの前売（　　　）を何枚も買っておいたのに、中止になった。

10. ゴミを（　　　）利用しようという運動が主婦（　　　）に広がっている。

11. 首相は、内閣の（　　　）辞職ではなく、衆議院の解散を選んだ。

12. あのマンションは（　　　）完成なのに、もう入居してきた人がいる。

13. 彼は経済（　　　）の大物をたくさん知っているらしい。

14. 最近日本では、（　　　）能力とか（　　　）自然とか呼ばれる現象がブームになっているが、それらを（　　　）科学的だと言って、否定する人も多い。

Ⅳ. 次の□に仕事を表す接尾辞となる漢字を［　　］から選んで書き入れなさい。

［ 手 者 員 家 師 士 官 人 屋 業 ］

1. 科学□
2. 運転□
3. 事務□
4. 調理□
5. 銀行□
6. 音楽□
7. 警察□
8. 製造□
9. 写真□
10. 会計□
11. 管理□
12. 美容□
13. 労働□
14. 政治□
15. 飛行□

①3字漢語の語構成

a.	□□＋□	：	急行券（けん）	＝	急行＋券	express ticket
			消防士（し）	＝	消防＋士	fireman
			出席率（りつ）	＝	出席＋率	percentage of attendance
b.	□＋□□	：	旧（きゅう）体制	＝	旧＋体制	old regime
			再（さい）入国	＝	再＋入国	re-entry (into a country)
			超（ちょう）大国	＝	超＋大国	super-state, super-power
c.	□＋□＋□	：	上中下（じょうちゅうげ）	＝	上＋中＋下	good, fair and poor
			雪月花（せつげつか）	＝	雪＋月＋花	snow, moon and flower (＝natural beauty in Japan)
			松竹梅（しょうちくばい）	＝	松（まつ）＋竹（たけ）＋梅（うめ）	pine-bamboo-plum (＝congratulatory trees showing three ranks)
d.	(□＋□)△ ＝□△＋□△	：	青少年	＝	青年＋少年	younger people
			陸海軍（りくかいぐん）	＝	陸軍＋海軍	army and navy
	△(□＋□) ＝△□＋△□	：	輸出入	＝	輸出＋輸入	export and import

6

②漢語の意味

ある漢語は、分解して訓（くん）読みにすると、意味がよくわかります。その時、訓読みにする代わりに、別のことばに置きかえたほうが意味がわかりやすい漢字もあります。

a. 訓読みにするとわかりやすい例

来日	：	日本に来ること	
通過	：	通り過ぎること	
乗車	：	車に乗ること	
無制限	：	制限がないこと	no limit
最年少	：	最（もっと）も年少の	the youngest
再生産	：	再（ふたた）び(＝もう一度)生産すること	re-production
各方面	：	各々（おのおの）の(＝それぞれの)方面	every direction

※一つ一つが違っていることを表す。

b．別のことばに置きかえたほうがわかりやすい例

教室　：　教えるへや　classroom
正解　：　正しいこたえ　correct answer
満開　：　いっぱいに開く　fully open

不正確な：　正確でない　incorrect, inaccurate
非公式の：　公式でない　unofficial, informal
全世界　：　すべての世界　whole world
未経験　：　まだ経験していない　not experienced yet
諸問題　：　諸々(もろもろ)の(いろいろな)問題　various problems ※複数あることを表す。
総費用　：　すべての費用　total expenses
旧体制　：　ふるい体制　old regime

「超(ちょう)」は、もとは、"super-" という意味で「Nを超(こ)えた、N以上の」という意味で使われたが、最近は流行語として「超おもしろい」「超疲れる」などのように「ものすごいN、ものすごくAdj.／Verb」という造語力を持つ用法もある。

③接尾辞(せつびじ)・接頭辞的(せっとうじてき)な用法のある漢字

□□＋□：場所　～地(ち)　～場(じょう)　～館(かん)　～園(えん)
～院(いん)　～室(しつ)　～堂(どう)　～所(しょ/じょ)
～署(しょ)　～省(しょう)　～庁(ちょう)

：部局　～局(きょく)　～部(ぶ)　～課(か)　～係(がかり)

：仕事　～家(か)　～手(しゅ)　～師(し)　～士(し)　～者(しゃ)
～人(にん)　～員(いん)　～官(かん)　～屋(や)　～業(ぎょう)

：お金　～費(ひ)　～料(りょう)　～代(だい)　～金(きん)
～額(がく)　～賃(ちん)

：その他
～制(せい) system　～法(ほう) method/law
～線(せん) line　～式(しき) style/ceremony
～面(めん) aspect　～型(がた) type
～率(りつ) ratio　～量(りょう) quantity
～度(ど) degree　～値(ち) value
～派(は) sect　～団(だん) group
～群(ぐん) crowd　～軍(ぐん) troop
～帯(たい) zone　～界(かい) field, world
～券(けん) ticket　～税(ぜい) tax　など

：品詞転換(ひんしてんかん) changing parts of speech

～的ナ -tive, -al (-na adjective forming)

e.g. 機械 machine → 機械的な mechanical

理想 ideal → 理想的な idealistic

印象(いんしょう) impression → 印象的な impressive

～化スル -ize, -ization (verbal noun forming)

機械 machine → 機械化 mechanization

機械化する to mechanize

理想 ideal → 理想化 idealization

理想化する to idealize

～性 -ness, -ability (noun forming)

可能な possible → 可能性 possibility

信頼(しんらい)する to rely → 信頼性 reliability

□＋□□：否定(ひてい) 不(ふ)～ 無(む)～ 非(ひ)～ 未(み)～

：形容詞(けいようし) 高(こう)～ 低(てい)～ 新(しん)～ 大(だい)～ 多(た)～ 悪(あく)～ 少(しょう)～ など

：その他 諸(しょ)～ 各(かく)～ 全(ぜん)～ 総(そう)～ 再(さい)～ 最(さい)～ 第(だい)～ 満(まん)～ 両(りょう)～ 超(ちょう)～旧(きゅう)～ など

④長い漢語の分解

6

長い漢語を辞書で調べたいときは、語構成を考えて、意味の単位に分解してから、わからない部分を辞書で引きます。

例1. 新製品 → 新／製品 [□+□□] ＝新しい製品

例2. 車内販売 → 車内／販売 [□□+□□] ＝車内で販売する

例3. 超能力者 → 超／能力／者 [(□+□□)+□] ＝ふつう以上の能力を持つ者

例4. 低出生社会 → 低／出生／社会 [(□+□□)+□□] ＝出生率が低い社会

例5. 大型自動券売機 → 大型／自動／券売／機 [(□□+(□□+(□□+□))] ＝大型の自動で券を売る機械

第6課の学習漢字

総	各	諸	再	超	未	旧	満	券	型
p. 268	p. 308	p. 271	p. 326	p. 328	p. 314	p. 289	p. 255	p. 306	p. 309
士	師	団	軍	群	税	額	値	率	帯
p. 295	p. 290	p. 325	p. 291	p. 274	p. 266	p. 288	p. 246	p. 306	p. 311
派	堂								
p. 255	p. 309								

22

Ⅰ. まん中にある2字漢語の中から1.～10.の接尾辞(せつびじ)をつけて使えるものを選び、(　　)に記入しなさい。同じ語を2度使うこともあります。

1. □□所

(研究)所
(　　　)所
(　　　)所
(　　　)所
(　　　)所
(　　　)所

2. □□場

(運動)場
(　　　)場
(　　　)場
(　　　)場

3. □□地

(中心)地
(　　　)地
(　　　)地
(　　　)地
(　　　)地

4. □□省

(外務)省
(　　　)省
(　　　)省
(　　　)省
(　　　)省

5. □□館

(図書)館
(　　　)館
(　　　)館
(　　　)館
(　　　)館
(　　　)館

6. □□院

(美容)院
(　　　)院
(　　　)院
(　　　)院
(　　　)院

研究	中心	美容(びよう)	図書	動物
外務(がいむ)	事務	法務	財務(ざいむ)	税務
警察(けいさつ)	保育	停留	植物(しょくぶつ)	総務
住宅	消防	競技(きょうぎ)	資料	駐車(ちゅうしゃ)
保健	遊園	博物(はくぶつ)	国税	幼稚(ようち)
映画	水族	発電	大学	気象(きしょう)
野球	市街(しがい)	金融(きんゆう)	少年	水産
修道	環境(かんきょう)	行楽	大使	参議
案内	実験	体育	文化	運動

7. □□署

(警察)署
(　　　)署
(　　　)署

8. □□庁

(文化)庁
(　　　)庁
(　　　)庁
(　　　)庁
(　　　)庁

9. □□園

(動物)園
(　　　)園
(　　　)園
(　　　)園

10. □□室

(研究)室
(　　　)室
(　　　)室
(　　　)室
(　　　)室

Ⅱ. 次の□に、接辞的に使われる漢字を［　］から選んで書き入れてみましょう。

A：［諸 各 総 全 新 旧 未 無 不 非］

1. □生産
2. □教師
3. □問題
4. □課税
5. □関係
6. □開発
7. □選挙（せんきょ）
8. □正月
9. □完成
10. □健康
11. □景気（けいき）
12. □事情
13. □生産的
14. □製品
15. □人口

B：［好 再 最 超 層 界 帯 団 派 軍 群］

1. □満員
2. □都合
3. □重要
4. □出発
5. □音波（おんぱ）
6. □軍備
7. 強硬□
8. 連合□
9. 選手□
10. 火山□
11. 老年□
12. 合唱（がっしょう）□
13. 流星（りゅうせい）□
14. 芸能（げいのう）□
15. 反対□

6

C：［諸 各 総 満 税 額 費 代 料 値 率 券］

1. □室
2. □力
3. □国
4. □自
5. □量
6. □島
7. 交通□
8. 支出□
9. 水道□
10. 平均□
11. 航空(こうくう)□
12. 所得□
13. 成長□
14. 住民□
15. 電話□
16. 建設□
17. 輸出□
18. 死亡(しぼう)□

Ⅲ. 次の下線の漢語の読みを上に書き、例(れい)のように分解して、その語構成を考えてみましょう。

例1. テレビで<u>新製品</u>(しんせいひん)のＣＭをやっている。→ （ 新／製品 ）［ □＋□□ ］
＝新しい製品

例2. <u>有名大学</u>(ゆうめいだいがく)に入りたい人が多い。→ （ 有名／大学 ）［ □□＋□□ ］
＝有名な大学

例3. ユリ・ゲラーは<u>超能力者</u>(ちょうのうりょくしゃ)と呼ばれていた。
→（ 超／能力／者 ）［ (□＋□□)＋□ ］
＝ふつう以上の能力をもっている者

1. 日本は、<u>国民総生産</u>(ＧＮＰ)は高いが、人々の生活が豊かとは言えない。
→（ ）［ ］

2. トラックが高速道路の<u>中央分離帯</u>にぶつかる事故があった。
→（ ）［ ］

3. 日米間では、いま米の自由化が最重要課題である。
→ (　　　　　　) [　　　　　　　　]

4. 東京へ行ったら、東京タワーと国会議事堂を見に行きたい。
→ (　　　　　　) [　　　　　　　　]

5. 駅ビルの２階に前売券発売所があるらしい。
→ (　　　　　　) [　　　　　　　　]

6. 最近、都心には超高層建造物が増えて、空が見えにくくなっている。
→ (　　　　　　) [　　　　　　　　]

7. この国の今年度前期輸出額は、昨年度の輸出総額を上回った。
→ (　　　　　　) [　　　　　　　　]

8. 彼は去年(きょねん)から調理師専門学校に通っている。
→ (　　　　　　) [　　　　　　　　]

9. これ以上、消費者物価指数が上昇すれば、生活が困難になる。
→ (　　　　　　) [　　　　　　　　]

10. 最近、老人の自動車免許(めんきょ)取得率が高くなっているという。
→ (　　　　　　) [　　　　　　　　]

※新聞記事などで長い漢語を見つけたら、上のように分解して、その語構成を考えてみてください。

課題

I. 次の新聞記事を読んで、「□□＋□」という語構成になっている漢語をさがし、その接尾辞（せつびじ）の漢字と用例（ようれい）を次のページの表に記入してみましょう。

郵便物認可　1993年（平成5年）　2月19日　金曜日　（日刊）

「65歳以上」2025年に27％超す

高齢化社会ハイペース

日本医師会 人口推計

日本医師会（村瀬敏郎会長）は十八日、日本の総人口が二〇〇七年にピークを迎え、同時に六十五歳以上の高齢人口が世界で初めて総人口の二〇％に達する――など将来の人口推計をまとめた「超低出生社会における統合モデルに基づく医療分析」を発表した。この研究報告は同医師会が一九九〇年に日大人口研究所に委託して実施したもので、人口ピークは二〇一一年とした昨年九月の厚生省推計データより早まると予測。人口動向のほか、雇用など経済動向、年金、医療保険など社会保障も含めた独自の推計を行った。

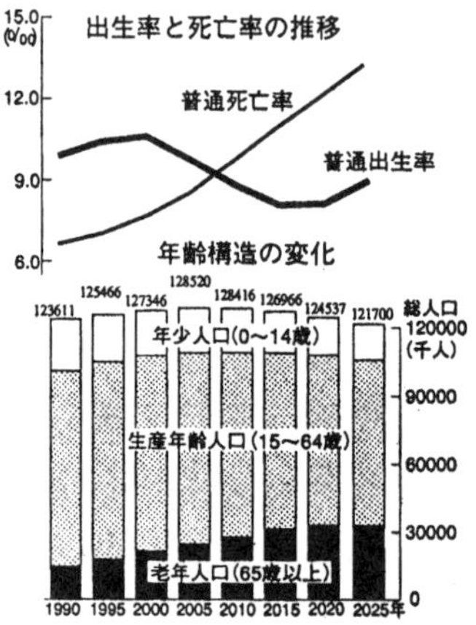

出生率と死亡率の推移
15.0（‰）
12.0
9.0
6.0
普通死亡率
普通出生率

年齢構造の変化
123611　125466　127346　128520　128416　126966　124537　121700
総人口
120000（千人）
90000
60000
30000
0
年少人口（0～14歳）
生産年齢人口（15～64歳）
老年人口（65歳以上）
1990　1995　2000　2005　2010　2015　2020　2025年

出生率、98年から上昇

研究報告は日本の総人口は二〇〇七年の一億二千八百六十四万人を最高に減少に転じ、二〇二五年には九〇年の一億二千三百六十一万人を下回る一億二千百七十万人になると推計。

また、一人の女性が一生に生む子供の数を表す合計特殊出生率については九〇年の一・五三から九七年の一・四九九まで低下するとしており、厚生省推計よりも低出産が長期化すると見ている。

死亡数は九一年の八十三万人から増え続け、二〇〇七年には出生数を上回る。

こうした中で九八年には六十五歳以上の高齢人口が十四歳以下の年少人口を上回り、高齢化が決定的となる。高齢人口比率は九〇年の一二・〇八％から増え続け、二〇二五年に二七・二八％。三・六七人に一人という世界でも例のない高齢社会が訪れるとしている。

この結果、高齢者一人（親）に対する成人の介護適齢者（子供）の数は九〇年の〇・七六人から二〇一〇年の〇・三八人に下降。家族による扶養能力は世界最低となる。また、比較的層の厚い、六十五―六十九歳の老人による八十歳以上の後期高齢者の扶養能力も団塊の世代が七十歳以上となる二〇一七年以降は大幅に低下、若い老人による老人のサポートも期待できなくなるとしている。

平均寿命は二〇二五年の男性七十九・一七歳、女性八十五・八五歳まで伸び続け、男女間の死亡率の違いから女性高齢者が急増する。

寝たきり老人は二〇〇〇年に百二十万七千人、二〇二五年には二百二十八万五千人に増加。痴ほう性老人は二〇〇〇年に百五十四万三千人、二〇二五年に三百二十一万五千人となり、九〇年の三・二倍に増える。

	医師会研究報告	厚生省推計
総人口のピーク	2007年 1億2864万人	2011年 1億3044万人
高齢人口がいつ20％を超えるか	2007年 2630万7000人	2007年 2617万2000人
2025年の高齢人口	3320万1000人 27.28％	3244万人 25.8％
合計特殊出生率の最低値	1997年 1.499	1994年 1.495

厚生省推計は92年9月発表

（毎日新聞社『毎日新聞』日刊（にっかん）　1993年2月19日より）

□□＋□

接尾辞	語　例	接尾辞	語　例
化	高齢化（こうれいか） 長期化（ちょうきか）		
会	医師会（いしかい）		

同じ新聞記事から「□＋□□」という語構成になっている漢語もさがしてみましょう。

□□＋□

接頭辞	語　例	接頭辞	語　例
総	総人口（そうじんこう）		

Ⅱ. 自分でも、興味(きょうみ)のある新聞記事をさがして、そこに出てくる漢語の中から、「□□+□」、「□+□□」という語構成になっている漢語を見つけ、Iと同じように表に整理してみましょう。

□□+□

接尾辞	語　例	接尾辞	語　例

□+□□

接頭辞	語　例	接頭辞	語　例

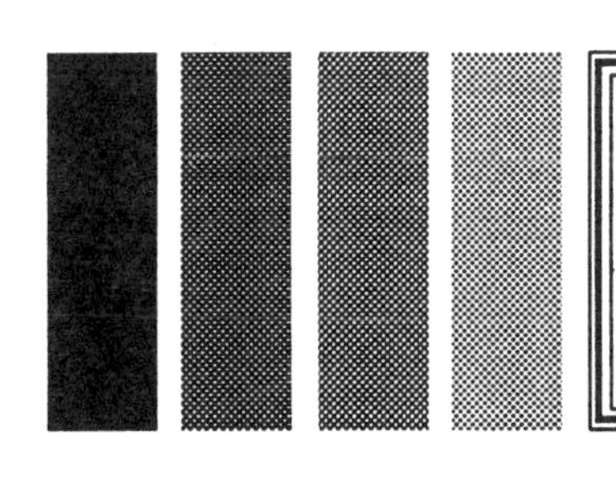

第７課
漢語の動詞（２）

復習

次の漢語のうち、「する」をつけて動詞として使われるものに○をつけなさい。
ひとつだけとはかぎりません。

1　a.（　　）急変　　b.（　　）急病　　c.（　　）急転回

2　a.（　　）再開　　b.（　　）再度　　c.（　　）再利用

3　a.（　　）新車　　b.（　　）新設　　c.（　　）新製品

4　a.（　　）大敗　　b.（　　）大国　　c.（　　）大流行

5　a.（　　）試食　　b.（　　）試案　　c.（　　）試運転

6　a.（　　）多忙　　b.（　　）多発　　c.（　　）多数決

7　a.（　　）共有　　b.（　　）共感　　c.（　　）共通点

8　a.（　　）明確　　b.（　　）明言　　c.（　　）明細書

9　a.（　　）常時　　b.（　　）常勝　　c.（　　）常備薬

10　a.（　　）確立　　b.（　　）確率　　c.（　　）確実性

<答 え>

1. a.（○）急変(きゅうへん)スル　to change suddenly
   b.（　）急病(きゅうびょう)　a sudden illness
   c.（○）急転回(きゅうてんかい)スル　to take a sudden turn
2. a.（○）再開(さいかい)スル　to resume
   b.（　）再度(さいど)　again, for the second time
   c.（○）再利用(さいりよう)スル　to re-use, to re-utilize
3. a.（　）新車(しんしゃ)　new style car
   b.（○）新設(しんせつ)スル　to establish newly
   c.（　）新製品(しんせいひん)　new products
4. a.（○）大敗(たいはい)スル　to be completely defeated
   b.（　）大国(たいこく)　a big country
   c.（○）大流行(だいりゅうこう)スル　to prevail widely
5. a.（○）試食(ししょく)スル　to sample (food)
   b.（　）試案(しあん)　a tentative plan
   c.（○）試運転(しうんてん)スル　to make a trial run (in a car)
6. a.（　）多忙(たぼう)ナ　very busy
   b.（○）多発(たはつ)スル　to occur frequently
   c.（　）多数決(たすうけつ)　decision by majority
7. a.（○）共有(きょうゆう)スル　to have joint ownership
   b.（○）共感(きょうかん)スル　to feel sympathy
   c.（　）共通点(きょうつうてん)　common points
8. a.（　）明確(めいかく)ナ　definite
   b.（○）明言(めいげん)スル　to say definitely
   c.（　）明細書(めいさいしょ)　a detailed statement
9. a.（　）常時(じょうじ)　always
   b.（○）常勝(じょうしょう)スル　to win everytime
   c.（　）常備薬(じょうびやく)　household medicine
10. a.（○）確立(かくりつ)スル　to establish
    b.（　）確率(かくりつ)　probability
    c.（　）確実性(かくじつせい)　certainty

基本練習

Ⅰ. 同じ意味のことばと線で結びなさい。

例. 知人が　きゅうに　なくなる ――――――	・急死（きゅうし）する
	・愛読（あいどく）する
1．試合に　おおきく　まける	・新築（しんちく）する
2．よく　かんがえる	・多発（たはつ）する
3．事故が　よく　おこる	・明示（めいじ）する
4．ハイネの詩集(ししゅう)を　このんで　よむ	・熟考（じゅっこう）する
5．家を　あたらしく　つくる	・細分（さいぶん）する
6．条件(じょうけん)を　はっきり　しめす	・永眠（えいみん）する
7．自然と　ともに　いきる	・確信（かくしん）する
8．土地を　こまかく　わける	・共生（きょうせい）する
9．会社を　もういちど　たてなおす	・大敗（たいはい）する
10．塩(しお)を　国が　もっぱら　うる	・再建（さいけん）する
11．経済を　かるく　みる	・併用（へいよう）する
12．合格を　かたく　しんじる	・軽視（けいし）する
	・専売（せんばい）する

Ⅱ. 次の［　］に適当な動詞（どうし）の漢字を下から選んで入れなさい。

用いる	使う	建てる	減る	着る	写す	守る	作る	感じる
備える	映す	設ける	読む	見る	会う	続く	売る	考える

1. 買う前に［試］［　］する（しちゃく）

2. 映画の［試］［　］［会］（ししゃかい）

3. 高校時代の友人に［再］［　］する（さいかい）

4. 大学を［新］［　］する（しんせつ）

5. 彼の考えに［共］［　］する（きょうかん）

6. ［愛］［　］の万年筆（まんねんひつ）（あいよう）

7. 専門書を［熟］［　］する（じゅくどく）

8. 薬を［常］［　］する（じょうび）

9. 研究を［永］［　］させる（えいぞく）

10. 不良品を［乱］［　］する（らんばい）

11. 村の人口が［激］［　］する（げきげん）

12. 期限を［厳］［　］する（げんしゅ）

要点

①□→□型の漢語動詞

漢語の中には、前の漢字が後ろの漢字を説明しているもの（□→□）があります。
（⇨BK L.20 の復習 p.200）

a．新車(しんしゃ)	：	新しい	→	車
多数(たすう)	：	多くの	→	数
急用(きゅうよう)	：	急な	→	用（＝用事）
b．新設(しんせつ)スル	：	新しく	→	設ける
多用(たよう)スル	：	多く	→	用いる
急増(きゅうぞう)スル	：	急に	→	増える
c．作品(さくひん)	：	作った	→	品
寝室(しんしつ)	：	寝る	→	室（＝部屋）
d．指示(しじ)スル	：	指して	→	示す
分配(ぶんぱい)スル	：	分けて	→	配る

上のｂ．のように、前の漢字が後ろの動詞の漢字を副詞的に説明している例を見てみましょう。

<つかう>＝使用する ……………… **：どのようにつかう？**

新製品を<u>試用</u>(しよう)する	：ためしに　つかう
職権を<u>乱用</u>(らんよう)する	：むやみに　つかう
古いカメラを<u>愛用</u>(あいよう)する	：このんで　つかう
薬を<u>常用</u>(じょうよう)する	：いつも　つかう
2種類の文字を<u>併用</u>(へいよう)する	：何かとあわせて　つかう
妹と机を<u>共用</u>(きょうよう)する	：だれかといっしょに　つかう
電話を<u>専用</u>(せんよう)する	：だれかがもっぱら　つかう

<ふえる>＝増加する ……………… **：どのようにふえる？**

人口が　<u>急増</u>(きゅうぞう)する	：急に　ふえる
<u>激増</u>(げきぞう)する	：急激に　ふえる
<u>倍増</u>(ばいぞう)する	：2倍に　ふえる

＜さがる＞＝下落する　……………… ：どのようにさがる？

株価(かぶか)が	急落(きゅうらく)する	：急に　さがる
	暴落(ぼうらく)する	：とつぜん大きく　さがる

②よく副詞的(ふくしてき)に使われる漢字

よく副詞的に使われる漢字には、次のようなものがあり、意味をやさしく言いかえると［　］のようになります。

a．	概（ガイ）	［おおまかに／ざっと］	～ガ～ヲ	概観(がいかん)スル
			～ガ～ヲ	概算(がいさん)スル
			～ガ～ヲ	概説(がいせつ)スル
	確（カク）	［たしかに／かたく］	～ガ～ヲ	確信(かくしん)スル
			～ガ～ヲ	確認(かくにん)スル
			～ガ～ヲ	確約(かくやく)スル
	急（キュウ）	［きゅうに］	～ガ	急死(きゅうし)スル
			～ガ	急増(きゅうぞう)スル
			～ガ	急変(きゅうへん)スル
	共（キョウ）	［ともに／いっしょに］	～ガ～ニ	共感(きょうかん)スル
			～ガ～ト	共存(きょうぞん)スル
			～ガ～ヲ～ト	共用(きょうよう)スル
	再（サイ）	［ふたたび／もういちど］	～ガ～ニ	再任(さいにん)スル
			～ガ～ヲ	再建(さいけん)スル
			～ガ～ト	再婚(さいこん)スル
	常（ジョウ）	［つねに／いつも］	～ガ～ヲ	常設(じょうせつ)スル
			～ガ～ヲ	常備(じょうび)スル
			～ガ～ヲ	常用(じょうよう)スル
	専（セン）	［もっぱら］	～ガ～ヲ	専売(せんばい)スル
			～ガ～ヲ	専有(せんゆう)スル
			～ガ～ヲ	専用(せんよう)スル
b．	永（エイ）	［ながく／ずっと］	～ガ～ニ	永住(えいじゅう)スル
			～ガ	永続(えいぞく)スル
			～ガ	永眠(えいみん)スル
	厳（ゲン）	［きびしく］	～ガ～ヲ	厳禁(げんきん)スル
			～ガ～ヲ	厳守(げんしゅ)スル
			～ガ～ヲ	厳選(げんせん)スル

激（ゲキ）	［はげしく］	～ガ	激動（げきどう）スル
		～ガ	激変（げきへん）スル
		～ガ	激怒（げきど）スル
明（メイ）	［あきらかに／はっきり］	～ガ～ヲ	明記（めいき）スル
		～ガ～ヲ	明言（めいげん）スル
		～ガ～ヲ	明示（めいじ）スル
新（シン）	［あたらしく／あらたに］	～ガ～ヲ	新設（しんせつ）スル
		～ガ～ヲ	新築（しんちく）スル
大（タイ）	［おおきく／おおいに］	～ガ	大勝（たいしょう）スル
		～ガ	大敗（たいはい）スル

「新作」「新任」「新婚」は、「する」をつけては使わない。
「大作」「大任」「大会」も同じ。「大変」「大切」はナ形容詞。

c．愛（アイ）	［このんで］	～ガ～ヲ	愛飲（あいいん）スル
		～ガ～ヲ	愛読（あいどく）スル
		～ガ～ヲ	愛用（あいよう）スル
試（シ）	［ためしに］	～ガ～ヲ	試作（しさく）スル
		～ガ～ヲ	試食（ししょく）スル
		～ガ～ヲ	試着（しちゃく）スル
熟（ジュク）	［よく／ふかく］	～ガ	熟睡（じゅくすい）スル
		～ガ～ヲ	熟考（じゅっこう）スル
		～ガ～ヲ	熟読（じゅくどく）スル
併（ヘイ）	［あわせて］	～ガ～ト～ヲ	併願（へいがん）スル
		～ガ～ト～ヲ	併記（へいき）スル
		～ガ～ト～ヲ	併用（へいよう）スル
暴（ボウ）	［とつぜんはげしく］	～ガ	暴走（ぼうそう）スル
		～ガ	暴発（ぼうはつ）スル
		～ガ	暴落（ぼうらく）スル
乱（ラン）	［みだりに／むやみに］	～ガ～ヲ	乱読（らんどく）スル
		～ガ～ヲ	乱用（らんよう）スル
		～ガ～ヲ	乱発（らんぱつ）スル
		～ガ	乱立（らんりつ）スル

③同じ意味を表す動詞の漢字

＜見る＞ ……… 視・観

軽視(けいし)する	＝かるく　見る
概観(がいかん)する	＝ざっと　見る

＜書く＞ ……… 記

明記(めいき)する	＝はっきり　書く

＜使う＞ ……… 用

常用(じょうよう)する	＝いつも　使う

＜建てる＞ …… 築

新築(しんちく)する	＝あたらしく　建てる

＜起こる＞ …… 発

多発(たはつ)する	＝たくさん　起こる

＜眠る＞ ……… 睡

熟睡(じゅくすい)する	＝よく　眠る

＜始める＞ …… 開

再開(さいかい)する	＝また　始める

＜下がる＞ …… 落

暴落(ぼうらく)する	＝とつぜんはげしく　下がる

第7課の学習漢字

専	併	乱	愛	倍	概	観	算	認	死
p.312	p.245	p.270	p.310	p.246	p.260	p.286	p.303	p.271	p.261
存	任	永	厳	守	禁	築	示	熟	睡
p.310	p.244	p.330	p.297	p.295	p.317	p.304	p.262	p.316	p.263
暴	視								
p.299	p.286								

22

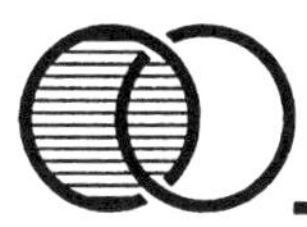

応用練習

I. A欄(らん)の漢字とB欄の漢字を組み合わせて、文の内容(ないよう)に合う漢語動詞(どうし)（スル動詞）を作り、(　　　)の中に読み方も書きましょう。

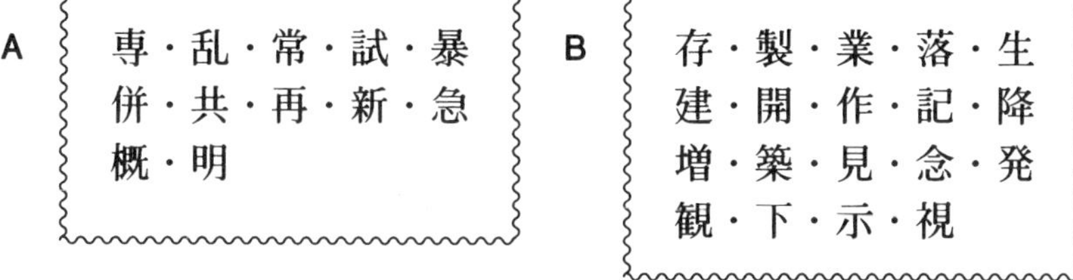

A
専・乱・常・試・暴
併・共・再・新・急
概・明
B
存・製・業・落・生
建・開・作・記・降
増・築・見・念・発
観・下・示・視

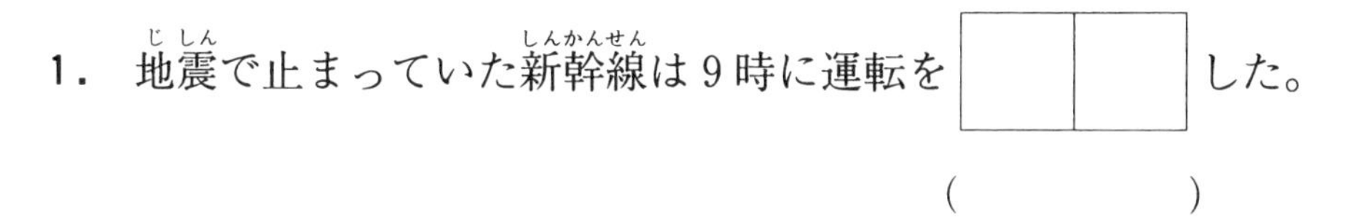

1. 地震(じしん)で止まっていた新幹線(しんかんせん)は9時に運転を［　　｜　　］した。
(　　　　　　)

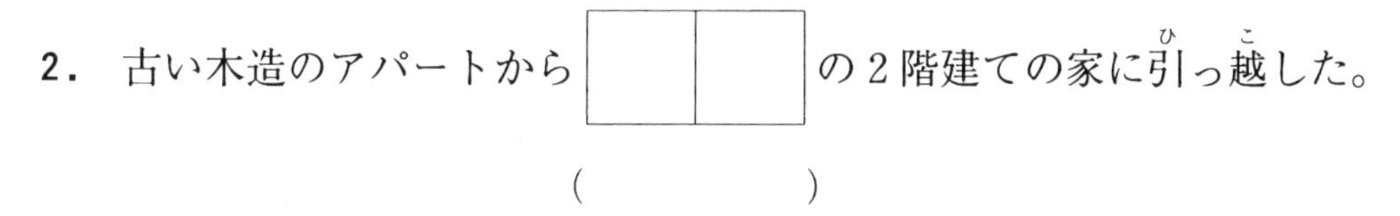

2. 古い木造のアパートから［　　｜　　］の2階建ての家に引(ひ)っ越(こ)した。
(　　　　　　)

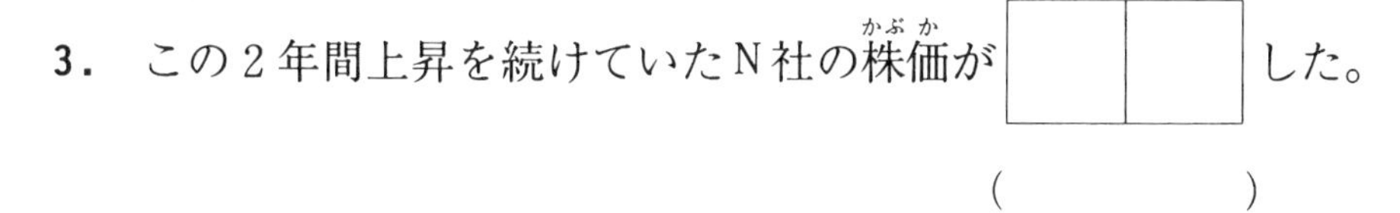

3. この2年間上昇を続けていたN社の株価(かぶか)が［　　｜　　］した。
(　　　　　　)

4. 商品が売れるかどうかまず［　　｜　　］品を出して、消費者の意見を聞く。
(　　　　　　)

5. 多民族が「平和［　　｜　　］の道」を歩(あゆ)んでいくことは難しい。
(　　　　　　)

6. 今年はアルバイトを減らし、研究に［　　｜　　］することにした。
(　　　　　　)

7

7. 日本で働く外国人労働者(ろうどうしゃ)が □□ しているそうだ。

( )

8. 経済的に苦しくなった新政府は、紙幣(しへい)を □□ した。

( )

9. このカードに名前を書くときは、ローマ字と漢字を □□ すること。

( )

10. あの博物館(はくぶつかん)では古代から現代までの歴史が □□ できる。

( )

Ⅱ. 次の文中の下線のことばの読み方を書き、その意味を例(れい)のようにやさしく言いかえてみましょう。

例. 姉は一年前に<u>再婚</u>した。
さいこん ＝ もう一度結婚すること

1. この書類に間違いがないかどうか<u>確認</u>してください。

2. このアパートは、台所と風呂(ふろ)が<u>共用</u>になっている。

3. 夜中になると<u>暴走</u>族が集まってきて、非常にうるさい。

4. 著者(ちょしゃ)はこの本の序章(じょしょう)で、近代資本主義の成り立ちを<u>概説</u>している。

5. 政治家が職権(しょっけん)を<u>乱用</u>して大金を受け取るのは、許(ゆる)されないことだ。

6. ジャーナリストにとっては、現実を<u>直視</u>し、私情を交(まじ)えずに伝えることが何より大切だ。

7. 彼は、ずいぶん前から睡眠薬を常用していたらしい。

8. このコーヒーは、厳選した豆（まめ）だけを使っている。

9. この用紙に住所と氏名（しめい）を明記の上、郵送してください。

10. 病人は先週から快方に向かっていたが、今朝早く容態（ようだい）が急変した。

Ⅲ. ＜　　＞のヒントを見て文中に適当な漢字を入れ、読み方も書きましょう。

1. 家を建てるのにいくらぐらいかかるか□□してもらった。

（　　　　）＝＜ざっと計算する＞

2. 仕事で長く米国に住んでいるが、□□するつもりはない。

（　　　　）＝＜死ぬまでずっと住む＞

3. 日本語はひらがな、カタカナ、漢字を□□する。

（　　　　）＝＜あわせて使う＞

4. 夏目漱石（なつめそうせき）の「こころ」は私の□□書です。

（　　　　）＝＜このんで読む＞

5. 国土の□□□が進み、緑（みどり）の森が年々けずられている。

（　　　　）＝＜むやみに開発する＞

6. 海外への旅行者が５年間に□□した。

（　　　　）＝＜２倍にふえた＞

7. 元気だった社長が□□し、社内は混乱（こんらん）した。

（　　　　　）＝＜急になくなる＞

8. 知事には現職の小田氏が□□された。

（　　　　　）＝＜また選ぶ＞

9. 「店の出入口につき、無断駐車（ちゅうしゃ）□□」と書いてある。

（　　　　　）＝＜きびしく禁じる＞

10. ゆうべは□□できなかったので、今ごろ眠くなってきた。

（　　　　　）＝＜よく眠る＞

11. 大学院修了後は職場に復帰（ふっき）することを□□した。

（　　　　　）＝＜かたく約束（やくそく）した＞

Ⅳ. 次の漢字がどのような漢字と結びついて漢語を作るか調べてみましょう。

例. 熟 ― 睡（VN） / 考（VN） / 年（N） / □

1. 乱 ― □（　　） / □（　　） / □（　　） / □

2. 激 ― □（　　） / □（　　） / □（　　） / □

3. 再 ― □（　　） / □（　　） / □（　　） / □

課題

Ⅰ. 次のａ.～ｈ.の新聞記事の見出しから、副詞的(ふくしてき)に使われる漢字と動詞(どうし)の漢字との組み合わせによる漢語を見つけて、読み方と意味を調べましょう。

a.
米の電子製品
貿易赤字急増

b.
人間と自然の共生
――リゾート開発には、自然破壊の批判がありますが。

c.
裁判官2人の
再任拒否決定
最高裁
最高裁は今年前半に任期が切れる判事、判事補計百七十四人のうち二人について、「裁判官にふさわしくない」として、再任しないことを決めた。

d.
「環境権」明記し対案
環境基本法案
社党が国会提出

e.
㈱乱売事件

f.
新潟5人殺傷
「無期」が確定
最高裁が上告棄却
新潟市内で別れ話のもつれからスナックの女性従業

g.
海外観光、5年で倍増
一九九〇年十月から九一年九月までの一年間に外国へ観光旅行に出かけた人は、十五歳以上人口で一三・五人に一人（七・四％）と五年前のちょうど二倍になっていたことが、総務庁

h.
インドネシアが
通産閣僚を新設
産業育成に力

7

	漢語	読　み	意　味
a.	急増	きゅうぞう	急に増えること
b.			
c.			
d.			

	漢語	読　み	意　味
e.			
f.			
g.			
h.			

Ⅱ. 次の新聞記事を読んで、記事の中から「する」をつけて使える漢語をさがしてみましょう。（要約部分のことばの読みは、⇨p.59）

患者様

これからは気配りします

東大病院

苦情多くマナー集作成へ

とかく「患者に冷たい」といわれる大学病院の悪いイメージを改善しようと、東大医学部付属病院（東京都文京区本郷、武藤徹一郎病院長）は、医師や看護婦が患者に対して取るべき態度や服装などの「気くばりのすすめ」を説くマナー集を作成することにした。近年、地盤沈下がささやかれる東大病院。外来・入院患者からの投書を反省材料に、「居心地のいい病院」へ脱皮を図る方針だ。

「説明ない」「乱暴」設備も「汚い」

東大病院患者サービス向上推進委員会（委員長、加我君孝・耳鼻咽喉科教授）によると、院内三カ所に設けられた意見箱には毎月二十通前後の投書がある。大まかには「おほめ」「提案」「質問」が二割程度なのに対し、「苦情」が約八割を占める。

苦情の半数弱が「医師から十分な説明がないまま内視鏡検査を受けることが決まり、こわかった」「一部の看護婦さんの患者への接し方が乱暴」「窓口で待たされる」と、医師、看護婦、職員の接遇に対する不満となっている。

また、東大病院の老朽化を反映し、「病棟の天井にシミが付いている」「水道水がにごっている」「トイレが男女共用で耐えがたい」と、設備の古さに対する意見が苦情の半数を超える。病院の各建物への道案内がなく、病院を訪れた人が右往左往するなどの不備も指摘されている。

今回、同委員会は「患者サービスに、しばしば欠けがちのところがあった」と投書内容を真剣に受け止め、近く、投書内容などをもとに東大病院「患者サービス白書」（仮称）をまとめる。これを土台に、医師、看護婦の患者への接し方をマニュアル化する方針。病院職員については、すでに昨年暮れ、「接遇のしおり」と題するマニュアルを作成し、配布している。

東大病院の表看板といえる外来診療棟は来年夏、新築オープンする予定。相前後して、他の老朽化施設の修繕や、各建物への道案内図の設置なども、東大病院全体で前向きな検討が始まっているという。

加我委員長は「大学病院は巨大ホテルと同じ。快適に過ごしてもらうため、問題点を一つひとつ、解決していきたい」と話している。

（毎日新聞社『毎日新聞』夕刊（ゆうかん）、6月11日より）

患者（かんじゃ）
推進（すいしん）
委員会（いいんかい）
提案（ていあん）
内視鏡（ないしきょう）
検査（けんさ）
看護婦（かんごふ）
＝看護師（かんごし）
接遇（せつぐう）
老朽化（ろうきゅうか）
病棟（びょうとう）
天井（てんじょう）
耐（た）える
右往左往（うおうさおう）
指摘（してき）
内容（ないよう）
真剣（しんけん）
方針（ほうしん）
暮（く）れ
表看板（おもてかんばん）
診療棟（しんりょうとう）
相（あい）前後
施設（しせつ）
修繕（しゅうぜん）
検討（けんとう）
巨大（きょだい）

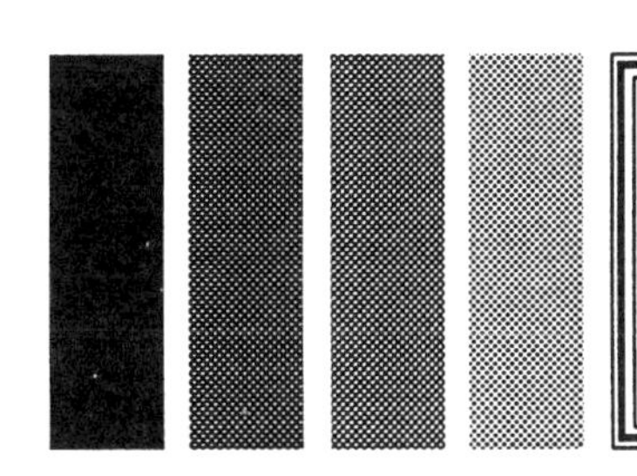

第８課
漢字の音訓

復習

Ⅰ. 下線の漢字のことばの読み方を（　　　　）の中に書きなさい。

1．a．冬休みに北海道へスキーに<u>行った</u>。
（　　　　）

b．卒業式は来月の10日に<u>行われる</u>。
（　　　　）

2．a．夏は<u>冷たい</u>麦茶(むぎちゃ)がおいしい。
（　　　　）

b．お客が来るので、ビールを<u>冷やして</u>おいた。
（　　　　）

3．a．あの先生はすぐに学生の名前を<u>覚える</u>。
（　　　　）

b．年をとると、朝早く目が<u>覚める</u>。
（　　　　）

4．a．８時に成田空港に<u>着いた</u>。
（　　　　）

b．このコートは小さすぎて<u>着られない</u>。
（　　　　）

5．a．食べすぎて体重が<u>増えた</u>。
（　　　　）

b．大雨で川の水が<u>増した</u>。
（　　　　）

6．a．今年は春の<u>訪れ</u>が早い。
（　　　　）

b．毎年正月に先生のお宅を<u>訪ねる</u>。
（　　　　）

Ⅱ. 下線の語の読み方を書きなさい。

1. a. 上から5行目から読んでください。
( )
b. 年末(ねんまつ)年始の休みに海外旅行をする人が多い。
( )

2. a. 絵の勉強のためフランスに留学した。
( )
b. 出張のため2、3日留守にします。
( )

3. a. 父は退職してからすっかり元気がなくなってしまった。
( )
b. 毎年元日には家族そろって初詣に出かける。
( ) *初詣(はつもうで) first visit of the year to a shrine

4. a. 弟はなるべく楽な仕事につきたいと考えている。
( )
b. ピアノでもギターでも何か楽器がひけたら楽しいだろう。
( ) ( )

5. a. この会社の製品はどれも性能がいい。
( )
b. 彼は有能だが、とても気性が激しい。
( )

6. a. 物理学、化学、生物学などを自然科学という。
( )
b. カモシカは天然記念物に指定されている。 *カモシカ antelope
( )

7. a. 食料品売り場には加工食品があふれている。
( )
b. あの先生はたえず教え方を工夫している。
( )

＜答 え＞

Ⅰ.

1.	a.	行(い)く	to go
	b.	行(おこな)う	to perform, to do
2.	a.	冷(つめ)たい	cold
	b.	冷(ひ)やす	to cool
3.	a.	覚(おぼ)える	to memorize
	b.	覚(さ)める	to wake up
4.	a.	着(つ)く	to arrive
	b.	着(き)る	to wear
5.	a.	増(ふ)える	to increase
	b.	増(ま)す	to increase
6.	a.	訪(おとず)れる	to come, to visit
	b.	訪(たず)ねる	to visit

Ⅱ.

1.	a.	５行目(ごぎょうめ)	the fifth line
	b.	旅行(りょこう)スル	to travel
2.	a.	留学(りゅうがく)スル	to study abroad
	b.	留守(るす)	absence
3.	a.	元気(げんき)ナ	healthy, fine
	b.	元日(がんじつ)	the first day of the year
4.	a.	楽(らく)ナ	comfortable, easy
	b.	楽器(がっき)	musical instrument
		楽(たの)しい	enjoyable
5.	a.	性能(せいのう)	capacity, efficiency
	b.	気性(きしょう)	temperament
6.	a.	自然(しぜん)	nature
	b.	天然(てんねん)	nature
7.	a.	加工(かこう)スル	to process
	b.	工夫(くふう)スル	to devise

基本練習

I．次の漢字はそれぞれ二つの音読みを持っています。[　　　] の中に後ろのことばに使われている漢字の読み方をカタカナで書きなさい。

例．人（ひと）
a．[　ニン　]：　人間　他人　人気　人情
b．[　ジン　]：　人工　個人　人類　人格

1．力（ちから）
a．[　　　　]：　体力　能力　気力　暴力
b．[　　　　]：　馬力　力学　力説する　力投する

2．物（もの）
a．[　　　　]：　生物　物理　産物　名物
b．[　　　　]：　荷物　書物　作物　貨物

3．下（した）
a．[　　　　]：　部下　下流　下降する　低下する
b．[　　　　]：　上下　下宿　下車する　下落する

4．大（おお-きい）
a．[　　　　]：　大学　遠大な　増大する　拡大する
b．[　　　　]：　大使　大切な　大勝する　大成する

5．率（ひき-いる）
a．[　　　　]：　率直な　軽率な　率先する　引率する
b．[　　　　]：　確率　比率　能率　百分率　円周率

6．去（さ-る）
a．[　　　　]：　去年　死去する　辞去する　去来する
b．[　　　　]：　過去

7．絵
a．[　　　　]：　絵本　油絵　絵馬　浮世絵（うきよ）
b．[　　　　]：　絵画

8．象
a．[　　　　]：　現象　印象　対象　象形文字
b．[　　　　]：　インド象　象牙

Ⅱ. 次の下線の漢字と同じ読み方をすることばをa.～c.の中から選んで、○をつけなさい。

例. 音楽 [(a.) 楽団 b. 行楽 c. 気楽な]

1. 素顔 [a. 色素 b. 素直な c. 簡素な]

2. 丁重な [a. 丁度 b. 丁寧な c. 3丁目]

3. 使役 [a. 役割 b. 役所 c. 現役]

4. 神経 [a. 精神 b. 神社 c. 神主]

5. 残留 [a. 留守 b. 書留 c. 留学する]

6. 首相 [a. 相談する b. 相手 c. 外相]

7. 反省 [a. 外務省 b. 帰省する c. 省略する]

8. 精神 [a. 精度 b. 不精な c. 精進する]

9. 世紀 [a. 世界 b. 二世 c. 世話する]

10. 能率 [a. 率直な b. 引率する c. 効率]

Ⅲ. 次のa.b.の下線のことばは、同じ漢字で表します。下の漢字の中から適当なものを選んで、□に書き入れなさい。できる人は、下の漢字を見ないでやってみましょう。

治　優　直　浅　細　著　返　汚　増　裕　苦　盛　省　略　悪　勝

1. a. 急に走って息（いき）がくるしくなった。 □

　b. この薬はにがいが、よく効く。

2. a．千円札（せんえんさつ）をこまかいお金にくずしてもらう。 □
   b．祖父（そふ）は初孫（はつまご）の成長に目をほそめている。

3. a．武力（ぶりょく）だけで国をおさめることはできない。 □
   b．彼の病気はもうなおらないだろう。

4. a．近年の科学技術の進歩はいちじるしい。 □
   b．彼は最近、公害問題の本をあらわした。

5. a．この１年の自分の生活をかえりみる。 □
   b．エネルギーのむだをはぶこう。

6. a．ころんで服をよごしてしまった。 □
   b．けがれを知らない子どもたちに囲まれる。

7. a．彼女はだれにもやさしく親切だ。 □
   b．パリにはすぐれた芸術家（げいじゅつか）たちが集まっている。

8. a．この試合にかてば、オリンピックに出場できる。 □
   b．一人旅（ひとりたび）にまさる楽しみはない。

①漢字の音と訓

漢字には音(おん)と訓(くん)の二通りの読み方がありますが、二つ以上の音訓を持っている漢字やどちらか片方しか持たない漢字もあります。

音は、昔中国から伝わってきた音が変化した読み方、訓はその漢字と同じ意味の日本語をあてた読み方です。ただし、全部の漢字が音と訓二通りの読み方を持っているわけではなく、また二つ以上の音訓を持っている漢字もあることに注意しましょう。

a．音読みを持たない漢字

「常用漢字表(2136字)」の中では音読みを持たない漢字は、77字あります。

貝(かい)、株(かぶ)、届(とど)ける、など

その中でも日本で作られた漢字は「国字」と呼ばれ、「働(はたら-く／ドウ)」をのぞいて音読みがありません。

畑(はたけ)、峠(とうげ)、込(こ)む、など

b．訓読みを持たない漢字

「常用漢字表(2136字)」の中では訓読みを持たない漢字は、819字もあります。

医(イ)、演(エン)、械(カイ)、感(カン)、希(キ)、職(ショク)、
絵(エ／カイ)、役(エキ／ヤク)、歳(サイ／セイ)、素(ス／ソ)、
象(ショウ／ゾウ)、精(ショウ／セイ)、など

c．複数の音訓を持つ主な漢字

細(サイ)	(こま-かい)	：	細かいお金を数える。
	(ほそ-い)	：	細い糸でセーターをあむ。
覚(カク)	(おぼ-える)	：	難しい漢字を覚える。
	(さ-める・さ-ます)	：	目覚まし時計の音で目を覚ます。
苦(ク)	(くる-しい)	：	アルバイトをしても生活が苦しい。
	(にが-い)	：	苦い薬ほどよく効く。
勝(ショウ)	(か-つ)	：	この試合に勝つと優勝する。
	(まさ-る)	：	真の友情に勝るものはない。
傷(ショウ)	(きず)	：	金は軟らかいので傷がつきやすい。
	(いた-む・いた-める)	：	暑くなると食べ物が傷みやすい。
占(セン)	(うらな-う)	：	試合の勝敗を占う。
	(し-める)	：	森林が全国土の70％を占める。
断(ダン)	(ことわ-る)	：	友だちの誘いを断る。
	(た-つ)	：	健康のために酒とたばこを断つ。

著	(チョ)	(いちじる-しい)	： 子どもたちの体力の低下が著しい。
		(あらわ-す)	： 外交問題の本を多数著す。
優	(ユウ)	(やさ-しい)	： 優しく病人の世話をする。
		(すぐ-れる)	： 運動神経が優れている。
頼	(ライ)	(たの-む)	： 大そうじの手伝いを頼む。
		(たよ-る)	： 友人を頼って上京する。
冷	(レイ)	(つめ-たい)	： 冷たい水で顔を洗う。
		(ひ-える・ひ-やす)	： ぬれたタオルで頭を冷やす。
		(さ-める・さ-ます)	： 冷めたスープはおいしくない。
厳	(ゲン)	(きび-しい)	： あの先生はしつけが厳しい。
		(おごそ-かな)	： 神父が厳かな声で話を始めた。
治	(ジ/チ)	(おさ-まる・おさ-める)	： 乱れた国を治める。
		(なお-る・なお-す)	： 入院して病気を治す。
省	(ショウ/セイ)	(かえり-みる)	： まず自分自身(じしん)を省みることが大切だ。
		(はぶ-く)	： 細かい説明を省く。
盛	(ジョウ/セイ)	(さか-んな・さか-り)	： 桜(さくら)の花は今が盛りだ。
		(も-る)	： 大盛りのラーメンを注文する。

②意味の近い訓読みを持つ漢字

下の漢字のように、訓読みは違っても、意味が非常に近いものがあります。

汚	(オ)	(よご-れる・よご-す)	： 汚水で川の水が汚れる。
		(けが-れる・けが-す)	： 美しい思い出を汚される。
		(きたな-い)	： 字が汚くて、はずかしい。
集	(シュウ)	(あつ-まる・あつ-める)	： 8時に全員が駅に集まる。
		(つど-う)	： この大会には世界の名選手が集う。
怒	(ド)	(いか-る)	： マスコミに対して怒りをぶつける。
		(おこ-る)	： いたずらをして父親に怒られる。
捕	(ホ)	(つか-まる・つか-まえる)	： スピード違反で白バイに捕まる。
		(と-らわる・と-らえる)	： 網(あみ)でめずらしい昆虫(こんちゅう)を捕らえる。
		(と-る)	： クジラを捕ることは禁じられている。
訪	(ホウ)	(おとず-れる)	： 戦争が終わり、やっと平和が訪れた。
		(たず-ねる)	： 高校時代の友人が急に訪ねてきた。
抱	(ホウ)	(だ-く)	： 両手で子どもを抱き上げる。
		(いだ-く)	： 先生から聞いた話に疑問(ぎもん)を抱く。
		(かか-える)	： 難しい問題に頭を抱える。

③複数の音読みを持つ漢字

a. 音によって意味の異なるもの

楽（たの-しい）
（ガク） music ：音楽（オンガク） 楽器（ガッキ）
（ラク） comfort, amusement ：楽（ラク）な 楽園（ラクエン）

率（ひき-いる）
（ソツ） lead ：引率（インソツ）する 率先（ソッセン）する
（リツ） ratio ：進学率（シンガクリツ） 百分率（ヒャクブンリツ）

象（ショウ） image, symbol ：現象（ゲンショウ） 対象（タイショウ）
（ゾウ） elephant ：象（ゾウ） 象牙（ゾウゲ）

画（ガ） picture, painting ：画家（ガカ） 画面（ガメン） 映画（エイガ）
（カク） drawn line, stroke a drawn ：計画（ケイカク）する 企画（キカク）する

b. 一つの音が特定のことばにしか使われないもの

去（さ-る）
（キョ） ：去年（キョネン） 死去（シキョ）する 退去（タイキョ）する
（コ） ：過去（カコ）

平（たい-ら・ひら）
（ヘイ） ：平均（ヘイキン）する 平和（ヘイワ）な 公平（コウヘイ）な
（ビョウ） ：平等（ビョウドウ）な

盛（さか-る・さか-んな・も-る）
（セイ） ：全盛（ゼンセイ） 盛大（セイダイ）な 盛況（セイキョウ）な
（ジョウ） ：繁盛（ハンジョウ）する

留（とま-る・と-める）
（リュウ） ：留学（リュウガク）する 残留（ザンリュウ）する 留意（リュウイ）する
（ル） ：留守（ルス）

神（かみ）
（シン） ：精神（セイシン） 神経（シンケイ） 神話（シンワ）
（ジン） ：神社（ジンジャ） 神宮（ジングウ） 天神（テンジン）

望（のぞ-む）
（ボウ） ：希望（キボウ）する 願望（ガンボウ） 有望（ユウボウ）な
（モウ） ：本望（ホンモウ） 所望（ショモウ）する

相（あい）
（ソウ） ：相談（ソウダン）する 相当（ソウトウ）する 手相（テソウ）
（ショウ） ：首相（シュショウ） 外相（ガイショウ） 文相（ブンショウ）
＊～相は大臣（だいじん）の意味。

絵（エ）　：絵本(エホン)　絵馬(エマ)　絵師(エシ)　油絵(あぶらエ)…
（カイ）　：絵画(カイガ)
精（セイ）　：精神(セイシン)　精読(セイドク)する　精選(セイセン)する…
（ショウ）：不精(ブショウ)な　精進(ショウジン)する
素（ソ）　：質素(シッソ)な　簡素(カンソ)な　要素(ヨウソ)…
（ス）　：素顔(スがお)　素足(スあし)　素直(スなお)な
歳（サイ）　：十歳(ジッサイ)　歳入(サイニュウ)　歳出(サイシュツ)…
（セイ）　：歳暮(セイボ)

漢字が複数の音読みを持つのは、漢字が伝わってきた時代や地方によって使われていた音(「漢音(かんおん)」「呉音(ごおん)」「唐音(とうおん)」など)が異なるからです。

④1字で使われる漢字の読み

一般に、「動(うご)く」「車(くるま)」のように、1字で使われる漢字は、ふつう訓読みになります。しかし、いまは音読みしか持たない漢字の中にも、下のように1字でことばとして使われるものや、「～する」「～じる」の形で動詞となるものがあります。

例.　駅（エキ）へ行く　　愛（アイ）する　　演（エン）じる
　　肉（ニク）を買う　　熟（ジュク）する　　感（カン）じる
　　役（ヤク）につく　　約（ヤク）する　　禁（キン）じる

⑤音読みの特性

日本語では、単漢字（漢字1字）の音は、1音節(おんせつ)または2音節で、3音節以上のものはありません。2音節の場合、2音目にくる音は、以下の7つのどれかになります。

1.　イ：愛(アイ)　英(エイ)　会(カイ)　係(ケイ)　再(サイ)　など
2.　ウ：王(オウ)　求(キュウ)交(コウ)　層(ソウ)　周(シュウ)など
3.　キ：駅(エキ)　激(ゲキ)　式(シキ)　的(テキ)　歴(レキ)　など
4.　ク：悪(アク)　育(イク)　作(サク)　服(フク)　役(ヤク)　など
5.　チ：一(イチ)　七(シチ)　八(ハチ)　吉(キチ)　日(ニチ)　など
6.　ツ：決(ケツ)　雑(ザツ)　室(シツ)　接(セツ)　熱(ネツ)　など
7.　ン：安(アン)　温(オン)　官(カン)　神(シン)　戦(セン)　など

したがって、「頭(あたま)」のように単漢字で3音節以上の読みのものがあれば、それは訓読みだとわかります。

訓読みは、ほとんどの場合、2音節以上で、1音節のものは非常に限られています。
例.子(こ)　手(て)　火(ひ)　尾(お)　血(ち)　値(ね)　歯(は)
　野(の)　家(や)　など

⑥読み方で意味が変わることば

生物	（セイブツ）	：地球上にはさまざまな生物が生きている。
	（なまもの）	：肉や魚などの生物は冷蔵庫に入れないと傷みやすい。
色紙	（シキシ）	：色紙に有名な女優のサインをもらった。
	（いろがみ）	：子どもたちが色紙で動物や花を折っている。
初日	（ショニチ）	：公演の初日にはおおぜいの観客が集まった。
	（はつひ）	：元日は水平線にのぼる初日を見に海へ行く。
風車	（フウシャ）	：オランダは風車とチューリップが有名だ。
	（かざぐるま）	：子どものころ、縁日で父に風車を買ってもらった。
上手	（ジョウズ）	：彼は外国語を上手に話す。
	（うわて）	：よく気がつくことでは、彼のほうが一枚上手だ。
		：横綱が上手投げで勝った。
	（かみて）	：客席から見て舞台の右の方を上手、左の方を下手という。
市場	（シジョウ）	：最近の株式市場は活気がない。
	（いちば）	：近くの市場で魚や野菜を買う。

他にも、工場（コウジョウ/コウば）、立食（リッショク/たちぐい）、明日（ミョウニチ/あした/あす）などがある。

「こうじょう」は機械を使った近代的で大きな工場、「こうば」というと、働いている人が２～３人程度の小さな町工場のようなイメージがある。同様に、「りっしょく」というと、ホテルなどで開かれる「立食パーティー」、「たちぐい」の方は、駅などにある「立食そば」のイメージがある。

第８課の学習漢字

絵	怒	抱	頼	捕	占	著	汚	優	盛
p. 268	p. 313	p. 253	p. 288	p. 253	p. 307	p. 297	p. 254	p. 248	p. 317
傷	象	去	精	神	希	望	素	歳	役
p. 247	p. 293	p. 294	p. 266	p. 262	p. 311	p. 282	p. 317	p. 299	p. 250

20

8

応用練習

I. 文を読んで、a.b.のうち、どちらか適当なものを選びましょう。

1. 少年は宇宙(うちゅう)飛行士になりたいという大きな希望を { a.抱(いだ)いていた。 / b.抱(だ)いていた。 }

2. 赤ん坊(あかんぼう)を { a.抱(いだ)いている / b.抱(だ)いている } 母親に席をゆずった。

3. 静かに目を { a.閉(し)めて / b.閉(と)じて } 過去をふりかえる。

4. 風が強くなったら、雨戸(あまど)を { a.閉(し)めて / b.閉(と)じて } ください。

5. 無断で欠席して、先生に { a.怒(おこ)られた。 / b.怒(いか)られた。 }

6. 不合理な判決(はんけつ)に { a.怒(おこ)り / b.怒(いか)り } をおさえることができない。

7. 「現代社会を考える若人(わこうど)の { a.集(あつ)まり / b.集(つど)い } 」に参加した。

8. 明日10時に新宿駅西口交番前に { a.集(あつ)まって / b.集(つど)って } ください。

9. 会ったこともない親類を { a.頼(たの)んで / b.頼(たよ)って } 上京する。

10. 著名な作家に原稿(げんこう)を書いてくれるよう { a.頼(たの)んだ。 / b.頼(たよ)った。 }

11. この時間帯にタクシーを { a.捕(つか)まえる / b.捕(と)らえる } のは難しい。

12. よく見て、ラケットのまん中でボールを { a.捕(つか)まえる / b.捕(と)らえる } ことが大切だ。

13. 機械や備品を { a.傷(いた)めないように / b.傷(きず)つけないように } 気をつけてください。

14. 暑い季節(きせつ)は食べ物が { a.傷(いた)み / b.傷(きず)つき } やすい。

15. タバコの火の不始末(ふしまつ)が火事の原因(げんいん)の3割を { a.占(し)めて / b.占(うらな)って } いるという。

16. この仕事がうまくいくかどうかを { a.占(し)めて / b.占(うらな)って } もらった。

17. 雨の日にころんで、ズボンを { a.汚(よご)して / b.汚(けが)して } しまった。

18. 指導(しどう)してくださった先生のお名前を { a.汚(よご)さない / b.汚(けが)さない } ようにがんばる。

Ⅱ. 次の文の下線の漢字を、a.b.それぞれと同じ読み方で使っている漢字のことばをひとつあげてみましょう。

例. a. 土曜の夜は音<u>楽</u>会に行く。 ➡ (楽団(がくだん))

b. 消防士は、けっして<u>楽</u>な仕事ではない。 ➡ (楽園(らくえん))

1. a. <u>画</u>家になるためにフランスへ留学する。 ➡ (　　　)

b. 留学生との交流会を計<u>画</u>している。 ➡ (　　　)

2. a. 彼は質<u>素</u>な生活をしている。 ➡ (　　　)

b. 彼女は<u>素</u>直な性格でだれからも好かれている。 ➡ (　　　)

3. a．この色は妹には地味すぎる。 ➡ (　　　)

　b．産地直送の野菜(やさい)を売っている。 ➡ (　　　)

4. a．高校生100人を調査(ちょうさ)の対象とした。 ➡ (　　　)

　b．ジンバブエから２頭の象がおくられた。 ➡ (　　　)

5. a．寝台車で北海道へ行った。 ➡ (　　　)

　b．あちこちで台風の被害(ひがい)が続出している。 ➡ (　　　)

6. a．事件(じけん)の真相を調べる。 ➡ (　　　)

　b．日米外相会談が開かれた。 ➡ (　　　)

7. a．市役所に離婚届(りこんとどけ)を出す。 ➡ (　　　)

　b．殺人(さつじん)で有罪(ゆうざい)となり、現在(げんざい)服役している。 ➡ (　　　)

8. a．その神社は、20年に一度建てかえる。 ➡ (　　　)

　b．ギリシャ神話にはとても人間的な神々が登場(とうじょう)する。 ➡ (　　　)

9. a．部長の代理で会議に出席する。 ➡ (　　　)

　b．共働きなので家事は交代で行う。 ➡ (　　　)

10. a．将来(しょうらい)、眼科(がんか)の医者になることを希望している。 ➡ (　　　)

　b．彼女にこんなに優しく看病(かんびょう)してもらえて本望だ。 ➡ (　　　)

Ⅲ. a.～d.の下線の漢字のうち、読み方の違うものをひとつ選んで○をつけましょう。また、下の文の（　　）に4つの中から適当なことばを入れてみましょう。

例. ［ a. 留学（りゅうがく）　b. 留意（りゅうい）　ⓒ 留守（るす）　d. 残留（ざんりゅう） ］

・2週間ほど（ 留守 ）にするので、隣（となり）の人に犬（いぬ）の世話を頼んだ。

・仕事が大変でしょうが、健康に（ 留意 ）してがんばってください。

1. ［ a. 歳出　b. 歳暮　c. 17歳　d. 歳月 ］

・二人が別れてから20年の（　　　）が流れた。

・年末（ねんまつ）にお世話になった方に贈（おく）るプレゼントをお（　　　）という。

2. ［ a. 精進　b. 精読　c. 精神　d. 精選 ］

・彼は、肉体的にも（　　　）的にも健康な人間だ。

・これからも仕事により一層（　　　）していきたいと思います。

3. ［ a. 平和　b. 平等　c. 公平　d. 平静 ］

・男女は（　　　）だというが、まだ職場での差別（さべつ）が残っている。

・世界の（　　　）なしに、私たちの幸福はあり得ない。

4. ［ a. 去年　b. 退去　c. 辞去　d. 過去 ］

・犯罪（はんざい）を犯（おか）して、国外（　　　）を命（めい）じられた。

・（　　　）ばかりを振（ふ）り返（かえ）らずに、未来を見て生きよう。

5. ［ a. 質素　b. 素養　c. 素直　d. 要素 ］

・彼は（　　　）な身（み）なりをしているが、本当は金持ちの息子（むすこ）だ。

・彼女は（　　　）な性格で、みんなに好かれている。

6. ［ a. 繁（はん）盛　b. 盛夏　c. 盛大　d. 最盛期 ］

・では、出演者のみなさんに（　　　）な拍手をお願いします。

・商売が（　　　）するように、神社でお守りをもらってきた。

課題

I. 複数の音・訓を持つ漢字をさがし、下のように読み方と意味・用法を調べて、ノートにまとめてみましょう。

漢字	読み方		意味	用法
降	訓	お-りる お-ろす	to get off, to put down	電車を降りる 子どもを車から降ろす
		ふ-る	to fall	雨が降る　雪が降る
	音	コウ	to get off, to fall	降車　乗降客　昇降口 降水量
神	訓	かみ *かん　*こう	god, Shinto	神　神様　女神　死神 *神主　*神戸
	音	シン	mind, spirit, god	精神　神経　神聖な　失神する 神話　神父　神学　多神教
		ジン	god, Shinto	神社　神宮　天神

Ⅱ. 次のような漢字の部品を組み立てると、どんな漢字ができるでしょうか。考えてみましょう。

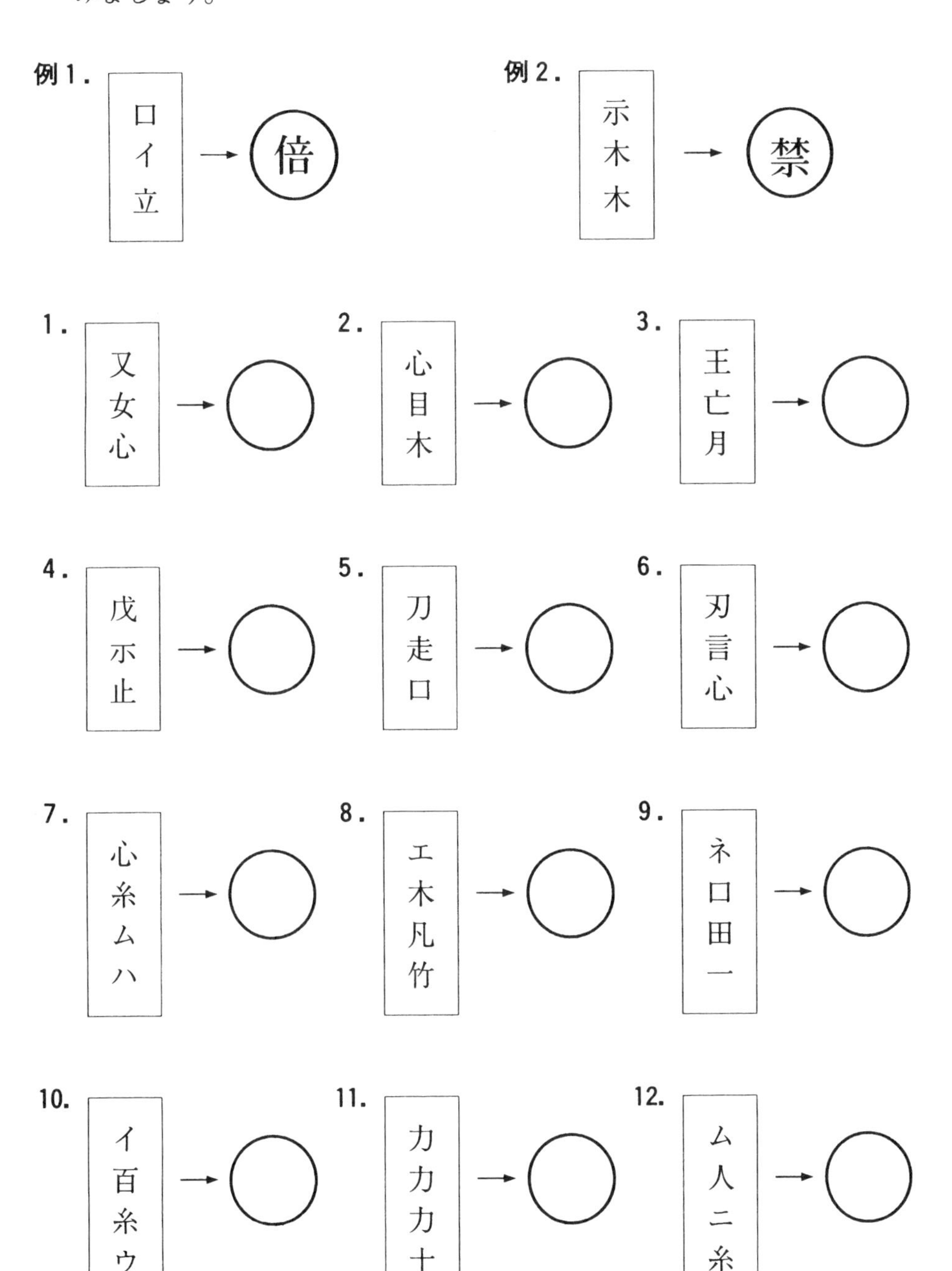

※上と同じように、漢字の部品を組み立てる問題を作って、友だち同士でやってみましょう。

アルファベットの略称

新聞などでは、よく略称（長い名前を短く縮めた呼び方）が使われています。たとえば、「ＥＵ」というのは、「欧州連合」の略称です。次の１～10の略称は、右のａ～ｊのどれに当たるでしょうか。

	略　称	読み方		
1.	ＯＰＥＣ	オペック	ａ．	経済協力開発機構
2.	ＮＡＴＯ	ナトー	ｂ．	国際通貨基金
3.	ＩＭＦ	アイエムエフ	ｃ．	国際労働機関
4.	ＯＥＣＤ	オーイーシーディー	ｄ．	世界保健機関
5.	ＩＬＯ	アイエルオー	ｅ．	新興工業地域
6.	ＷＨＯ	ダブルエイチオー	ｆ．	非政府組織
7.	ＡＳＥＡＮ	アセアン	ｇ．	国際連合児童基金
8.	ＮＧＯ	エヌジーオー	ｈ．	石油輸出国機構
9.	ＮＩＥＳ	ニーズ	ｉ．	東南アジア諸国連合
10.	ＵＮＩＣＥＦ	ユニセフ	ｊ．	北大西洋条約機構

ａ～ｊを見ると、ｂとｃには、「国際」という同じことばが使われています。左の１～10の略称を見ると、３と５の頭に「Ｉ」がありますからここから「国際」が略称の「Ｉ」、つまり「International」に対応していることがわかるでしょう。他のことばについても、２回以上使われていることばがどんな英語と対応しているか考えてみましょう。「Ｏ」、すなわち「Organization」に対応しているのが「機構」と「機関」で、「Ｆ」、すなわち「Fund」に対応しているのが「基金」だということがわかるでしょう。ほかにも新聞を見て、略称をさがしてみましょう。

日本でも、最近はアルファベットを使った略称が流行していますが、下の11～15の略称がわかりますか。

	略　称	読み方		
11.	ＪＲ	ジェーアール	ｋ．	日本放送協会
12.	ＪＡＬ	ジェーエーエル／ジャル	ｌ．	日本自動車連盟
13.	ＪＡＦ	ジェーエーエフ／ジャフ	ｍ．	日本電信電話
14.	ＮＴＴ	エヌティーティー	ｎ．	日本旅客鉄道
15.	ＮＨＫ	エヌエイチケー	ｏ．	日本航空

「日本」を表すのに、「Ｊ(Japan)」と「Ｎ(Nippon)」の２つがあることがわかりますね。（正解はp.236にあります。）

新聞には漢字による略称も使われます。「自由民主党」を「自民党」と呼ぶようなものです。こちらもさがしてみましょう。

第９課
同訓の漢字

復習

次の文を読んで、＿＿の部分を書き表すのに適当な漢字を、ａ．とｂ．のうちから選びなさい。似(に)ている訓の漢字を使っていますが、正しいものはどちらかひとつです。できる人は、右の漢字を見ないで、書いてみてください。

1．今週は毎日いそがしい。　（ａ．忙　ｂ．急）
2．パーティーには、おおくの人々が集まった。　（ａ．大　ｂ．多）
3．事故で授業(じゅぎょう)におくれてしまった。　（ａ．送　ｂ．遅）
4．今日は寒いから雪が降るとおもう。　（ａ．思　ｂ．重）
5．テストの結果はわるかった。　（ａ．悪　ｂ．割）
6．疲れたので、少しやすもう。　（ａ．安　ｂ．休）
7．この町の南を川がながれている。　（ａ．長　ｂ．流）
8．試合は午前10時にはじまった。　（ａ．始　ｂ．初）
9．きのう遅くまで勉強したので、今日はねむい。　（ａ．眠　ｂ．寝）
10．この家は電車がとおると、ゆれる。　（ａ．通　ｂ．遠）
11．コンピュータの使いかたがわからない。　（ａ．方　ｂ．形）
12．30分まったが、田中さんは来なかった。　（ａ．待　ｂ．持）
13．旅行の行き先がきまらない。　（ａ．来　ｂ．決）
14．本がたくさんならんでいる。　（ａ．並　ｂ．習）
15．今日の会議は第一会議室でひらかれる。　（ａ．広　ｂ．開）
16．夜が明けて外があかるくなってきた。　（ａ．赤　ｂ．明）
17．彼女は今まで一人でいきてきた。　（ａ．生　ｂ．行）
18．友人をよんでパーティーを開いた。　（ａ．呼　ｂ．読）
19．図書館で本をかりた。　（ａ．貸　ｂ．借）
20．新しい作品をこころみたが、うまくいかなかった。　（ａ．心　ｂ．試）

<答　え>

1.	a．忙（いそが）しい	busy	急（いそ）ぐ	to hurry
2.	b．多（おお）い	many, much	大（おお）きい	big
3.	b．遅（おく）れる	to be late	送（おく）る	to send
4.	a．思（おも）う	to think	重（おも）い	heavy
5.	a．悪（わる）い	bad	割（わ）る	to break
6.	b．休（やす）む	to rest	安（やす）い	cheap
7.	b．流（なが）れる	to flow	長（なが）い	long
8.	a．始（はじ）まる	to begin	初（はじ）めて	first
9.	a．眠（ねむ）い	sleepy	寝（ね）る	to sleep
10.	a．通（とお）る	to pass	遠（とお）い	far
11.	a．方（かた）	way	形（かた／かたち）	shape
12.	a．待（ま）つ	to wait	持（も）つ	to hold
13.	b．決（き）まる	to decide	来（く）る	to come
14.	a．並（なら）ぶ	to line up	習（なら）う	to learn
15.	b．開（ひら）く	to open	広（ひろ）い	wide
16.	b．明（あか）るい	bright	赤（あか）い	red
17.	a．生（い）きる	to live	行（い）く	to go
18.	a．呼（よ）ぶ	to call	読（よ）む	to read
19.	b．借（か）りる	to borrow	貸（か）す	to lend
20.	b．試（こころ）みる	to try	心（こころ）	heart, mind

基本練習

Ⅰ. 次の文を読んで、a.とb.のうち適当なほうを選びなさい。同訓の漢字を使っていますが、適当なものはどちらかひとつです。

1. 駅で久しぶりに山田さんに（a.合った　b.会った）。

2. 両親は北海道に（a.住んで　b.済んで）いる。

3. この先で道が二つに（a.分かれて　b.別れて）いる。

4. この温泉は腰痛によく（a.効く　b.聞く）らしい。

5. パーティーをするので、（a.飲み者　b.飲み物）が必要だ。

6. この神社は、今から700年ほど前に（a.立てられた　b.建てられた）。

7. このアパートの（a.大家　b.大夜）さんは、山本という女の人だ。

8. 図書館に本を（a.返し　b.帰し）に行った。

9. この手紙は彼の気持ちをよく（a.表して　b.現して）いる。

10. 寒いのでヒーターをつけて（a.温かく　b.暖かく）した。

11. 宿題はもう（a.住んだ　b.済んだ）ので、遊びに行こう。

12. 病気が（a.直った　b.治った）ので、会社に行った。

13. 子どもが独立するのを待って、その夫婦は（a.分かれた　b.別れた）。

14. 30分ほど遅れて、田中さんがパーティーに（a.表れた　b.現れた）。

15. 飛行機で往復するのが一番安くて（a.早い　b.速い）。

Ⅱ. 次の文を読んで、ａ.とｂ.のうち適当なほうを選びなさい。同訓(どうくん)の漢字を使っていますが、適当なものはどちらかひとつです。

1. 研究室でワープロを（ａ.打って　ｂ.撃って）いる。

2. きのう、国の家族に絵はがきを（ａ.送った　ｂ.贈った）。

3. 公園の花を（ａ.折って　ｂ.織って）はいけない。

4. 彼の乗った飛行機はもう空港に（ａ.付いた　ｂ.着いた）だろう。

5. 犬(いぬ)がワンワン（ａ.泣いて　ｂ.鳴いて）いてうるさい。

6. 大きな事故が（ａ.起こって　ｂ.怒って）、死傷者が出た。

7. 彼女はパーティーでピアノを（ａ.引いた　ｂ.弾いた）。

8. 田中さんが手を（ａ.降って　ｂ.振って）いるのが見えた。

9. 彼は父親によく声(こえ)が（ａ.煮て　ｂ.似て）いる。

10. 米の中に小さな石が（ａ.交じって　ｂ.混じって）いた。

11. きのうから（ａ.葉　ｂ.歯）が痛いので病院へ行った。

12. 春になると、アレルギーで（ａ.花　ｂ.鼻）がかゆくなる。

13. ピストルを（ａ.打つ　ｂ.撃つ）音が聞こえたので、驚いた。

14. 母が台所で野菜(やさい)を（ａ.煮て　ｂ.似て）いる。

15. このネクタイは手で（ａ.折った　ｂ.織った）ものです。

16. あの人は酒を飲むとすぐ（ａ.起こる　ｂ.怒る）。

17. 秋になって、木々の（ａ.葉　ｂ.歯）が落ち、さびしくなった。

18. 背中(せなか)に糸が（ａ.付いて　ｂ.着いて）いる。

19. 誕生日に友だちに（a.送り物　b.贈り物）をもらった。

20. 絵の具を（a.交ぜて　b.混ぜて）いろいろな色を作った。

21. 自転車で転んだ子どもが（a.泣いて　b.鳴いて）いる。

22. 近くの公園にきれいな（a.花　b.鼻）が咲いている。

23. 寒いと思って、外を見たら、雪が（a.降って　b.振って）いた。

24. 私の家の戸は横に（a.引いて　b.弾いて）開ける。

Ⅲ. 次の下線のことばを漢字で書きなさい。

1. a. 意見がわかれる（　　　　）＝違う意見をもつ

   b. 恋人とわかれる（　　　　）＝（人と）別々になる

2. a. やわらかい毛布（　　　　）＝ふわふわして、弾力がある

   b. やわらかい話　（　　　　）＝かたくるしくない、気楽な

3. a. はじめて外国へ行く（　　　　）＝いままで行ったことがない

   b. はじめて、5分たつ（　　　　）＝物事をやりはじめる

4. a. 毎朝はやく起きる　（　　　　）＝時刻がはやい

   b. いつもよりはやく走る（　　　　）＝スピードがはやい

9

①同訓(どうくん)の漢字語

a．同訓の漢字語の使い分け

あう	合う	サイズが合う。くつが足に合う。気が合う。
	会う	人に会う。駅で友だちと会う。
いたむ	痛む	胃が痛む。心が痛む。古い傷が痛む。
	傷む	家の屋根が傷む。食べ物が傷む。
うつ	打つ	くぎを打つ。ワープロを打つ。電報を打つ。
	撃つ	ピストルを撃つ。ライフルで鳥を撃つ。
きく	効く	薬が効く。この方法が効く。効き目。
	利く	気が利く。右手が利く。左利き。
おくる	送る	荷物を送る。写真を送る。宅配便(たくはいびん)で送る。
	贈る	プレゼントを贈る。花を贈る。指輪(ゆびわ)を贈る。
つく	付く	服にごみが付く。元金に利子が付く。
	着く	目的地に着く。列車が駅に着く。
なく	泣く	人が泣く。悲しくて泣く。
	鳴く	動物が鳴く。鳥や虫(むし)が鳴く。
ひく	引く	手を引く。ドアを引く。辞書を引く。
	弾く	楽器（ピアノ／ギター／バイオリン）を弾く。
あたたかい	暖かい	風が暖かい。暖かい部屋。暖かい日。
	温かい	料理が温かい。温かい家庭(かてい)。温かい笑顔(えがお)。
はやい	早い	時間が早い。早く起きる。早く寝る。
	速い	スピードが速い。速く走る。速く食べる。
やわらかい	柔らかい	体が柔らかい。柔らかい生地(きじ)。柔らかい手。
	軟らかい	応対が軟らかい。軟らかい話。
かた	形	ひし形の箱。たまご形の顔。自由形で泳ぐ。
	型	新型カメラ。大型テレビ。髪(かみ)型を変える。

b．自動詞と他動詞が対になっているもの

あらわれる・あらわす

現れる・現す	人が現れる。場所に姿（すがた）を現す。
表れる・表す	表情に表れる。気持ちを表す。

かえる・かえす

帰る・帰す	人が国に帰る。子どもを家に帰す。
返る・返す	貸した物が返る。図書館に本を返す。

たつ・たてる

立つ・立てる	人が立つ。立て札（ふだ）を立てる。物を立てる。
建つ・建てる	建物が建つ。家を建てる。工場を建てる。

なおる・なおす

直る・直す	故障（こしょう）が直る。こわれた機械を直す。間違いを直す。
治る・治す	病気が治る。けがを治す。

はなれる・はなす

離れる・離す	席を離れる。遠くへ離れる。手を離す。
放れる・放す	動物がくさりから放れる。犬を放す。

まざる／まじる・まぜる

交ざる／交じる・交ぜる	人が交ざる。漢字が交じる。
混ざる／混じる・混ぜる	砂（すな）が混じる。酒を混ぜる。

c．同訓の漢字語が３つ以上あるもの

あく・あける	開く・開ける	窓が開く。戸（と）を開ける。
	空く・空ける	席が空く。場所を空ける。
	明ける	夜が明ける。年が明ける。
うつる・うつす	移る・移す	場所が移る。会場を移す。
	写る・写す	写真が写る。文を写す。
	映る・映す	鏡（かがみ）に顔が映る。映画を映す。
つとめる	努める	解決に努める。実現するよう努める。
	勤める	会社に勤める。大使館に勤める。
	務める	会長を務める。主役を務める。
とまる・とめる	止まる・止める	人が止まる。車を止める。
	泊まる・泊める	旅館に泊まる。友人を家に泊める。
	留まる・留める	人の目に留まる。事を心に留める。

のぼる	上る	坂を上る。利益が百万円に上る。
	昇る	日が昇る。社長の地位に昇る。
	登る	山に登る。木に登る。
あらわす	表す	気持ちを表す。
	現す	姿を現す。
	著す	書物を著す。
あつい	暑い	今日は暑い。暑い日。暑い地方。
	熱い	体が熱い。熱い飲み物。熱い風呂。
	厚い	人情が厚い。厚い本。厚いステーキ。
かたい	固い	口が固い。固い決心。固く約束する。
	硬い	表情が硬い。硬い金属。
	堅い	堅い商売。堅い人。堅い話。
かわ	川	川が流れる。アマゾン川
	皮	果物の皮をむく。りんごの皮。毛皮。
	革	革のジャケットを着る。革のベルト。

d．同訓の漢字語がたくさんあって、使い分けが難しいもの

～ガ　おさまる・～ヲ　おさめる

収まる・収める（落ち着く・結果を出す）	台風が収まる。成功を収める。
納まる・納める（ものが入る・入れる）	倉庫に納まる。税金を納める。
治まる・治める（政治を行う）	国が治まる。地方を治める。
修まる・修める（学問などを身につける）	身が修まる。学業を修める。

～ガ　かわる・～ヲ　かえる

変わる・変える（状態や質）	形／色が変わる。方法を変える。
代わる・代える（役目や役割）	父に代わってする。命に代えてする。
換わる・換える（ものを交換）	新聞が金に換わる。駅で乗り換える。
替わる・替える（新しいものに）	社長が替わる。服を着替える。両替。

～ヲ　はかる

図る（目標にする）	利益を図る。解決を図る。合理化を図る。
計る（数や時間を調べる）	時間を計る。数量を計る。
測る（長さや大きさを調べる）	距離を測る。面積を測る。温度を測る。
量る（重さや量を調べる）	体重を量る。分量を量る。容積を量る。

※「計」や「量」の代わりに「測」を使うこともできる。

もと

本（重要なところ）	もと（本）を正す。
元（出発点や以前のもの）	元は農民だった。元の住所に送る。
下（影響を受ける範囲）	山田先生のご指導の下で研究した。
基（基礎や根拠となるもの）	資料を基にして論文を書いた。

②同訓の漢字語のアクセントや送りがな

a．アクセントが違うもの

あつい	暑い、熱い（あつい）	：	厚い（あつい）
かく	書く（かく）	：	欠く（かく）
ふる	降る（ふる）	：	振る（ふる）
は	葉（は）	：	歯（は）
はな	花（はな）	：	鼻（はな）

b．送りがなが違うもの

おこる　起こる　／　怒る
かえる　変える、代える、換える、替える　／　帰る、返る
わかれる　別れる　／　分かれる

③同訓の動詞で文法的用法が違う語

a．辞書形が同じでも、動詞の種類が違うため、ほかの活用形が違うもの

（アクセントも違う。）

かえる	帰る（かえる）	帰らない	帰ります	帰って
	返る（かえる）	返らない	返ります	返って
	変える（かえる）	変えない	変えます	変えて
	代える（かえる）	代えない	代えます	代えて
きる	切る（きる）	切らない	切ります	切って
	着る（きる）	着ない	着ます	着て
へる	減る（へる）	減らない	減ります	減って
	経る（へる）	経ない	経ます	経て

b. 辞書形が違う動詞で、テ形が同じもの（アクセントはふつう違う。）

うって	打つ	打って(うって)	きて	着る	着て(きて)
	売る	売って(うって)		来る	来て(きて/きて)
おいて	老いる	老いて(おいて)	とんで	飛ぶ	飛んで(とんで)
	置く	置いて(おいて)		富む	富んで(とんで)
おって	追う	追って(おって)	よんで	読む	読んで(よんで)
	折る	折って(おって)		呼ぶ	呼んで(よんで)

※次のものはアクセントが同じ。

いって	言う	言って（いって）
	行く	行って（いって）

c. 使う助詞が違うもの

きく	聞く（～ヲ）	音楽を聞く。
	聞く（～ニ～ヲ）	人に名前を聞く。意味を聞く。
	効く（～ガ～ニ）	頭痛にはこの薬が効く。
すむ	住む（～ガ～ニ）	東京に住む。
	済む（～ガ）	テストが済む。
つとめる	努める（～ガ～ニ）	サービスに努める。
	勤める（～ガ～ニ）	工場に勤める。
	務める（～ヲ）	会長を務める。
にる	似る（～ガ～ニ／～ト）	顔が父に似る。
	煮る（～ヲ）	魚を煮る。
はなす	話す（～ヲ）	日本語を話す。
	離す（～ト～ヲ）	物と物を離す。
	放す（～ヲ）	小鳥を放す。
ふる	降る（～ガ）	雨が降る。
	振る（～ヲ）	手を振る。
わかれる	分かれる（～ガ～ニ）	道が左右に分かれる。
	別れる（～ガ～ト）	友人と別れる。

④同訓の漢字の組み合わせでできた漢語

あう＋あう	→	会合(かいごう) スル	会合を開く。
あらわす＋あらわす	→	表現(ひょうげん) スル	喜びを表現する。
うつ＋うつ	→	打撃(だげき)	打撃を受ける。
うつす＋うつす	→	映写(えいしゃ) スル	フィルムを映写する。
おさめる＋おさめる	→	収納(しゅうのう) スル	服を収納する。
かえる＋かえる	→	変換(へんかん) スル	かなを漢字に変換する。
たてる＋たてる	→	建立(こんりゅう) スル	寺院を建立する。
つく＋つく	→	付着(ふちゃく) スル	ごみが付着する。
つとめる＋つとめる	→	勤務(きんむ) スル	会社に勤務する。
のぼる＋のぼる	→	上昇(じょうしょう) スル	飛行機が上昇する。
はかる＋はかる	→	計量(けいりょう) スル	重さを計量する。
		計測(けいそく) スル	長さを計測する。
		測量(そくりょう) スル	土地を測量する。
わける＋わかれる	→	分別(ぶんべつ) スル	ごみを分別する。
あたたかい＋あたたかい	→	温暖(おんだん) ナ	温暖な土地に住む。
はやい＋はやい	→	早速(さっそく) Adv.	早速出かける。
かわ＋かわ	→	皮革(ひかく)	皮革製品を作る。
もと＋もと	→	基本(きほん)	基本が大切だ。

第９課の学習漢字

撃 p. 321	贈 p. 272	織 p. 268	鳴 p. 248	弾 p. 250	振 p. 253	似 p. 245	煮 p. 315	革 p. 320	皮 p. 285
葉 p. 298	鼻 p. 331	努 p. 305	勤 p. 278	務 p. 277	登 p. 301	納 p. 267	換 p. 254	替 p. 314	混 p. 255
測 p. 255	基 p. 309								

22

応用練習

Ｉ．次の文を読んで、ａ．～ｃ．のうち適当なものを選び、読みも書きましょう。

1．となりのご主人は銀行に（ａ．努めて　ｂ．勤めて　ｃ．務めて）いる。

2．池（いけ）に空を飛ぶ鳥の姿（すがた）が（ａ．写って　ｂ．映って　ｃ．移って）いる。

3．寒いので（ａ．川　ｂ．皮　ｃ．革）のジャケットを着て出かけた。

4．時間が（ａ．開いた　ｂ．空いた　ｃ．明いた）ので、映画を見た。

5．体が冷えたので、（ａ．暑い　ｂ．熱い　ｃ．厚い）お茶が飲みたい。

6．海の見えるホテルに（ａ．止まった　ｂ．泊まった　ｃ．留まった）。

7．テーブルをとなりの部屋に（ａ．写した　ｂ．移した　ｃ．映した）。

8．家具とテレビを（ａ．話して　ｂ．離して　ｃ．放して）置いた。

9．魚が川を（ａ．上って　ｂ．昇って　ｃ．登って）きた。

10．美しい女の人が目に（ａ．止まった　ｂ．泊まった　ｃ．留まった）。

11．会議では山田さんが議長を（ａ．努めた　ｂ．勤めた　ｃ．務めた）。

12．教室で８ミリ映画を（ａ．写した　ｂ．移した　ｃ．映した）。

13．こんなに（ａ．暑い　ｂ．熱い　ｃ．厚い）本は今週中には読めない。

14．みかんは（ａ．川　ｂ．皮　ｃ．革）がむきやすいので、好きだ。

15．彼は、毎年夏、富士山に（ａ．上る　ｂ．昇る　ｃ．登る）。

Ⅱ. 次の文を読んで、a.～d.のうち、適当なものを選びましょう。

1. 部長の（a.変わり　b.代わり　c.替わり　d.換わり）に会議に出席した。

2. 荷物の重さを（a.図ったら　b.計ったら　c.測ったら　d.量ったら）30キロあった。

3. この国は若い国王が（a.収めて　b.納めて　c.治めて　d.修めて）いる。

4. この電車の終点でバスに乗り（a.変えて　b.代えて　c.替えて　d.換えて）ください。

5. 国民は法の（a.本　b.元　c.下　d.基）に平等である。

6. その男は自殺（じさつ）を（a.図った　b.計った　c.測った　d.量った）が失敗した。

7. 今月の会費を早く（a.収めて　b.納めて　c.治めて　d.修めて）ください。

8. この土地の面積（めんせき）を（a.図ったら　b.計ったら　c.測ったら　d.量ったら）100平方メートルあった。

9. 1989年に年号が「昭和（しょうわ）」から「平成」に（a.変わった　b.代わった　c.替わった　d.換わった）。

10. 社長が（a.本　b.元　c.下　d.基）秘書（ひしょ）と結婚した。

11. この時計はいつも遅れるので、時間を正確に（a.図る　b.計る　c.測る　d.量る）ことができない。

12. 朝になって、風が（a.収まった　b.納まった　c.治まった　d.修まった）。

Ⅲ. 次の文の____の語を漢字に直しなさい。

例. かぜによくきく薬があるときいた。
効く　聞いた

1. 図書館に本をかえして、家にかえってきた。

2. この機械がなおらないと、歯がなおせない。

3. 今晩とまるホテルの前に観光(かんこう)バスがとまった。

4. 部長のかわりに銀行へドルを円にかえに行った。

5. あつい日には涼しい部屋であついコーヒーが飲みたい。

6. 家をはなれて東京へ出てきたころのことをはなした。

7. 経産省につとめていた友人は、今、食品会社の会長をつとめている。

8. 映画をうつす場所が、ほかのところへうつった。

9. この木にのぼると、太陽(たいよう)がのぼるようすがよく見える。

10. 年があけたら、あいていた土地にビルがたった。

課題

I．日本人の名前に使われる漢字は、数も多く、読み方も複雑です。読み方が同じなのに、漢字が違うということがよくあります。そのような例を集めてみましょう。

読み方	漢　字	意　味
あきこ	秋　子	秋に生まれた（女の）子
	明　子	明るい（女の）子
まさこ	雅　子	優雅な（女の）子
	正　子	正しい／正直な（女の）子
みちこ	美智子	
	道　子	

※上の例は女性の名前ですが、男性の名前も集めてみましょう。

Ⅱ. 名字（家族の名前）にもいろいろな漢字が使われます。電話などで相手の名字を聞いても、漢字がわからないと、手紙を書いたりするとき困ります。日本人に名前を聞き、「どんな漢字を書くんですか。」とたずねて、漢字をどのように口で説明するか、例を集めてみましょう。よく聞く説明のしかたは、漢字の訓読みやよく使われる熟語、意味などを言うことです。

読み方	漢　字	説明のしかた
かのう	加　納	「加える」に「納める」と書く。
もちづき	望　月	「望む」に「月」と書く。
せきの	関　野	「関係」の「関」に「野原」の「野」と書く
あきもと	秋　元	「春夏秋冬」の「秋」に「元気」の「元」

※名前以外にも、あることばをどんな漢字で書くかわからないとき、同じように聞いてみましょう。

第10課 類義語の漢字

Ⅰ. 次の語と意味が最も近いものを選びなさい。

1. 図　：　a. 色　b. 絵　c. 形
2. 晩　：　a. 朝　b. 昼　c. 夜
3. 乏しい　：　a. 小さい　b. 悲しい　c. 少ない
4. 暑い　：　a. 暖かい　b. 濃い　c. 涼しい
5. 等しい　：　a. 同じだ　b. 貧しい　c. 危ない
6. 定める　：　a. 決める　b. 進める　c. 集める
7. 争う　：　a. 勝つ　b. 求める　c. 戦う
8. 異なる　：　a. 変わる　b. 違う　c. 似る
9. 敗れる　：　a. 失う　b. 助ける　c. 負ける
10. 勤める　：　a. 通う　b. 働く　c. 学ぶ

Ⅱ. 次の文を読んで、a. と b. のうちから適当なほうを選びなさい。

1. 農村では、年寄り（としより）が多く（a. 新しい　b. 若い）人が少ない。
2. 食後に（a. 寒い　b. 冷たい）ジュースを飲んだ。
3. せきが出て（a. 悲しい　b. 苦しい）ので、病院へ行った。
4. このお茶は（a. 濃くて　b. 強くて）、苦い。
5. 機械がこわれたので、（a. 改めて　b. 直して）もらった。
6. 買ったばかりの茶わんを（a. 切って　b. 割って）しまった。
7. 数学の問題を（a. 思った　b. 考えた）が、できなかった。
8. 父は（a. 寝　b. 眠り）ながら本を読んでいた。
9. 植物（しょくぶつ）を（a. 育てて　b. 養って）花を咲（さ）かせる。
10. 試験に受かり、入学が（a. 確かめられた　b. 認められた）。

＜答 え＞

Ⅰ.

1.	b.絵（え） picture	図（ず） drawing, figure
2.	c.夜（よる） night	晩（ばん） evening
3.	c.少（すく）ない few	乏（とぼ）しい scarce
4.	a.暖（あたた）かい warm	暑（あつ）い hot
5.	a.同（おな）じだ same	等（ひと）しい equal
6.	a.決（き）める to decide	定（さだ）める to establish
7.	c.戦（たたか）う to fight	争（あらそ）う to fight
8.	b.違（ちが）う to be different	異（こと）なる to differ
9.	c.負（ま）ける to be defeated	敗（やぶ）れる to be defeated
10.	b.働（はたら）く to work	勤（つと）める to work for

Ⅱ.

1.	b.若（わか）い人 young men	新（あたら）しい new
2.	b.冷（つめ）たいジュース cold/chilled juice	寒（さむ）い cold, chilly (weather)
3.	b.苦（くる）しい painful, difficult	悲（かな）しい sad, miserable
4.	a.濃（こ）くて 濃い strong (tea), dense	強（つよ）くて 強い strong
5.	b.直（なお）して 直す to correct, to repair	改（あらた）めて 改める to renew, to change
6.	b.割（わ）って 割る to break (into pieces)	切（き）って 切る to cut
7.	b.考（かんが）えた 考える to think, to meditate	思（おも）った 思う to think
8.	a.寝（ね）ながら 寝る to lie down, to sleep	眠（ねむ）りながら 眠る to sleep
9.	a.育（そだ）てて 育てる to raise, to bring up	養（やしな）って 養う to bring up
10.	b.認（みと）められた 認める to admit, to accept	確（たし）かめられた 確かめる to make sure

基本練習

I．次の文で下線の語の代わりに使える語をａ．～ｃ．から選び、その読みを書きなさい。

1．田中さんの欠点は、人の話をよく聞かないところだ。
　　ａ．弱点　　ｂ．短所　　ｃ．汚点

2．食事の用意ができたので、食堂に集まってください。
　　ａ．注意　　ｂ．準備　　ｃ．用事

3．面接を行う順序を決めなければならない。
　　ａ．順番　　ｂ．番号　　ｃ．順位

4．最近、石油の値段が上がっていて、心配だ。
　　ａ．価格　　ｂ．数値　　ｃ．物価

5．時間に遅れたことの言い訳は、しないほうがよい。
　　ａ．弁解　　ｂ．申し訳　　ｃ．理由

6．経済について基本から勉強しなければならない。
　　ａ．基礎　　ｂ．基地　　ｃ．基準

7．これまでの習慣を見直し、経営の合理化を図らなければならない。
　　ａ．習性　　ｂ．慣例　　ｃ．風習

8．日米間の問題について、政治家がテレビ番組で討論した。
　　ａ．会議　　ｂ．議論　　ｃ．論理

9．学生時代から全然本を読まないせいか、あまり教養がない。
　　ａ．教育　　ｂ．知識　　ｃ．養育

10．今の会社を辞職することを決意した。
　　ａ．意図　　ｂ．意志　　ｃ．決心

11．火事になったビルの中に取り残されていた人を消防士が救助した。
　　ａ．援助　　ｂ．応援　　ｃ．救出

12．この文章（ぶんしょう）は少しおかしいので、修正しなければならない。
　　ａ．修理　　ｂ．改訂　　ｃ．訂正

Ⅱ. 次の文を読んで、（　）に入れるのに最も適当なものをａ.～ｃ.から選びなさい。

1. 来週の木村先生の（　　）は休講になったそうだ。
　ａ.講演　ｂ.講義　ｃ.演説

2. 彼は（　　）が強く、やると決めたことは最後まであきらめない。
　ａ.意志　ｂ.意思　ｃ.意図

3. 食品会社で新しい商品が（　　）されている。
　ａ.企画　ｂ.計算　ｃ.計略

4. 鉄道の開通により、町は（　　）し、人口も増加した。
　ａ.進歩　ｂ.発達　ｃ.発展

5. その事故の（　　）は、運転手の不注意だった。
　ａ.結果　ｂ.原因　ｃ.理由

6. 政治に金がかかりすぎるという（　　）的問題を解決しない限り、政治改革は成功しないだろう。
　ａ.基礎　ｂ.基本　ｃ.根本

7. 父は60歳で定年になり、長年勤めた会社を（　　）した。
　ａ.辞職　ｂ.失業　ｃ.退職

8. 今日のサッカーの試合は時間通り４時に（　　）した。
　ａ.完了　ｂ.終了　ｃ.終結

9. あの２人は考え方が正反対で、全く（　　）的だ。
　ａ.対称(たいしょう)　ｂ.対照　ｃ.対比

10. 時計を（　　）して、部品を取り替えた。
　ａ.分解　ｂ.分割　ｃ.分離

11. この学校では情報工学関係の技術者(ぎじゅつしゃ)を（　　）している。
　ａ.保育　ｂ.養育　ｃ.養成

12. 雨のため、運動会は来週の日曜に（　　）されることになった。
　ａ.延期　ｂ.延長　ｃ.遅延

要点

①類義語の漢字

意味が似ていることばを類義語（るいぎご）と言います。類義語には、意味が似ている漢字が使われている場合が多くあります。

値ー価	値段（ねだん）	価格（かかく）	
企ー計	企画（きかく）	計画（けいかく）	
完ー終	完了（かんりょう）	終了（しゅうりょう）	
基ー根	基本（きほん）	根本（こんぽん）	
育ー養	育成（いくせい）	養成（ようせい）	
到ー達	到着（とうちゃく）	到達（とうたつ）	
助ー援ー救	救助（きゅうじょ）	援助（えんじょ）	救援（きゅうえん）

②類義の漢語

意味が似ている漢語には、共通の漢字を使うものもたくさんあります。

意イ	意思（いし）	意志（いし）	意図（いと）
延エン	延期（えんき）	延長（えんちょう）	遅延（ちえん）
革カク	変革（へんかく）	改革（かいかく）	革命（かくめい）
慣カン	習慣（しゅうかん）	慣例（かんれい）	慣習（かんしゅう）
基キ	基本（きほん）	基礎（きそ）	
区ク	区分（くぶん）	区別（くべつ）	
決ケツ	決意（けつい）	決心（けっしん）	決定（けってい）
講コウ	講演（こうえん）	講義（こうぎ）	講習（こうしゅう）
順ジュン	順番（じゅんばん）	順序（じゅんじょ）	順位（じゅんい）
対タイ	対照（たいしょう）	対称（たいしょう）	対比（たいひ）
点テン	欠点（けってん）	弱点（じゃくてん）	難点（なんてん）
展テン	発展（はってん）	進展（しんてん）	展開（てんかい）
討トウ	討論（とうろん）	討議（とうぎ）	検討（けんとう）
発ハツ	発展（はってん）	発達（はったつ）	開発（かいはつ）
分ブン	分割（ぶんかつ）	分離（ぶんり）	分解（ぶんかい）
弁ベン	弁護（べんご）	弁解（べんかい）	弁明（べんめい）
了リョウ	終了（しゅうりょう）	完了（かんりょう）	修了（しゅうりょう）
論ロン	討論（とうろん）	議論（ぎろん）	論争（ろんそう）

③意味が似ている接辞

（⇨第６課 p.112）

a．お金の接尾辞（せつびじ）

料ー費ー代ー賃　授業料（じゅぎょうりょう）ー 学費（がくひ）
賃貸料（ちんたいりょう）ー 住居費（じゅうきょひ）
部屋代（へやだい）ー 家賃（やちん）

b．仕事・職業の接尾辞

者ー師　医者（いしゃ）ー 医師（いし）
手ー士　運転手（うんてんしゅ）ー 運転士（うんてんし）
員ー人　公務員（こうむいん）ー 役人（やくにん）
屋ー店ー業　本屋（ほんや）ー書店（しょてん）ー出版業（しゅっぱんぎょう）

c．場所の接尾辞

室ー所　事務室（じむしつ）ー 事務所（じむしょ）
室ー院　美容室（びようしつ）ー 美容院（びよういん）
室ー館　図書室（としょしつ）ー 図書館（としょかん）

d．否定の接頭辞（ひてい　せっとうじ）

非ー無　非常識（ひじょうしき）ー 無教養（むきょうよう）
不ー未　不確実（ふかくじつ）ー 未確認（みかくにん）

④類義語の使い分け

主語や目的語、修飾語（しゅうしょくご）の内容（ないよう）によって、似ている意味の語でも使える場合と使えない場合があります。（⇨第３課 p.49〜p.51）

完了(かんりょう)する　…：仕事や任務がおわる／をおえる
終了(しゅうりょう)する　…：試合や時間が／をおわる
修了(しゅうりょう)する　…：教育の課程（かてい）が／をおわる
終結(しゅうけつ)する　…：戦争や事件（じけん）がおわる

発達(はったつ)する　…：科学や技術（ぎじゅつ）が先へすすむ
進歩(しんぽ)する　…：科学や技術／社会が先へすすむ
発展(はってん)する　…：社会がすすんで広がる

企画(きかく)する　…：会社などの団体が新しいことをすることを考える
計画(けいかく)する　…：個人や会社、団体が何かをすることを考える

改革(かいかく)する　…：組織や制度をかえる
変革(へんかく)する　…：社会や制度をかえる
改良(かいりょう)する　…：品質をよくする

習慣(しゅうかん)　…：毎日人がやるときまっていること
慣例(かんれい)　…：仕事上や儀式上(ぎしきじょう)、やるときまっていること
慣習(かんしゅう)　…：社会でやるときまっていること
風習(ふうしゅう)　…：その地方や土地でやるときまっていること
習性(しゅうせい)　…：動物などがもっているきまった性質

組織(そしき)　…：社会や団体、生物体のしくみ
構成(こうせい)　…：社会や団体、文章(ぶんしょう)のしくみ
構造(こうぞう)　…：社会や組織、機械のしくみ

⑤類義語の文法的用法

意味が似ていても文法的な用法が違うものがあります。

a．名詞とスル動詞

意思（いし）	N	意思を変える。意思が通じる。
意志（いし）	N	自分の意志で決める。意志が固い。
意図（いと）	N，VN	意図を知る。事業拡大を意図する。
申し訳（もうしわけ）	N	申し訳がない。申し訳が立たない。
言い訳（いいわけ）	N，VN	言い訳を考える。言い訳する。
弁解（べんかい）	N，VN	弁解の余地(よち)がない。弁解する。
構造（こうぞう）	N	機械の構造が分からない。
構成（こうせい）	N，VN	文章の構成がおかしい。会を構成する。
組織（そしき）	N，VN	組織が大きい。会社を組織する。
革命（かくめい）	N	革命が起こり、共和制になった。
改革（かいかく）	N，VN	政治の改革は難しい。行政を改革する。
変革（へんかく）	N，VN	制度の変革が望まれる。社会を変革する。
改良（かいりょう）	N，VN	品質の改良を図る。製品を改良した。
計略（けいりゃく）	N	企業を乗っ取る計略をめぐらす。
計画（けいかく）	N，VN	旅行の計画を立てる。事業を計画する。
企画（きかく）	N，VN	新商品の企画を立てる。番組を企画する。
仕度（したく）	N，VN	食事の仕度をする。
用意（ようい）	N，VN	旅行の用意をする。お金を用意する。
準備（じゅんび）	N，VN	講演会の準備をする。ドルを準備する。

b．スル動詞…いっしょに使う助詞が違う

(目標) を	達成(たっせい)スル	売り上げ目標を達成する。
(ものごと) に／が	成功(せいこう)スル	実験に／が成功した。
(目標、目的地) に	到達(とうたつ)スル	収入が1億(おく)円に到達する。
(場所) へ／に	到着(とうちゃく)スル	飛行機が成田に到着した。
～を／～ようと	決意(けつい)スル	結婚を決意した。
～を／～ようと	決心(けっしん)スル	お酒をやめようと決心した。
～を／が	決定(けってい)スル	集合時間が／を決定した。
AとBを／AをBと	区別(くべつ)スル	男と女を区別する。
AとBを／AをBと	分別(ぶんべつ)スル	新聞と雑誌を分別する。
AをBとCに	区分(くぶん)スル	住宅地と商業地に区分する。

c．その他

	熱意(ねつい) N	研究に対する熱意がある。
(仕事) に	熱心(ねっしん)ナ	木村先生は熱心な先生だ。
(物事) に	熱中(ねっちゅう)スル	テレビに熱中する。
(物事) に	夢中(むちゅう)ダ／ニナル	ゲームに夢中になる。

順序(じゅんじょ)N／順序よく	順序が乱れる。順序よく並ぶ。
順番(じゅんばん)N／順番に	順番が来る。順番に歌を歌う。
順位(じゅんい)N	順位を決める。
番　(ばん)N	今度は私の番だ。
理由(りゆう)N	欠席の理由は不明だ。
原因(げんいん)N	事故の原因を調べる。
	不注意が原因で事故が起こる。

～と～を	対照(たいしょう)スル／サセル	英文と日本文を対照する。
	対照的ナ	2人は性格が対照的だ。
～と～を	対比(たいひ)スル／サセル	理想と現実を対比させる。
～と～を	比較(ひかく)スル	都市と農村を比較する。
	比較的 Adv.	ここは物価が比較的安い。

⑥場面による使い分け

日常的な話題のときによく使うもの（a）と、やや改まった場合や文章の中でよく使うもの（b）とがあります。

a．値段（ねだん）　　石油の値段が上がった。
b．価格（かかく）　　石油の価格が変動している。

a．仕度（したく）　　出かける仕度ができた。
a．用意（ようい）　　使うものは全部用意した。
b．準備（じゅんび）　　彼の研究発表は準備が不足していた。

a．様子（ようす）　　彼は元気そうな様子だった。
b．状況（じょうきょう）　　内戦の状況を報告する。
b．状態（じょうたい）　　病人は危険な状態である。

⑦使い分けの難しい類義語

欠点(けってん)　　…不足しているところ、わるいところ
弱点(じゃくてん)　　…せめられると弱いところ
短所(たんしょ)　　…性質や性能でおとっているところ
難点(なんてん)　　…問題になるわるいところ

基本(きほん)　　…中心となる不変のもの
基礎(きそ)　　…最初の段階
根本(こんぽん)　　…ものごとを成立させるおおもと

方向(ほうこう)　　…ある地点から運動の進行する向き
方角(ほうがく)　　…ある地点を基準にした東西南北の方位
方面(ほうめん)　　…ある方向の地域(ちいき)／ある分野

改革(かいかく)ＶＮ　　…制度や組織の悪い部分をよくすること
変革(へんかく)ＶＮ　　…社会や制度を大きく変えること
革命(かくめい)　　…根本から急激に大きく変わること

議論(ぎろん)ＶＮ　　…意見を出して、論じ合うこと／論じた内容
論議(ろんぎ)ＶＮ　　…限定的な問題について、答えを求めて、論じ合うこと
討論(とうろん)ＶＮ　　…問題を研究する会などで、意見を出し、論じ合うこと
論争(ろんそう)ＶＮ　　…違う主張をして、論じ争うこと

⑧同音の類義語

同じ音で、しかも意味が似ているために、使い分けが難しいものがあります。
（⇨第５課 p.80）

いし	意思…考えや思い intention	意思を表示する。
	意志…しようとする強い気持ち will	意志が強い。
	遺志…死んだ後に残す考え last wishes	遺志を重んじる。
しゅうりょう	終了…試合や時間が終わる ＶＮ end	映画が終了する。
	修了…コースが終わる ＶＮ completion	修士課程(かてい)を修了する。

たいしょう	対照…比べること ＶＮ	contrast	ＡとＢを対照する。
	対象…目的のもの	object	女性を調査の対象にする。
	対称…つりあうこと	symmetry	左右対称の位置に置く。
ほしょう	保証…うけあう ＶＮ	guarantee	品質を保証する。
	保障…災害(さいがい)から守る ＶＮ	security	安全を保障する。
	補償…損害(そんがい)をつぐなう ＶＮ	compensation	損害を補償する。

第10課の学習漢字

志 p.313	申 p.300	訳 p.271	弁 p.292	講 p.271	礎 p.264	根 p.259	討 p.270	企 p.291	略 p.263	
因 p.325	慣 p.251	例 p.245	達 p.327	展 p.323	識 p.271	順 p.288	序 p.322	段 p.284	照 p.315	20

応用練習

I. 次の文を読んで、（　　）に入れるのに最も適当なものを下から選んで、書き入れましょう。また、各語の読みも書いてみましょう。

1. 両国間の交渉（こうしょう）には、なかなか（　　　　）が見られなかった。

　[　発展　　進展　　展開　　展示　]

2. 彼女の英語はどんどん（　　　　）し、英字新聞まで読めるようになった。

　[　到達　　発達　　上達　　達成　]

3. 話に（　　　　）して、ご飯を食べるのを忘れてしまった。

　[　熱意　　熱心　　熱中　　夢中（むちゅう）　]

4. この地域（ちいき）は住宅地、商業地、農業地などに細かく（　　　　）されている。

　[　区分　　区別　　分別　　分離　]

5. 日本の米は、長年の品種（ひんしゅ）（　　　　）の結果、おいしくなった。

　[　改革　　改良　　革命（かくめい）　　変革　]

6. 妹は、法科大学院を出て、（　　　　）士になった。

　[　弁明　　弁解　　弁護　　弁論　]

7. 私は毎朝、公園の周りをジョギングする（　　　　）がある。

　[　慣習　　慣例　　習慣　　風習　]

8. 税制の改革をテーマに（　　　　）会が開かれた。

　[　議論　　討論　　論議　　論争　]

Ⅱ. 次の文を読んで、下線部分に漢字を書きましょう。また、その語の代わりに使える語を右の（　　　）に書いてみましょう。

例. ＿準　備＿ができたら、さっそく出かけよう。
じゅんび（　仕度、用意　）

1. 人間はだれでも＿＿＿＿＿と長所を持っている
たんしょ（　　　　　　　）

2. 今月は、売上げの倍増という＿＿＿＿＿目標（もくひょう）を立てた。
とうたつ（　　　　　　　）

3. 5時間かけて＿＿＿＿＿したが、結局、この＿＿＿＿＿は通らなかった。
とうぎ（　　　　　　　）　きかく（　　　　　　　）

4. この研究会は、高校の先生たちで＿＿＿＿＿されている。
そしき（　　　　　　　）

5. ＿＿＿＿＿を身（み）につけるため、その＿＿＿＿＿会に行くことにした。
きょうよう（　　　　　　　）　こうしゅう（　　　　　　　）

6. 大橋さんは、宿題を忘れたことについて＿＿＿＿＿した。
べんかい（　　　　　　　）

7. 土地の＿＿＿＿＿は下がっているというが、諸外国と比べるとまだまだ高い。　ねだん（　　　　　　　）

8. どんなことを勉強するにも、＿＿＿＿＿が大切だ。
きそ（　　　　　　　）

9. 原文と＿＿＿＿＿してみて、翻訳（ほんやく）の間違いがあることがわかった。
たいしょう（　　　　　　　）

10. 社会が＿＿＿＿＿しても、古くからある良い＿＿＿＿＿は残したい。
はってん（　　　　　　　）　しゅうかん（　　　　　　　）

Ⅲ. a.とb.の（　）の中に同じ漢字を入れて、類義語を作りましょう。

1. この試験に合格するには、{ a.（　）本的 / b.（　）礎的 } な知識が必要だ。

2. 会議では激しい { a.議（　） / b.討（　） } が行われたが、結論は出なかった。

3. 優勝戦で負けたのは、主力選手のけがに { a.原（　）がある。 / b.起（　）している。 }

4. 国の行政機構（きこう）を { a.改（　） / b.変（　） } しなければ、赤字は減らない。

5. 大学をやめて、国へ帰るという彼の { a.（　）意 / b.（　）心 } は固かった。

6. 面接試験の { a.（　）序 / b.（　）番 } が発表になった。

7. 社会には、ある一定の { a.秩（　） / b.（　）列 } があるものだ。

8. 国連による難民の { a.（　）援 / b.（　）助 } 活動が続いている。

9. この土地に来た以上、ここの { a.（　）習 / b.（　）例 } を重んじてもらいたい。

10. 新しい事業を行うことが { a.企（　） / b.計（　） } されている。

11. 木村先生の { a.（　）演 / b.（　）義 } は、先生が病気のため、中止になった。

12. 人に笑われないように、もっと { a.常（　） / b.知（　） } を身につけたほうがよい。

13. 彼は医学部に入って医者になることを { a.志（　） / b.希（　） } している。

14. 金のためなら、どんな { a.計（　） / b.策（　） } でも用いる相手だ。

10

課題

I. 類義語の使い分けを知るために、次のような表を作ってみましょう。○はその文脈（ぶんみゃく）(context) で使えるもの、×は使えないものです。

例	会社を〜する	委員（いいん）／役員を〜する	会社が倒産（とうさん）して〜する	定年〜する	内閣（ないかく）が総〜する
失業	×	×	○	×	×
辞任	×	○	×	×	×
辞職	○	×	×	×	○
退職	○	×	×	○	×

下の表の空いている欄（らん）に、上の例のように自分で使い分けのための文型を書き、○か×でうめてみましょう。

例	ゲームに〜する	教育に〜な先生	〜がある〜を持つ		
熱意					
熱心					
熱中					
夢中（むちゅう）					

※辞書を引いたり、先生や友だちに聞いたりして、自分でもノートに類義語の表を作ってみましょう。

Ⅱ. 次の文章(ぶんしょう)は、毎日新聞(1992年)の記事の一部です。未習の漢字が使われているところは■にしてあります。■があってもどのぐらい意味がわかるものか、読んでみましょう。まず、Aを読んでから、次にBを読んでみてください。Aでは基本漢字500字以外の漢字を■に、Bでは本書の第10課までに学習した漢字以外を■にしてあります。理解の程度(ていど)がどのぐらい変わるでしょうか。

A

国■理■―日本からの主■

日本人は「ＮＯと言えない」ということが時々話題になる。国■的な交流の場で日本人が「ＮＯ」と言うべきときに「ＮＯ」と言わないことが問題の発■のようだ。

日本人も「ＮＯ」と言えるようになるべきだという意見を■べる人が多いが、ことがらはそれほど簡単ではない。

英語の「ＮＯ」に近い日本語のことばに「いいえ」という語がある。英語の初歩の学習■階では、「ＮＯ」に「いいえ」をあてはめて考えることも多いので両者は同じ意味の語だと思っている人も少なくない。

しかし、「ＮＯ」と「いいえ」の用法をくらべてみるとかなりの■が■■することがわかってくる。日本語の「いいえ」では、話し相手への配■が用法に制約を■えていることが多い。

相手の意■や■■、たとえばこちらへの■いかけに対して、「いいえ私はしたくありません」と■ずることが困難である場合は多い。「ＮＯ」と「いいえ」は決して同じではない。

「ＮＯ」を使うのは英語の場面である。英語の土■にあがって「ＮＯ」を■使することは、「いいえ」の発■を■本に持つ日本人にとっては当■不利をもたらす。

もちろん、英語的な表現法に■■した人■を作り出すことは不■■ではない。合理的で目的主■に■した教育・■練はそれを■■にする。

しかし、現■の国■交流は、一部の特別の人たちにゆだねて成り立つ時代ではなくなりつつある。大げさに言えば、すべての日本人が外国人との交流に■■を持たねばならなくなっている。

すべての日本人が「いいえ」の発■と同時に「ＮＯ」の発■をも■得・■持することは■■なことではない。

基本漢字以外の漢字（■）はこの文章中、32語に使われており、これは文章中の全漢字語（82語）の約40％に当たります。つまり基本漢字500字で、この文章の60％の漢字語は読めるということです。

では、第10課までに学習した220字を加えると、どうなるでしょうか。

B

国際理解—日本からの主張

日本人は「ＮＯと言えない」ということが時々話題になる。国際的な交流の場で日本人が「ＮＯ」と言うべきときに「ＮＯ」と言わないことが問題の発■のようだ。

日本人も「ＮＯ」と言えるようになるべきだという意見を■べる人が多いが、ことがらはそれほど簡単ではない。

英語の「ＮＯ」に近い日本語のことばに「いいえ」という語がある。英語の初歩の学習段階では、「ＮＯ」に「いいえ」をあてはめて考えることも多いので両者は同じ意味の語だと思っている人も少なくない。

しかし、「ＮＯ」と「いいえ」の用法をくらべてみるとかなりの■が存■することがわかってくる。日本語の「いいえ」では、話し相手への配■が用法に制約を■えていることが多い。

相手の意志や■断、たとえばこちらへの■いかけに対して、「いいえ私はしたくありません」と応ずることが困難である場合は多い。「ＮＯ」と「いいえ」は決して同じではない。

「ＮＯ」を使うのは英語の場面である。英語の土■にあがって「ＮＯ」を■使することは、「いいえ」の発想を基本に持つ日本人にとっては当然不利をもたらす。

もちろん、英語的な表現法に熟達した人■を作り出すことは不可能ではない。合理的で目的主義に■した教育・■練はそれを可能にする。

しかし、現■の国際交流は、一部の特別の人たちにゆだねて成り立つ時代ではなくなりつつある。大げさに言えば、すべての日本人が外国人との交流に■任を持たねばならなくなっている。

すべての日本人が「いいえ」の発想と同時に「ＮＯ」の発想をも■得・■持することは■■なことではない。

Ｂでは、未習の漢字（■）を含む漢字語の数は18語に減り、これは全漢字語数の約20％に当たります。つまりこの文章中の約80％の漢字語は知っていることになるわけです。

Ａの段階の人に比べると、Ｂの段階の人は、知っている漢字語から■にどんな漢字が使われているかを推測（すいそく）(guess) する力もついたのではないでしょうか。次のページに、もとの新聞記事がありますから、あなたの推測が当たっているかどうか、確かめてみてください。

※新聞などを読むときには、知らない漢字があっても、このように推測（すいそく）して読むことが大切です。

オピニオン ワイド　　毎日新聞　　（第3種郵便物認可）

私見／直言

国際理解―日本からの主張

国立国語研究所長　水谷　修

日本人は「NOと言えない」ということが時々話題になる。国際的な交流の場で日本人が「NO」と言うべきときに「NO」と言わないことが問題の発端のようだ。

日本人も「NO」と言えるようになるべきだという意見を述べる人が多いが、ことがらはそれほど簡単ではない。

英語の「NO」に近い日本語のことばに「いいえ」という語がある。英語の初歩の学習段階では、「NO」に「いいえ」をあてはめて考えることも多いので両者は同じ意味の語だと思っている人も少なくない。

しかし「NO」と「いいえ」の用法をくらべてみるとかなりの差が存在することがわかってくる。日本語の「いいえ」では、話し相手への配慮が用法に制約を与えていることが多い。

相手の意志や判断、たとえばこちらへの誘いかけに対して、「いいえ私はしたくありません」と応ずることが困難である場合は多い。「NO」と「いいえ」は決して同じではない。

「NO」を使うのは英語の場面である。英語の土俵にあがって「NO」を駆使することは、「いいえ」の発想を基本に持つ日本人にとっては当然不利をもたらす。

もちろん、英語的な表現法に熟達した人材を作り出すことは不可能ではない。合理的で目的主義に徹した教育・訓練はそれを可能にする。

しかし、現在の国際交流は、一部の特別の人たちにゆだねて成り立つ時代ではなくなりつつある。大げさに言えば、すべての日本人が外国人との交流に責任を持たねばならなくなっている。

すべての日本人が「いいえ」の発想と同時に「NO」の発想をも獲得・維持することは容易なことではない。

「NO」と言える日本人を作り出すことも重要だが、それ以上に、日本人が相手を大切にし「いいえ」と言わないやり方を持っているということを強く主張し、周知させる努力をすることの方がより現実的である。

「NO」と言えない習慣をかかえながら、「NO」と言う努力をいかに尽くしても、相手は使われた言葉だけに頼り、日本人の言動はあいまいだという判断をする。

国際理解は基本的に相互理解でなければならない。公正な判断を相手に求めるためには日本人の考え方や行動の様式をきちんと相手に伝える必要がある。そのためには、理解を求める広報活動とともに、日本語を知り日本文化に近づいてくれる人々を一人でも多く、地球の上に増やさなければならないと思う。

発端(ほったん)	配慮(はいりょ)	土俵(どひょう)	訓練(くんれん)	維持(いじ)する
述(の)べる	与(あた)える	駆使(くし)する	現在(げんざい)	容易(ようい)な
差(さ)	判断(はんだん)	人材(じんざい)	責任(せきにん)	尽(つ)くす
存在(そんざい)する	誘(さそ)いかけ	徹(てっ)した	獲得(かくとく)する	相互(そうご)

（毎日新聞社『毎日新聞』1992年９月29日より）

10

複合語の連濁

「会社(かいしゃ)」のように単独では清音(voiceless sound)で始まることばの前に別の語がついて複合語になるとき、「保険会社(ほけんがいしゃ)」のように後ろの語の頭が濁音(voiced sound)になることを連濁といいます。訓読みのことばの場合、どんなときに連濁が起こるのか、考えてみましょう。

①動詞＋動詞→複合動詞　………連濁しにくい

例　：取り組む　入れ替わる　切り替える　振り返る　取り返す
　　　取り消す　飲み込む　飛び立つ　走り去る　書き足す
　　　※例外：　寝返る　割り引く

②名詞(を)＋動詞(かな２字以下)→複合名詞　………連濁しにくい

例　：金貸し　物知り　魚釣り　草刈り　鉛筆立て
　　　※例外：　ぶどう狩り　あて名書き

③名詞(を)＋動詞(かな３字以上)→複合名詞　………連濁しやすい

例　：米作り　目覚まし　人殺し　金遣い　気遣い
　　　※例外：　力比べ

④名詞(に/で)＋動詞→複合名詞　………連濁しやすい

例　：横書き　旅立ち　共働き　手触り　足踏み　一人勝ち

⑤形容詞/動詞/名詞＋形容詞→複合形容詞　………連濁しやすい

例　：薄暗い　寝苦しい　物悲しい　息苦しい　悪賢い　手堅い
　　　※例外：　重苦しい　焦げ臭い

⑥形容詞＋動詞→複合名詞　………連濁しやすい

例　：遅咲き　早咲き　長話し　早死に　古漬け

【問題】 他にどんな場合があるでしょうか。次の語を読んでみましょう。

1．青白い　（　　　　）	6．若作り　（　　　　）
2．持ち運ぶ（　　　　）	7．山開き　（　　　　）
3．人助け　（　　　　）	8．間近い　（　　　　）
4．名高い　（　　　　）	9．折り返す（　　　　）
5．物書き　（　　　　）	10．立ち止まる（　　　　）

復習2 形声文字(2)

I. 下線のことばに使われる漢字を｛　｝から選んで○をつけなさい。できる人は自分で書いてみてください。

1. きほんてきな問題はみんなで大いに討論してから決定すべきだ。
｛基本的な　期本的な｝

2. 試験にはごうかくしたが、面接では失敗してしまった。
｛合各した　合格した｝

3. 人類の平和は私たちのえいえんの夢(ゆめ)である。
｛永遠　泳遠｝

4. パレードの警備(けいび)のための人員のはいちを完了した。
｛配置　配値｝

5. 人気女優が15歳年上の医師とせいだいな結婚式をあげた。
｛成大な　盛大な｝

6. 国王は首相をししゃとして送ることに決めた。
｛使者　使煮｝

7. この絵は、ピカソの本物かふくせいか、見分けがつかない。
｛復製　複製｝

8. みせいねんしゃを、酒やたばこから守る運動に参加している。
｛未成年者　味成年者｝

9. 医者の指示にしたがって薬をぞうりょうした。
｛増量した　贈量した｝

10. 新しいアパートに移ったので、市役所に住民とうろくに行った。
｛豆録　登録　頭録｝

11. 彼女の希望で、結婚式は仏式ではなくしんしきに変更になった。
{ 申式　伸式　神式 }

12. この絵画は写実主義というより印象派の表現ようしきを多く取り入れた。
{ 洋式　様式　養式 }

13. 応接室のしょうめいが暗かったので新しい電球に変えた。
{ 召明　招明　紹明　照明 }

14. 仕事があまりに多忙で不健康な生活が続くとせいしんにも異常をきたす。
{ 青神　精神　晴神　清神 }

15. 25年前、彼は老人医療の遅れに気がつき、老人の専門医をしがんした。
{ 士願した　仕願した　志願した　誌願した }

16. あの国では少数民族の分離・独立運動が起き、多くのしぼう者が出た。
{ 死亡　死忙　死忘　死望 }

17. 若いころ、あんなに成功して裕福だった人が、晩年こんなに貧乏になるなんて人生はひにくなものだ。
{ 疲肉な　彼肉な　皮肉な　被肉な }

＜答　え＞

1. 基本的な問題はみんなで大いに討論してから決定すべきだ。

2. 試験には合格したが、面接では失敗してしまった。

3. 人類の平和は私たちの永遠の夢である。

4. パレードの警備のための人員の配置を完了した。

5. 人気女優が15歳年上の医師と盛大な結婚式をあげた。

6. 国王は首相を使者として送ることに決めた。

7. この絵は、ピカソの本物か複製か、見分けがつかない。

8. 未成年者を、酒やたばこから守る運動に参加している。

9. 医者の指示にしたがって薬を増量した。

10. 新しいアパートに移ったので、市役所に住民登録に行った。

11. 彼女の希望で、結婚式は仏式ではなく神式に変更になった。

12. この絵画は写実主義というより印象派の表現様式を多く取り入れた。

13. 応接室の照明が暗かったので新しい電球に変えた。

14. 仕事があまりに多忙で不健康な生活が続くと精神にも異常をきたす。

15. 25年前、彼は老人医療の遅れに気がつき、老人の専門医を志願した。

16. あの国では少数民族の分離・独立運動が起き、多くの死亡者が出た。

17. 若い時、あんなに成功して裕福だった人が、晩年こんなに貧乏になるなんて人生は皮肉なものだ。

Ⅱ. 下の語に適当な字を選んで書きいれなさい。

1. 残念なことに書道コンクールには＿＿選した。
   （らくせん）
   {絡　落}

2. ＿＿式にしたがって、願書に記入する。
   （けいしき）
   {形　型}

3. あの上司(じょうし)は、＿＿力しない部下ばかりで年中苦労(くろう)している。
   （どりょく）
   {努　怒}

4. 鈴木常務とお約＿＿があって参りました。
   （やくそく）
   {束　速}

5. この村では長男は親の仕事をつぐという＿＿習があった。
   （かんしゅう）
   {貫　慣}

6. 異常気＿＿のため、まだ９月だというのにもう葉が落ちはじめた。
   （きしょう）
   {象　像}

7. 野鳥を捕らえようと＿＿囲した。
   （ほうい）
   {包　抱}

8. 納税の期限最終日には、税務署の前に行＿＿ができた。
   （ぎょうれつ）
   {列　例}

9. いつ土地を買って家を新築できるか予＿＿がつかない。
   （よそく）
   {則　測　側}

10. 彼は迷(まよ)わず離婚届(とどけ)に＿＿名した。
   （しょめい）
   {暑　著　署}

11. 全校生徒が＿＿堂に集まって卒業式が厳(おごそ)かに行われた。
   （こうどう）
   {構　購　講}

12. 彼は先週手術が終わり、これからは安＿＿にして自宅で療養する。
   （あんせい）
   {精　静　晴}

13. 収入が安定した＿＿業につきたいが、銀行や保険会社はいやだ。
しょくぎょう
{織　識　職}

14. 水に強くしかもゴムのように＿＿力のある物質が開発された。
だんりょく
{戦　禅　弾}

15. 収入が少なくても公務員は＿＿業ができない。
ふくぎょう
{副　福　富}

16. 秋になるとサケの大＿＿が北海道の川を上ってくる。
たいぐん
{君　群　郡}

17. 会社の営業が不振なので、研究の存続が可能かどうか＿＿討する。
けんとう
{険　検　験}

18. わが家から町まで往＿＿2時間の道のりだ。
おうふく
{副　復　複}

Ⅲ. 下線の字に注意して（　）に語の読み方を書きなさい。

1. 独占（どくせん）：販売店（　　）：視点（　　）

2. 医者（　　）：署長（　　）：諸島（　　）
：残暑（　　）：著者（　　）
：都庁（　　）：都合（　　）

3. 各人（　　）：昇格（　　）する：旅客機（　　）
：客席（　　）：金額（　　）

：落成（　　）する：連絡（　　）する
：省略（　　）する：道路（　　）

4. 納豆（　　）：出頭（　　）する：頭痛（　　）
：登場（　　）する：登山（　　）
：短気（　　）な

まとめ　L6—L10

①一つの漢字がそのまま音記号(＝音符(おんぷ))になっているもの

(⇨復習1 p.94③aと合わせて覚えましょう。)

音記号	これまでに習った漢字	未習の漢字（常用漢字内）
永（エイ）	泳	詠
貫（カン）	慣	
其（キ）	基　期	旗　棋
士（シ）	仕　志　誌	
召（ショウ）	召　招　紹　照 （例外　超チョウ）	昭　沼　詔
申（シン）	神　伸	紳
成（セイ）	盛	誠（例外　城　ジョウ）
象（ゾウ）	像	
則（ソク）	測　側	
奴（ド）	努　怒	
忍（ニン）	認	
皮（ヒ）	彼　疲　被	披（例外　波　破　ハ）
包（ホウ）	抱	胞　飽　砲　泡
亡（ボウ）	忙　忘　望	
憂（ユウ）	優	

②漢字の一部が音記号(＝音符(おんぷ))になっているもの

(復習1 p.95③b)

音記号	これまでに習った漢字	未習の漢字（常用漢字内）
戠（シキ）	織　識	
（ショク）	織　職	
幵（ケイ）	形　型	刑
（カイ）	開	
幵（ケン）	研	
（ケン）	験　険　検	倹　剣
冓（コウ）	講　購　構	溝
艮（コン）	根	恨　墾　懇　痕
（ゲン）	限	
（ギン）	銀	
（ガン）		眼

悤（ソウ）	：窓　総		
畐（フク）	：福　副	幅	
（フ　）	：富		
复（フク）	：復　複	腹（例外　履　り）	

③漢字の読みと音記号（＝音符（おんぷ））としての読み

単独で使われるときの読み方と、音記号として使われるときの読み方が違ったり、音が少し変わったりしているものがあります。（⇨復習１ p.95④）

例１．	以	単独　＝イ	：以上（いじょう）
		音記号＝ジ	：類似（るいじ）
例２．	君	単独　＝クン	：君主（くんしゅ）
		音記号＝グン	：大群（たいぐん）
			郡部（ぐんぶ）
例３．	軍	単独　＝グン	：海軍（かいぐん）
		音記号＝ウン	：運転（うんてん）
例４．	占	単独　＝セン	：独占（どくせん）
		音記号＝テン	：代理店（だいりてん）
			点字（てんじ）
例５．	曽	単独　＝ソウ	：曽祖父（そうそふ）
		音記号＝ソウ	下層（かそう）
		＝ゾウ	：増加（ぞうか）
			贈答（ぞうとう）
例６．	直	単独　＝チョク	：直営（ちょくえい）
		音記号＝チ	：位置（いち）
			価値（かち）

④音記号（＝音符（おんぷ））が表すいろいろな音

同じ音記号を持っていても、いろいろな読み方をする漢字があります。
（⇨復習１ p.96⑤）

例１．	各	カク	各：各地（かくち）	各国（かっこく）
			格：格式（かくしき）	客：旅客（りょかく）
		ガク	額：税額（ぜいがく）	＊「りょきゃく」とも読む。
		キャク	客：来客（らいきゃく）	
		ラク	落：段落（だんらく）	絡：短絡（たんらく）

		リャク	略：計略（けいりゃく）	
		ロ	路：線路（せんろ）	
			賂：賄賂（わいろ）	
例2.	者	シャ	者：役者（やくしゃ）	
			煮：煮沸（しゃふつ）	
		ショ	暑：暑気（しょき）	
			諸：諸君（しょくん）	
			署：署名（しょめい）	
		チョ	著：著名（ちょめい）	
		ツ	都：都度（つど）	
		ト	都：都市（とし）	
例3.	尺	シャク	尺：尺度（しゃくど）	
		ヤク	訳：和訳（わやく）	
		エキ	駅：駅弁（えきべん）	
例4.	矛	ム	矛：矛盾（むじゅん）	
			務：総務課（そうむか）	
		ジュウ	柔：柔道（じゅうどう）	
		ニュウ	柔：柔和（にゅうわ）	
例5.	垂	スイ	垂：垂直（すいちょく）	
			睡：睡眠薬（すいみんやく）	
		ユウ	郵：郵便物（ゆうびんぶつ）	
例6.	束	ソク	束：約束（やくそく）	
			速：速報（そくほう）	
		ライ	頼：依頼（いらい）	
例7.	単	タン	単：単純（たんじゅん）	
		ダン	弾：弾圧（だんあつ）	
		セン	戦：戦死（せんし）	
例8.	豆	トウ・ズ	豆：豆腐（とうふ）	大豆（だいず）
		トウ・ズ	頭：先頭（せんとう）	頭痛（ずつう）
		トウ・ト	登：登場（とうじょう）	登山（とざん）
		タン	短：短縮（たんしゅく）	

例9.	未	ミ	未：未来（みらい）	
			味：味方（みかた）	
		マイ	妹：姉妹（しまい）	
			昧：三昧（ざんまい）	
例10.	予	ヨ	予：予防（よぼう）	
		ジョ	序：序論（じょろん）	
		ヤ	野：平野（へいや）	
例11.	列	レツ	列：行列（ぎょうれつ）	列車（れっしゃ）
		レイ	例：具体例（ぐたいれい）	
例12.	青	セイ・ショウ	青：青春（せいしゅん）	緑青（ろくしょう）
		セイ・ジョウ	静：動静（どうせい）	静脈（じょうみゃく）
		セイ	晴：快晴（かいせい）	
			精：精米（せいまい）	
		ジョウ	情：情報（じょうほう）	
例13.	成	セイ・ジョウ	成：成年（せいねん）	成仏（じょうぶつ）
		セイ・ジョウ	盛：全盛期（ぜんせいき）	繁盛（はんじょう）
例14.	亡	ボウ・モウ	亡：亡父（ぼうふ）	亡者（もうじゃ）
		ボウ	忙：多忙（たぼう）	
			忘：備忘録（びぼうろく）	
		ボウ・モウ	望：願望（がんぼう）	所望（しょもう）
例15.	容	ヨウ	容：内容（ないよう）	

復習２の学習漢字

復	豆	伸	召	招	紹	亡	被	束	包	
p. 251	p. 330	p. 245	p. 307	p. 253	p. 268	p. 290	p. 265	p. 314	p. 324	
則	側	購	構	副	君	郡	検	列	容	20
p. 276	p. 247	p. 272	p. 260	p. 277	p. 308	p. 281	p. 260	p. 276	p. 296	

復2

応用練習

I.（　）に適当な漢字を選んで入れてみましょう。ヒントとして、後ろの［　］にその語の音読みがあります。

厚　硬　更　交　校　効　郊　講　購　構　工
功　紅　康

A1. 相手側の一方的な主張に対して彼は態度（たいど）を（　　化）させた。
［コウカ］

2. この薬は（　　果）はあるが、副作用も強いので服用は中止した。
［コウカ］

3. 一度非行に走った少年を（　　生）させるには、周囲の人々の理解が大切だ。
［コウセイ］

4. 二つの異なる民族がこの国家を（　　成）しているので、問題が多い。
［コウセイ］

5. 彼女は（　　生）年金を受ける資格がある。
［コウセイ］

成　盛　城　青　晴　静　情　精　清　制　製
生　性　正　政　整

B1. 企画は良かったが、販売の方は今一つ（　　果）が上がらない。
［セイカ］

2. 銀行家の養子となった少年は、今や（　　紙）工場の経営者だ。
［セイシ］

3. 暴力を（　　止）するには、警察（けいさつ）だけでなく市民の協力も必要だ。
［セイシ］

4. 北欧の自然をとった写真を（　　理）して、展示会に出した。
［セイリ］

5. 体をぐるぐる回転させてから急に（　　止）すると、ふらふらする。
［セイシ］

乏 暴 亡 忙 忘 望 防 方 放 訪 房
報 法 豊 包 抱

C1. 金に困った男が家に保険をかけてから(　　火)し、捕まった。
[ホウカ]

2. あの建物は有名な建築家の設計によるものだが、古くて(　　火)設備が十分でない。
[ボウカ]

3. 今年は天候(てんこう)にめぐまれて、米の出来がよく、(　　年)満作だ。
[ホウネン]

4. 政治に不正が多く、政情が不安になり、ついに先月(　　動)が起きた。
[ボウドウ]

5. 実際には起こらなかった事をさも起こったように(　　道)するのは、記者としての良識が足りない。
[ホウドウ]

6. 国王は、革命軍(かくめいぐん)に(　　囲)され、国外脱出を断念した。 [ホウイ]

Ⅱ. 下の［　　］から適当な語を選んで（　　）に書き入れなさい。

1. 彼は独特な（　　　）を持っている。 [視点　示点]

2. 病人を24時間（　　　）するのは、激務だ。 [介抱　介包]

3. ニュートンは引力の（　　　）を発見した。 [法測　法則]

4. 彼の祖父(そふ)は戦前に（　　　）業を始め、大成功した。 [海軍　海運]

5. 犬(いぬ)にかまれて足に犬の（　　　）がついた。 [歯形　歯型]

6. 本物（　　　）が流行し、自然の物が好まれている。 [志向　仕向]

復2

Ⅲ. 次の語を下線の形声文字に注意して読んでみましょう。

1. 召集(　　　)する　：招待(　　　)する　：紹介(　　　)する
　　　　　　　　　　：参照(　　　)する　：超過(　　　)する

2. 直線(　　　)　：正直(　　　)な　：数値(　　　)
　　　　　　　　：放置(　　　)する

3. 解説(　　　)する　：遊説(　　　)する　：税金(　　　)
　　　　　　　　　　：脱税(　　　)する

4. 刑務所(　　　)　：正方形(　　　)　：形相(　　　)
　　　　　　　　　：体型(　　　)　：開業医(　　　)
　　　　　　　　　：研修(　　　)する

5. 銀貨(　　　)　：根性(　　　)　：限界(　　　)

6. 予感(　　　)　：野生(　　　)　：序言(　　　)

7. 矛盾(　　　)　：総務課(　　　)　：柔軟(　　　)な
　　　　　　　　：柔和(　　　)な

8. 単位(　　　)　：戦略(　　　)　：実弾(　　　)

9. 行列(　　　)　：例外(　　　)

Ⅳ. 次の文が読めますか。音記号から読み方を考えてみましょう。

1. 人事院の勧告を受ける。

2. 細胞の組織を培養する。

3. 深い感慨を覚える。

4. ２本の線が垂直に交わっている。

5. どんなことにも誠意をもって真剣に取り組む。

6. その紳士に服の代金を請求した。

7. 妊娠している女性が腹痛をうったえた。

課題

形声(けいせい)文字のグループの漢字について下のように辞書を引いて、読みと意味、そしてあなたに役に立つ語彙(ごい)を調べて、ノートにまとめてみましょう。

文字	読み方	語 彙 ・ 意 味
構	かま-う かま-える コウ	構える（to set up, to pose）V　一家を構える - - - - - 構造（structure）N　文の構造　社会の構造 機構（organization）N　経済機構　国際機構 構築する（to build, to devise）VN　理論を構築する
講		
購		

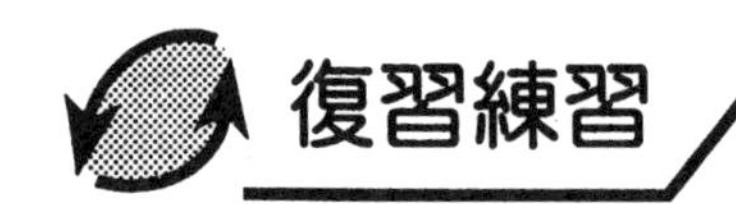

復習練習

1課から10課までに習った漢字の復習をしましょう。

Ⅰ. 次の下線のことばの読みを書いてみましょう。

1. 父が死ぬまで愛用していた古い外国製の時計は、つい最近まで実に正確に時を刻んでいたが、ある日気がつくと止まっていた。近くの専門店に分解修理に出したら、予想額の二倍もかかったが、新品同様に直った。

2. 神や仏じゃあるまいし、不断の努力で何でも達成できると思うなんて、考えが甘(あま)すぎる。

3. この4月で5年の海外勤務が終了して、いよいよ本社に管理職として転勤する。帰国を前に研修で留学したなつかしい東欧諸国を再訪したい。

4. どんなに頭のいい人でも、どんなに美しい人でも、健康と富と成功と幸福な結婚をすべて手に入れるなんて不可能だ。

5. 今度の発展途上国への農業機械の売(う)り込(こ)み企画は、昇進に関係するので「ぜひ参加したい」という希望を出した。

6. 予測のつかない現代社会の危険から身を守るために、普段からの修練が大切だと柔道と合気道を習っていた友達が原因不明の病気で急死した。

7. 相手チームの反撃で、観客のだれも予想しなかった展開になり、試合は13回まで延長された。

8. 19世紀後半に始まった産業革命によって、西欧社会の構造が根底からくつがえされ、人々の価値観も前とはかなり異なったものとなった。

9. あの若い野心的な建築家は、保守的な慣例を無視して、革新的なアイデアで、この木造の教会堂を設計した。

10. 仕事に失敗し、人生に失望し、酒に走った男は、不健康な生活から体調をくずし、いつか精神にも異常をきたしたらしく家族に乱暴を働くようになった。

11. あの著名な女優は、25年前にアンネ・フランク役を演じて世に認められた。しかし不幸なことに、それ以来今に至(いた)るまで薄幸な少女という初演の印象から脱皮できていない。今年は母親役に挑戦するとテレビで抱負を語っていた。もう47歳だ。

各課のクイズ

各課の勉強が終わったら、クイズをやってみましょう。クイズには解答がついていませんが、基本的な問題ですから、自分で各課の要点を見直して答えを確かめてください。先生や友だちに確かめてもらってもよいでしょう。

＜第1課　クイズ＞

国＿＿＿＿＿＿＿＿氏名＿＿＿＿＿＿＿＿＿＿＿＿

Ⅰ. 次の下線のことばの読み方をひらがなで書きなさい。(10)

1. 来月首相は欧州へ旅行する予定だ。
2. 郵便局の仕事については、いろいろと反省する点がある。
3. 県庁の広報係に聞いてください。
4. この厚い本を読むと、日米の経済関係の問題がよくわかる。
5. その国王は、まだ独り者だ。

Ⅱ. (　　) に適当な漢字を書きなさい。(10)

1. (　まず　)しい人々が川の(　あさ　)いところで魚をとっている。
2. タイは(　ぶっ　)教国(きょうこく)である。
3. この(　せ　)(　かい　)史の本は(　うす　)くて読みやすい。
4. この国は、1965年に(　どく　)(　りつ　)した。
5. 人前で話すと、(　かた　)くなってしまう。
6. きのうは(　くび　)が痛くて、寝られなかった。

Ⅲ. 次の漢字の中から1つだけ仲間(なかま)でないものを選び、×をつけなさい。(5×2=10)

例. ｛ 花・~~英~~・荷・課・家 ｝　音読みが「カ」の仲間
1. ｛ 西・北・米・印・英 ｝
2. ｛ 濃・深・強・弱・軟 ｝
3. ｛ 省・道・都・府・県 ｝
4. ｛ 経・絵・軽・計・係 ｝
5. ｛ 庁・町・野・停・訂 ｝

<第2課　クイズ>

国＿＿＿＿＿＿＿＿　氏名＿＿＿＿＿＿＿＿＿＿＿＿

Ⅰ. 次の下線のことばの読み方をひらがなで書きなさい。(10)

1. 輸出の拡大について、政府は企業（きぎょう）から圧力を受けている。
2. 戦争の後、大量生産がようやく可能になった。
3. オリンピックは勝つことではなく、参加することに意義（いぎ）がある。
4. オゾン層をまもるために、フロンガスの使用を縮小しなければならない。

Ⅱ. (　　) に適当な漢字を書きなさい。(10×2＝20)

1. 上(　　)する（じょう　しょう） ⟺ 下(　　)する（か　こう）
2. 国内問題 ⟺ 国(　　)問題（こく　さい）
3. (　　)入（しゅう　にゅう） ⟺ (　　)出（し　しゅつ）
4. 開始する ⟺ 終(　　)する（しゅう　りょう）
5. 成(　　)する（せい　こう） ⟺ 失(　　)する（しっ　ぱい）
6. 単(　　)な（たん　じゅん） ⟺ (　　)雑な（ふく　ざつ）

＜第3課　クイズ＞

国＿＿＿＿＿＿＿＿＿氏名＿＿＿＿＿＿＿＿＿＿＿＿＿

Ⅰ. 次の下線のことばの読み方をひらがなで書きなさい。(8)

1. 教科書にある間違いを<u>訂正</u>した。
2. このグループは反政府活動を<u>支援</u>している。
3. 雨で試合が一時間<u>中断</u>したため、予定を<u>変更</u>しなければならなかった。
4. 彼は55歳(さい)で<u>退職</u>して、いま次の仕事のための<u>研修</u>を受けている。
5. テレビ<u>出演</u>中にけがをして、テレビ局から<u>治療</u>費をもらった。

Ⅱ. (　　)に適当な漢字を書きなさい。(6×2=12)

1. バス(　　　)で友だちに会った。
   てい
2. 規則(きそく)が(　　　)正された。
   かい　せい
3. レポートの期限(きげん)を来週に(　　　)ばしてくれませんか。
   の
4. あの学校ではエンジニアを(　　　)成している。
   よう　せい
5. あれは自動車を(　　　)造している工場だ。
   せい　ぞう
6. 電話をかけても、(　　　)答がない。
   おう　とう

Ⅲ. 次の{　　}の中から適当な語を選んで書きなさい。(5×2=10)

1. この仕事は大変だが、みんなで＿＿＿＿＿すれば、すぐに終わる。
   {分配　　分類　　分担　　分割}
2. エレベータに閉じ込(こ)められた人を＿＿＿＿＿しなければならない。
   {援助　　救出　　救助　　救援}
3. こわれた機械(きかい)を＿＿＿＿＿して、＿＿＿＿＿する。
   {分断　　分類　　分割　　分解}{治療　　診療　　修正　　修理}
4. 新しいドラマを＿＿＿＿＿する予定だ。
   {制作　　作成　　創作　　創造}

＜第4課　クイズ＞

国＿＿＿＿＿＿＿＿氏名＿＿＿＿＿＿＿＿＿＿＿＿＿

Ⅰ． 次の下線のことばの読み方をひらがなで書きなさい。(5×2＝10)

1．漢字は線の一本一本まで正確に書かなければなりません。

2．物事をあまり深刻に考えないほうがいいですよ。

3．人間の自由と平等は、保障（ほしょう）されなければならない。

4．雨がますます激しくなってきた。

5．彼は確かに事実を知っている。

Ⅱ．（　　）に適当な漢字を書きなさい。(5×2＝12)

1．人間は、(　　　)(　　　)が一番大切だ。
　　　　　けん　　こう

2．この国は、石油が（　　　）（　　　）にある。
　　　　　　　　　　ほう　　　ふ

3．夏を(　　　)適に過ごすためにクーラーを買った。
　　　　かい　てき

Ⅲ．（　　）に適当な漢語を下から選んで入れなさい。(5×2＝10)

1．（　　　　）な理由がなければ、欠席できません。

2．ここは（　　　　）ですから、すぐ外へ出てください。

3．検査（けんさ）の結果、どこにも（　　　　）はありませんでした。

4．国際人はどんな時も（　　　　）な考え方ができる必要がある。

5．両親は（　　　　）ではなかったが、子どもには何でも買ってくれた。

薄弱	軟弱	貧弱	柔軟	危機	危険	保険	険悪
正常	正確	正当	正式	不常	無常	非常	異常
多幸	幸運	幸福	裕福				

<第5課　クイズ>

国＿＿＿＿＿＿＿＿氏名＿＿＿＿＿＿＿＿＿＿＿＿

Ⅰ. 次の下線のことばの読み方をひらがなで書きなさい。(5×2=10)

1. 自動車保険に加入しなければならない。

2. この国は天然資源(しげん)が豊富にある。

3. 机(つくえ)の上を整理してください。

4. 普通電車に乗って、ゆっくり旅行を楽しむ。

5. これは、この物質に固有の性質である。

Ⅱ. (　　)に適当な漢字を書きなさい。(5×2=10)

1. 父は 消(しょう)(　　ぼう　　)(　　しょ　　)に勤(つと)めている。

2. 東京の(　　こう　　)外(がい)に家を買った。

3. この写真からいろいろなことが(　　そう　　)(　　ぞう　　)できる。

Ⅲ. 正しい漢字を選びなさい。(10)

1. 大使館で政府の 高{a. 官　b. 管　c. 菅} に会った。
2. テレビで 野{a. 求　b. 球　c. 救} の試合を見るのが好きだ。
3. この店は来月でちょうど 一{a. 終　b. 週　c. 周} 年になる。
4. みんなの {a. 共　b. 強　c. 協} 力 がなければ、完成できなかった。
5. 海{a. 低　b. 底　c. 抵} 油田が発見された。
6. こわれた 機{a. 械　b. 解　c. 改} を修理した。
7. アパートの {a. 官　b. 管　c. 菅} 理人にかぎをもらう。
8. 試合に負けて、本当に 残{a. 然　b. 念　c. 年} だ。
9. イタリックの文字は、強{a. 張　b. 長　c. 調} する時に使う。
10. 本の貸し出し 期{a. 元　b. 限　c. 現} は、来週の土曜までだ。

＜第6課　クイズ＞

国＿＿＿＿＿＿＿＿＿氏名＿＿＿＿＿＿＿＿＿＿＿＿＿＿

Ⅰ. 次の下線のことばの読み方をひらがなで書きなさい。(10)

1. この国は進学率が高く、総人口の10％以上が大学に進む。
2. デパートの食堂は、この時間には満員だろう。
3. 最新型のカメラの横に、旧式のカメラがならんでいる。
4. 政治や軍事関係の諸問題を話し合う。
5. 特急券の金額を教えてください。

Ⅱ. (　　　) に適当な漢字を書きなさい。(5×2＝10)

1. (　　　)国の代表(　　　)が入場した。
   かっ　こく　だいひょう　だん
2. まどから新宿の(　　　)高層ビルが見える。
   ちょう　こうそう
3. (　　　)開の土地で、技(　　　)として働くことになった。
   み　かい　ぎ　し

Ⅲ. 正しい漢字を選びなさい。(5×2＝10)

1. この国に {a. 再　b. 最　c. 急} 入国する時は、ビザが必要だ。
2. 新幹線(しんかんせん)の運転 {a. 家　b. 士　c. 者} になりたい。
3. 首相の席を強硬 {a. 派　b. 軍　c. 群} の議員が取り囲んだ。
4. 経済成長 {a. 率　b. 値　c. 額} が下降している。
5. その鳥は、熱 {a. 界　b. 層　c. 帯} のジャングルに住んでいる。

＜第7課　クイズ＞

国＿＿＿＿＿＿＿＿氏名＿＿＿＿＿＿＿＿＿＿＿＿

Ⅰ. 次の下線のことばの読み方をひらがなで書きなさい。(5×2＝10)

1. 高価な家具だから、<u>乱暴</u>に動かしてはいけない。
2. 郵便を出す前に、送り先の住所を<u>確認</u>する。
3. 健康のためには、十分な<u>睡眠</u>をとることが大切だ。
4. コピーの<u>倍率</u>を86％にして、縮小する。
5. 医師の<u>指示</u>にしたがって養生(ようじょう)する。

Ⅱ. (　　　) に適当な漢字を書きなさい。(5×2＝10)

1. 秋になると、いろいろな木の実が(　　　)す。
じゅく
2. 祖国(そこく)を(　　　)する気持ちを歌にした。
あい
3. 研修期間中は、無断外泊を(　　　)じる。
きん
4. 先生のお名前は、よく(　　　)じております。
ぞん
5. 山下氏(し)を外務大臣(だいじん)に(　　　)じる。
にん

Ⅲ. 適当なものを選びなさい。(10)

1. 大雪のため、スリップ事故が {a. 多発　b. 併発　c. 乱発} している。
2. 東京の郊外に家を {a. 再建　b. 新築　c. 併設} する。
3. 団体旅行では、時間を {a. 厳禁　b. 厳守　c. 厳重} すること。
4. 宗教(しゅうきょう)の異なる民族が {a. 共生　b. 共立　c. 共存} する。
5. 睡眠薬を {a. 試用　b. 常用　c. 重用} すると危険だ。
6. 前回に引続き、田中氏が会長に {a. 改選　b. 厳選　c. 再選} された。
7. ニューヨーク市場で株価(かぶか)が {a. 暴落　b. 急降　c. 激変} した。
8. 家を増築するための費用を {a. 外観　b. 概算　c. 概要} してもらった。
9. 父は昨夜、入院先で {a. 永遠　b. 永生　c. 永眠} した。
10. 選手はクラブの {a. 愛用　b. 共用　c. 専用} コートで練習している。

＜第8課　クイズ＞

国＿＿＿＿＿＿＿＿氏名＿＿＿＿＿＿＿＿＿＿＿＿

Ⅰ. 次の下線のことばの読み方をひらがなで書きなさい。(10)

1. 川の水で子どもの汚れた手足を洗った。
2. コンピュータ占いに若い女性の人気が集まっている。
3. その男性は大きな花束(はなたば)を両手に抱えていた。
4. 地球に優しい商品の開発が盛んに行われている。
5. 現代人の食生活は、カルシウムが著しく不足している。
6. 彼は、頼まれると断れない性格だ。
7. 父の大切な絵をやぶって、怒られた。
8. 高速道路でスピード違反で捕まった。

Ⅱ. (　　　) に適当な漢字を書きなさい。(5×2=10)

1. 彼は実力はあるが、(　　　)神的な弱さがある。
   せい　しんてき
2. 列車(れっしゃ)の事故でおおぜいの死(　　　)者が出た。
   し　しょう　しゃ
3. 運転免許(めんきょ)の取得は、18(　　　)から認められている。
   さい
4. 国連で働きたいという(　　　)望がかなった。
   き　ぼう
5. 今回のアンケート調査(ちょうさ)の対(　　　)は、20代の女性である。
   たい　しょう

Ⅲ. 下線の漢字が [　　] と同じ読み方の語を選びなさい。(5×2=10)

1. [エキ]　a. 役員　b. 使役　c. 主役
2. [ジン]　a. 神社　b. 神父　c. 神様
3. [リキ]　a. 暴力　b. 実力　c. 力学
4. [コ]　a. 過去　b. 死去　c. 退去
5. [ソ]　a. 素顔　b. 素直　c. 簡素

＜第9課　クイズ＞

国＿＿＿＿＿＿＿＿氏名＿＿＿＿＿＿＿＿＿＿＿＿

Ⅰ．次の下線のことばの読み方をひらがなで書きなさい。(10)

1．<u>鼻</u>がかゆかったが、くしゃみをしないように<u>努力</u>した。

2．肉を柔らかく<u>煮る</u>ために、ハーブの<u>葉</u>を使う。

3．<u>基地</u>を去るとき、彼女が手を<u>振って</u>いたのが忘れられない。

4．うぐいすに<u>似た</u>鳥が木の上で<u>鳴いて</u>いる。

5．<u>手織り</u>のネクタイを５ダース、デパートに<u>納めた</u>。

Ⅱ．(　　　)に適当な漢字を書きなさい。(5×2＝10)

1．父はコンピュータの会社に(　　　)(　　　)している。
　　　　　　　　　　　　　　きん　　　む

2．このタンスは服がたくさん収(　　　)できる。
　　　　　　　　　　　　　しゅう　のう

3．この店は、ハンドバッグやベルトなどの(　　　)(　　　)製品を
あつかっている。　　　　　　　　　　　　ひ　　　かく

Ⅲ．正しいものを選びなさい。(10)

1．ピストルを {a. 打つ　b. 撃つ} 音が聞こえた。

2．母の日の {a. 送り物　b. 贈り物} を買った。

3．妹はピアノを {a. 引く　b. 弾く} のが上手だ。

4．外を見たら、雪が {a. 降って　b. 振って} いた。

5．米の中に石が {a. 混じって　b. 交じって} いる。

6．夏休みに富士山に {a. 上った　b. 昇った　c. 登った}。

7．上野でＪＲ線に乗り {a. 替えた　b. 代えた　c. 換えた}。

8．長さを {a. 量ったら　b. 測ったら　c. 図ったら}、1メートルあった。

9．その会社の {a. 本　b. 元　c. 基} 社長がなくなった。

10．あの人は学会の会長を {a. 努めた　b. 務めた　c. 勤めた} ことがある。

＜第10課　クイズ＞

国＿＿＿＿＿＿＿＿氏名＿＿＿＿＿＿＿＿＿＿＿＿

Ⅰ. 次の下線のことばの読み方をひらがなで書きなさい。(10)

1. 略式のあいさつで、申し訳ありません。
2. あの照明器具は、値段のわりによく見える。
3. 根本的な問題を解決しなければ、この町の発展はない。
4. 事故の原因について討議した結果を報告する。
5. 基礎的なことから学び始めたが、ずいぶん上達した。

Ⅱ. (　　　)に適当な漢字を書きなさい。(5×2=10)

1. 年の初めに社長の話を聞くのが（　かん　）（　れい　）になっている。
2. 本を(　じゅん　)(　じょ　)正しく並べた。
3. 知(ち)(　しき　)を増やすためにたくさん本を読む。

Ⅲ. 最も適当なものを選びなさい。(10)

1. 彼は {a. 意思　b. 意志　c. 意見} が強い。
2. 木村先生の {a. 講演　b. 講義　c. 演説} は休講になった。
3. 新しい商品が {a. 企画　b. 計算　c.計略 } されている。
4. ついに目標(もくひょう)を {a. 成功　b. 達成　c. 到達} した。
5. 彼女の日本語はどんどん {a. 進歩　b. 発達　c. 発展} した。
6. この説明は、{a. 根本的　b. 対照的　c. 比較的} わかりやすい。
7. 政治改革をテーマに {a. 議論会　b. 討論会　c. 論理会} が開かれた。
8. 宿題を忘れたことについて {a. 弁解　b. 申し訳　c. 理由} する。
9. 米の品種(ひんしゅ)を {a. 改革　b. 改良　c. 改正} して、おいしくする。
10. 私は毎朝２キロ歩く {a. 慣習　b. 習性　c. 習慣} がある。

＜解答＞

第1課

■ 基本練習 ■

Ⅰ.

1. 部首が「氵」(さんずい)　：j 濃，q 減
2. 音読みが「コウ」　：m 高，v 硬
3. ①イ形容詞　：f 苦しい／苦い，j 濃い，m 高い，p 難しい，u 軟らかい，v 硬い
   ②送りがなが「-い」の形容詞　：f 苦(にが)い，j 濃い，m 高い，v 硬い
4. 字形の中に「田」がある　：n 界
5. 官公庁の組織　：b 省，k 係
6. 音読みが「シュウ」　：c 州，t 習
7. 字形の中に「王」がある　：w 王，x 全
8. 部首が「欠」　：o 欠，u 軟
9. 国名　：e 独，r 印
10. ①イ形容詞　：**3.**①と同じ
    ②送りがなが「-しい」の形容詞　：f 苦しい，p 難しい
11. ①動詞　：b 省く，g 通る/通す/通う，i 教える，o 欠く，q 減る/減らす，s 乗る/乗せる，t 習う
    ②助詞「を」をとる動詞　：b 省く，f 苦しめる，g 通す，i 教える，m 高める，o 欠く，q 減らす，s 乗せる，t 習う
    ③送りがなが「-る」の動詞　：g 通る，q 減る，s 乗る
12. 体の部分　：d 首，y 目

Ⅱ.

1. 赤(あか)い　青(あお)い，黒(くろ)い，白(しろ)い，など
2. 兄(あに)　姉(あね)，妹(いもうと)，弟(おとうと)，など
3. 東口(ひがしぐち)　西口(にしぐち)，南口(みなみぐち)，北口(きたぐち)，中央口(ちゅうおうぐち)
4. 指(ゆび)　足(あし)，手(て)，頭(あたま)，首(くび)，など
5. 後(うし)ろ　前(まえ)，右(みぎ)，左(ひだり)，横(よこ)，など
6. 春(はる)　夏(なつ)，秋(あき)，冬(ふゆ)
7. 朝(あさ)　昼(ひる)，夜(よる)，夕方(ゆうがた)，夜中(よなか)
8. 暑(あつ)い　寒(さむ)い，涼(すず)しい，暖(あたた)かい
9. 仏(ふつ)　印(いん)，英(えい)，加(か)，韓(かん)，西(せい)，中(ちゅう)，独(どく)，日(にち)，露(ろ)，など
10. 厚(あつ)い　薄(うす)い，大(おお)きい，小(ちい)さい，重(おも)い，高(たか)い，など
11. 文部科学省(もんぶかがくしょう)　環境(かんきょう)省，厚生労働(こうせいろうどう)省，財務(ざいむ)省，総務(そうむ)省，法務(ほうむ)省，外務(がいむ)省，など⇨ P.27

12. 医者(いしゃ)　学者(がくしゃ)，新聞記者(しんぶんきしゃ)，小説家(しょうせつか)／作家(さっか)，政治家(せいじか)，音楽家(おんがくか)，画家(がか)，歌手(かしゅ)，運転手(うんてんしゅ)，スポーツ選手(せんしゅ)，会社員(かいしゃいん)，銀行員(ぎんこういん)，教師(きょうし)，看護師(かんごし)，など
13. 農業(のうぎょう)　工業(こうぎょう)，商業(しょうぎょう)，漁業(ぎょぎょう)，林業(りんぎょう)，など
14. 交通費(こうつうひ)　食(しょく)費，教育(きょういく)費，住居(じゅうきょ)費，交際(こうさい)費，光熱(こうねつ)費，衣料(いりょう)費，など
15. 映画館(えいがかん)　図書館(としょかん)，美術館(びじゅつかん)，水族館(すいぞくかん)，食堂(しょくどう)，喫茶店(きっさてん)，教室(きょうしつ)，など
16. 首(くび)　頭(あたま)，手(て)，足(あし)，指(ゆび)，歯(は)，目(め)，耳(みみ)，腹(はら)，胃(い)，腰(こし)，など⇨P.74

■ 応用練習 ■

Ⅰ.
1. a 会議，b 仕事，e 勉強，f 電話：継続的な動作(continuous action)を表す VN
2. c 西，d 仏，e 独，f 英：国や言語を表す
3. b 曲がって，c 通って，d 渡って，e 歩いて：通過点の「を」をとる動詞
4. a 熱すぎて，b 濃すぎて，d 薄すぎて：お茶の性質に使える形容詞
5. b 頭，d 体，e 首，f 歯：「～が痛い」と言える体の部分
6. c 教育，e 経済，f 歴史：大学で勉強する科目(subjects)
7. a 放送局，c 新聞社，d 外務省，e 国税庁：仕事をする場所
8. a 読書，d 料理，e 旅行，f 運動：趣味(hobby)になること
9. a 山口県，b 北海道，d 京都府，e テキサス州：地名および地方名
10. c 首相，d 大統領，e 元首，f 国王：国の上に立つ人（＊「国長」「国首」ということばはない。）

Ⅱ.
1. ① 省(しょう)　2. ② 府(ふ)，③ 府(ふ)
3. ④ 世(せい)，⑤ 王(おう)，⑥ 世(せい)，⑦ 王(おう)
4. ⑧ ～ ⑮ 県(けん)　5. ⑯ 庁(ちょう)
6. ⑰ 界(かい)，⑱ 界(かい)　7. ⑲ 局(きょく)，⑳ 郵(ゆう)
8. ㉑ 欧(おう)　9. ㉒ 薄(うす)くて，㉓ 濃(こ)く　＊㉒,㉓は反対でもよい。
10. ㉔ 世(せ)，㉕ 界(かい)，㉖ 貧(まず)しい　＊㉔,㉕は「日」「本」でもよい。
11. ㉗ 浅(あさ)い，㉘ 硬(かた)く／赤(あか)く
12. ㉙ 局(きょく)，㉚ 庁(ちょう)，㉛ ～ ㊷ 省(しょう)，㊸ ～ ㊻ 庁(ちょう)

第2課

■ 基本練習 ■

I.

1.	不便（ふべん）	NA	⟺	便利（べんり）	NA
2.	最高（さいこう）	N	⟺	最低（さいてい）	N
3.	出発（しゅっぱつ）	VN	⟺	到着（とうちゃく）	VN
4.	有料（ゆうりょう）	N	⟺	無料（むりょう）	N
5.	戦前（せんぜん）	N	⟺	戦後（せんご）	N
6.	短所（たんしょ）	N	⟺	長所（ちょうしょ）	N
7.	増加（ぞうか）	VN	⟺	減少（げんしょう）	VN
8.	女性（じょせい）	N	⟺	男性（だんせい）	N
9.	国際（こくさい）	N	⟺	国内（こくない）	N
10.	退院（たいいん）	VN	⟺	入院（にゅういん）	VN
11.	親切（しんせつ）	NA	⟺	不親切（ふしんせつ）	NA
12.	低温（ていおん）	N	⟺	高温（こうおん）	N
13.	出国（しゅっこく）	VN	⟺	入国（にゅうこく）	VN
14.	長期（ちょうき）	N	⟺	短期（たんき）	N

II.

1.	可能（かのう）	NA	⟺	不可能（ふかのう）	NA
2.	高気圧（こうきあつ）	N	⟺	低気圧（ていきあつ）	N
3.	有効（ゆうこう）	NA	⟺	無効（むこう）	NA
4.	多量（たりょう）	N	⟺	少量（しょうりょう）	N
5.	収入（しゅうにゅう）	N	⟺	支出（ししゅつ）	N
6.	終了（しゅうりょう）	VN	⟺	開始（かいし）	VN
7.	参加（さんか）	VN	⟺	不参加（ふさんか）	VN
8.	無能（むのう）	NA	⟺	有能（ゆうのう）	NA
9.	失敗（しっぱい）	VN	⟺	成功（せいこう）	VN
10.	簡単（かんたん）	NA	⟺	複雑（ふくざつ），難解（なんかい）	NA
11.	外部（がいぶ）	N	⟺	内部（ないぶ）	N
12.	縮小（しゅくしょう）	VN	⟺	拡大（かくだい）	VN
13.	敗北（はいぼく）	VN	⟺	勝利（しょうり）	VN
14.	下層（かそう）	N	⟺	上層（じょうそう），上流（じょうりゅう）	N

■ 応用練習 ■

I.

1.	上昇（じょうしょう）	VN	going up	上	
	⇕		⇕	⇕	名詞
	下降（かこう）	VN	going down	下	
2.	収入（しゅうにゅう）	N	income	入（入る）	
	⇕		⇕	⇕	動詞
	支出（ししゅつ）	N	expenses	出（出る）	

3.	屋内（おくない）	N	indoor	内	
	↕		↕	↕	名詞
	屋外（おくがい）	N	outdoor	外	
4.	最良（さいりょう）	N	the best	良（良い）	
	↕		↕	↕	形容詞
	最悪（さいあく）	N	the worst	悪（悪い）	
5.	単純（たんじゅん）	N A	simple	単	
	↕		↕	↕	その他
	複雑（ふくざつ）	N A	complex	複	
6.	可能（かのう）	N A	possible	ϕ	否定(ひてい)の
	↕		↕	↕	接辞(せつじ)
	不可能（ふかのう）	N A	impossible	不	
7.	少数（しょうすう）	N	a minority	少（少ない）	
	↕		↕	↕	形容詞
	多数（たすう）	N	a majority	多（多い）	
8.	開会（かいかい）	V N	opening	開（開ける）	
	↕		↕	↕	動詞
	閉会（へいかい）	V N	closing	閉（閉める）	
9.	成功（せいこう）	V N	success		
	↕		↕		その他
	失敗（しっぱい）	V N	failure		
10.	拡大（かくだい）	V N	enlargement	大（大きい）	
	↕		↕	↕	形容詞
	縮小（しゅくしょう）	V N	reduction	小（小さい）	

Ⅱ.
1. 有名（ゆうめい），　無名（むめい）
2. 収入（しゅうにゅう），　支出（ししゅつ）
3. 戦後（せんご），　戦前（せんぜん）
4. 複雑（ふくざつ），　単純（たんじゅん）
5. 輸入（ゆにゅう），　拡大（かくだい），
   輸出（ゆしゅつ），　縮小（しゅくしょう）
6. 上昇（じょうしょう），　下落（げらく）
7. 賛成（さんせい），　反対（はんたい）
8. 薄弱（はくじゃく），　強硬（きょうこう）
9. 失敗（しっぱい），　成功（せいこう）
10. 勝負（しょうぶ），　勝利者（しょうりしゃ），
    敗北者（はいぼくしゃ）
11. 上層（じょうそう）／上流（じょうりゅう），
    下層（かそう）　＊「下流階級」ということばはない。

Ⅲ.

1.	収	収入(しゅうにゅう)	N	income
		収集(しゅうしゅう)	VN	collection
		収支(しゅうし)	N	revenue and expenditure
2.	参	参考(さんこう)	N	reference
		参加(さんか)	VN	participation
		参戦(さんせん)	VN	to enter a war
3.	層	上層(じょうそう)	N	upper classes
		地層(ちそう)	N	geological stratum
		下層(かそう)	N	lower classes
4.	能	知能(ちのう)	N	intelligence
		可能(かのう)	NA	possible
		有能(ゆうのう)	NA	able, competent
5.	量	熱量(ねつりょう)	N	calorific value
		重量(じゅうりょう)	N	weight
		少量(しょうりょう)	N	small quantity
6.	輸	輸入(ゆにゅう)	VN	import
		輸送(ゆそう)	VN	transport
		輸出(ゆしゅつ)	VN	export
7.	純	純情(じゅんじょう)	NA	pure-hearted
		純金(じゅんきん)	N	pure gold
		純度(じゅんど)	N	purity
8.	複	複雑(ふくざつ)	NA	complicated
		複数(ふくすう)	N	plurality
		複写(ふくしゃ)	VN	reproduction, copy
9.	戦	冷戦(れいせん)	N	cold war
		内戦(ないせん)	N	civil war
		作戦(さくせん)	N	tactics
10.	勝	決勝(けっしょう)	N	final game
		快勝(かいしょう)	VN	easily gained victory
		優勝(ゆうしょう)	VN	to be a champion

第3課

■ 基本練習 ■

Ⅰ. A) 1. 領土を　分割(ぶんかつ)する
2. 図書を　分類(ぶんるい)する
3. 仕事を　分担(ぶんたん)する
4. 学用品を　分配(ぶんぱい)する

B） 1． 規則を　改正(かいせい)する
2． 虫歯を　治療(ちりょう)する
3． 間違いを　訂正(ていせい)する
4． 三輪車を　修理(しゅうり)する

C） 1． 学校を　退学(たいがく)する
2． 会社を　退職(たいしょく)する
3． 運動会を　中止(ちゅうし)する
4． 営業を　停止(ていし)する

D） 1． 川でおぼれた人を　救助(きゅうじょ)する
2． 人々を経済的に　援助(えんじょ)する
3． 災害にあって困っている人を　救援(きゅうえん)する
4． 考えに賛同して活動を　支援(しえん)する

Ⅱ． 1． 国会議員［を］選ぶこと／出すこと
2． 気候［が］変わること
3． 物価［が］変わること／動くこと
4． 進学率［が］低くなること／下がること
5． 人材［を］育てること
6． テレビドラマ［を］作ること
7． 憲法［を］改(あらた)める／かえる／なおす動き
8． ガン［を］治(なお)す機械
9． 難民［を］救(すく)う／たすける活動
10． テレビ［に］出るという知らせ

Ⅲ． 1． a 変動(へんどう) →変わる＋動く ＝変わって動く
2． d 変色(へんしょく)→変わる＋色 ＝色が変わる
3． c 分類(ぶんるい) →分ける＋類 ＝類に分ける
4． a 救助(きゅうじょ)→救(すく)う＋助(たす)ける ＝救って助ける
5． b 退職(たいしょく)→退(しりぞ)く ＋職 ＝職を退く
6． a 改正(かいせい) →改(あらた)める＋正す ＝改めて正す
7． d 延期(えんき) →延(の)ばす＋時期 ＝時期を延ばす
8． d 消火(しょうか) →消(け)す＋火 ＝火を消す

■ 応用練習 ■

Ⅰ． 1． テレビドラマを　制作（せいさく）する
2． 書類を　作成（さくせい）する
3． ユートピアを　創造（そうぞう）する
4． コンピュータを　製造（せいぞう）する
5． おぼれた人を　救助（きゅうじょ）する

6. 学費を　援助（えんじょ）する
7. 閉じ込められた人々を　救出（きゅうしゅつ）する
8. エイズを　治療（ちりょう）する
9. 法律を　改正（かいせい）する
10. 間違った字を　訂正（ていせい）する
11. 試合が　延長（えんちょう）する
12. 会議を　延期（えんき）する
13. 会社を　辞職（じしょく）する　＊「止職」ということばはない。
14. 費用を　分担（ぶんたん）する
15. 機械を　分解（ぶんかい）する
16. 敵を　分断（ぶんだん）する

Ⅱ.
1. 救急車　2. 改札口　3. 訂正する
4. 担当　5. 治療代　6. 退職する
7. 応援する　8. 助手　9. 変更する
10. 停滞する　11. 制度，改革する　12. 製造する
13. 養育費　14. 改訂版　15. 延期する
16. 分解する　17. 断定する　18. 退学する
19. 制作中　20. 救助する　21. 停止信号
22. 造語力　23. 分配する　24. 延長，続いた
25. 修正液

● コラム3 ●　【問題】p.60

1. 組み立て（くみたて）　2. 割り引き（わりびき）　3. 立ち入り（たちいり）　4. 売り上げ（うりあげ）　5. 書き留め（かきとめ）
6. 押し売り（おしうり）　7. 編み物（あみもの）　8. 封切り（ふうきり）　9. 梅干し（うめぼし）　10. 田植え（たうえ）
11. 飛び込み台（とびこみだい）　12. 差し出し人（さしだしにん）

第4課

■ 基本練習 ■

Ⅰ.
1. 高価な　5. 冷静に　9. 温厚な　13. 貴重な
2. 安全　6. 重要な　10. 深刻に　14. 危険
3. 困難な　7. 多様な　11. 快適な　15. 平等に
4. 急激な　8. 貧乏　12. 正確な　16. 強硬な

Ⅱ. A：1. 健康な → 体の状態がいいようす
2. 幸福な → しあわせなようす
3. 平等な → みんなが同じであるようす
4. 快適な → 気持ちがいいようす
5. 豊富な → たくさんあって、ゆたかなようす
6. 柔軟な → やわらかくて、しなやかなようす
7. 確実な → たしかで、間違いがないようす
8. 正常な → いつもと同じで、ただしいようす
9. 濃厚な → 色や味などがこいようす

B：1. 過激な → 考えや行動がはげしすぎるようす
2. 貧弱な → みすぼらしくて、見かけが悪いようす
3. 異常な → いつもと違って、おかしいようす
4. 危険な → あぶないようす
5. 深刻な → 重大で、ふかく考えるようす
6. 強硬な → やり方がつよすぎるようす

■ 応用練習 ■

Ⅰ. 1. ⟺ 複雑(ふくざつ)な
2. ⟺ 無力(むりょく)な
3. ⟺ 不運(ふうん)な
4. ⟺ 裕福(ゆうふく)な
5. ⟺ 異常(いじょう)な
6. ⟺ 不自由(ふじゆう)な
7. ⟺ 危険(きけん)な
8. ⟺ 不平等(ふびょうどう)な
9. ⟺ 不必要(ふひつよう)な, 不要(ふよう)な
10. ⟺ 不正確(ふせいかく)な
11. ⟺ 不利(ふり)な
12. ⟺ 不完全(ふかんぜん)な
13. ⟺ 不可能(ふかのう)な
14. ⟺ 健康(けんこう)な, 丈夫(じょうぶ)な
15. ⟺ 不快(ふかい)な
16. ⟺ 強硬(きょうこう)な

Ⅱ. 1. 高価(こうか)なプレゼント
2. 急激(きゅうげき)な変化
3. 危険(きけん)だ
4. 冷静(れいせい)だ
5. 正確(せいかく)だ
6. 温厚(おんこう)な田中さん
7. 貴重(きちょう)な体験
8. 裕福(ゆうふく)だ
9. 健全(けんぜん)な育成
10. 豊富(ほうふ)な水
11. 異常(いじょう)がない
12. 均等(きんとう)に与える
13. 軽快(けいかい)な足どり
14. 貧乏(びんぼう)だ
15. 強硬(きょうこう)に持ち込む
16. 健康(けんこう)のために
17. 貴重(きちょう)な動物

Ⅲ. 1. 正確(せいかく)なこと
2. 正常(せいじょう)に作動する,
異常(いじょう)な／危険(きけん)な
3. 幸運(こううん)にも
4. 豊富(ほうふ)な水
5. 柔軟(じゅうなん)に／冷静(れいせい)に対応できる
6. 健全(けんぜん)な精神, 健康(けんこう)な身体
7. 平等(びょうどう)な権利
8. 急激(きゅうげき)に進む／非常(ひじょう)に進む
9. 深刻(しんこく)に考える
10. 悪質(あくしつ)な／危険(きけん)な／異常(いじょう)な犯罪

Ⅳ. a. 深刻(しんこく)な／大変(たいへん)な社会問題
b. 便利(べんり)でぜいたくな消費生活
c. 異常(いじょう)な／大変(たいへん)な事態
d. 不可能(ふかのう)になる
e. 自分勝手(じぶんかって)な論理
f. 貴重(きちょう)な／大切(たいせつ)な資源
g. 必要(ひつよう)がある
h. 必要(ひつよう)なもの
i. 大切(たいせつ)に／上手(じょうず)に使う
j. 可能(かのう)性

第5課

■ 基本練習 ■

Ⅰ. 1. a 化学(かがく)
2. b 一階(いっかい)
3. a 関心(かんしん)
4. b 家事(かじ)
5. b 国歌(こっか)
6. a 洋式(ようしき)
7. b 個人(こじん)
8. b 開店(かいてん)
9. b 私用(しよう)
10. a 期間(きかん)
11. b 両親(りょうしん)
12. a 東部(とうぶ)
13. a 伝記(でんき)
14. a 高価(こうか)
15. a 向上(こうじょう)
16. b 想像(そうぞう)
17. b 期限(きげん)
18. a 保健(ほけん)
19. a 強力(きょうりょく)
20. a 整形(せいけい)

Ⅱ. 1. a 使用料　＊「使用料」は料金、「使用量」は使った量(りょう)。
2. b 自動販売機　＊「器」は入れ物、道具なので「販売器」はない。
3. a 英米文学研究科　＊「課」は事務職(じむしょく)で使われる。
4. b 消防署　＊「消防署」「警察署」「税務署」は「署」を使う。
5. a 自動車保険　＊「保健」は体の健康を保(たも)つこと。
6. a 固体　＊「液体」「気体」と同じ、物体の状態(じょうたい)を表す。「個体」はひとつの独立した生物体。
7. b 郊外　＊「効外」という語はない。
8. b 農業協同組合　＊いっしょに仕事をするcooperative societyの意味では「協同組合」を使う。いっしょに研究する場合は「共同研究」。
9. b 不通　＊「普通電車」は、各駅に停車(ていしゃ)する電車。
10. b 休場　＊「球場」は野球のグラウンド。
11. b 機会　＊「機械」はmachineの意味。
12. b 周囲　＊「週囲」という語はない。
13. a 最低　＊「最底」という語はない。
14. b 専門　＊「専問」という語はない。
b 動物生理学　＊「整理」は、片づけること。
15. b 水道管　＊「水道官」という語はない。
16. a 天然　＊「天念」という語はない。
17. b 日記　＊「日紀」「日起」という語はない。
18. b 主張　＊「主長」という語はない。
19. a 整理　＊「製理」「制理」という語はない。
20. c 忘年会　＊「防年会」「忙年会」という語はない。

■ 応用練習 ■

Ⅰ. 1. a 機会(きかい)がない
2. a 一周(いっしゅう)する
3. a 改訂(かいてい)する
4. b 整理(せいり)する
5. a 不通(ふつう)となる
6. a 協力(きょうりょく)が必要だ
7. a 保険(ほけん)に加入する
8. a 固体(こたい)になる
9. b 消化(しょうか)がいい
10. b 気管(きかん)に入る
11. b 改定(かいてい)する
12. a 生理(せいり)的に
13. a 様々な器官(きかん)
14. b 普通(ふつう)列車
15. c 海底(かいてい)油田
16. a 機器(きき)が使われる
17. a 個人(こじん)の自由
18. b 保健(ほけん)所
19. b 球場(きゅうじょう)へ行く
20. b 教会(きょうかい)に行く
21. b 創造(そうぞう)性
22. b 協調(きょうちょう)性
23. a 紀元(きげん)前3000年
24. b 公害(こうがい)研究所

Ⅱ. 1. b 開会式(かいかいしき)
2. a 方法(ほうほう)
3. a 午後(ごご)
4. a 高校(こうこう)
5. a 売買(ばいばい)
6. a 全然(ぜんぜん)
7. a 収集(しゅうしゅう)
8. b 救急(きゅうきゅう)
9. a 町長(ちょうちょう)
10. a 危機(きき)
11. b 機器(きき)

Ⅲ. 1. 都心ばかりでなく、郊外でも公害問題が起こってきている。
しかし、この町で起こっていることはまだ口外しないでほしい。
2. 政府の高官と意見を交換して、彼に好感を持った。
3. 貿易収支は、終始赤字だった。
4. その用紙にほしい本の書名を書いて、署名してください。
5. 強力な味方の協力を得て、仕事がうまくいった。
6. 彼は生前一人暮らしだったが、部屋は整然と片づいていた。
7. 数学の演習で、円周の長さを求めた。
8. 新聞社に「貴社の記者が汽車で帰社した。」という知らせが届いた。

課題

Ⅰ. この解答は、あくまでもひとつの例です。

生命 保険のパンフレットを見て、驚いた。保険といえば、
(姓名 保健
声明) (視て
診て
観て
看て)

昔は生命 保険や火災 保険など単純なものしかなかったが、現代では、保険
家裁 原題

商品がずいぶん多様になった。いろいろな事故や災害に備えた 損害 保険や
(賞品 (多用 自己 供えた
小品) 他用)

傷害 保険、自動車 保険や海外 旅行 保険などのほかに、釣り 保険、スキー保険、
(生涯 吊り
障害
渉外)

ゴルフ保険まである。なんとペットの保険もあると聞き、笑ってしまった。
（機器／危機）

つくづく危険な 時代に生きているのだと感じた。
（棄権／気圏）（次代／地代）活きて

復習1

Ⅱ.

1.	農園	遠足		：[袁]（エン　）
2.	結果	課題		：[果]（カ　）
3.	正義	議会		：[義]（ギ　）
4.	経済	軽減		：[圣]（ケイ　）
5.	試験	危険		：[㑒]（ケン　）
6.	変更	強硬		：[更]（コウ　）
7.	都市	姉妹		：[市]（シ　）
8.	先週	周囲		：[周]（シュウ）
9.	少数	文部省		：[少]（ショウ）
10.	生活	性格		：[生]（セイ　）
11.	制度	製造		：[制]（セイ　）
12.	先生	洗面		：[先]（セン　）
13.	相談	想像		：[相]（ソウ　）
14.	通学	頭痛		：[甬]（ツウ　）
15.	海底	低下		：[氐]（テイ　）
16.	点数	売店		：[占]（テン　）
17.	農業	濃度		：[農]（ノウ　）
18.	白鳥	拍手		：[白]（ハク　）
19.	付近	政府		：[付]（フ　）
20.	多忙	忘年会		：[亡]（ボウ　）
21.	文化	生花	貨物	：[化]（カ　）
22.	可能	出荷	歌手	：[可]（カ　）
23.	旅館	管理	器官	：[官]（カン　）
24.	野球	要求	救助	：[求]（キュウ）
25.	個人	固体	湖水	：[古]（コ　）
26.	効果	郊外	学校	：[交]（コウ　）
27.	寺院	時間	持続	：[寺]（ジ　）
28.	改正	政治	整理	：[正]（セイ　）
29.	晴天	冷静	青年	：[青]（セイ　）
30.	官庁	町長	2丁目	：[丁]（チョウ）
31.	社長	出張	手帳	：[長]（チョウ）

32. 反対　夕飯　販売　：[反]（ハン　）
33. 方面　訪問　放送　：[方]（ホウ　）
34. 洋式　様子　養成　：[羊]（ヨウ　）

Ⅲ. 1. 中央（ちゅうおう）：英語（　えいご　）　映画（　えいが　）
2. 自己（　じ　こ　）：日記（　にっき　）　紀元（　きげん　）
3. 医者（　いしゃ　）：暑中（しょちゅう）　部署（　ぶしょ　）
4. 方面（ほうめん）：予防（　よぼう　）　妨害（ぼうがい）
5. 時間（　じかん　）：期待（　きたい　）　特別（とくべつ）

■ 応用練習 ■

Ⅰ.

	反	生	白	青	㑒	寺	意　味
木	板		柏		検		木　tree
日		星		晴		時	日　sun
氵			泊	清			水　water
亻	*仮		伯		倹	侍	人　man
阝	阪				険		がけ　cliff
言				請		*詩	言う　to say
扌			拍			持	手　hand
忄		性		*情			心　heart
飠	飯						食べる　to eat
土	坂						土　earth
読み	ハン	セイ	ハク	セイ	ケン	ジ	
	*カ			*ジョウ		*シ	

Ⅱ. 1. 紅茶（こうちゃ）　工：コウ
2. 半径（はんけい）　圣：ケイ
3. 犠牲（ぎせい）　義：ギ／生：セイ
4. 倹約（けんやく）　㑒：ケン
5. 星座（せいざ）　生：セイ
6. 意志（いし）　士：シ
7. 精力（せいりょく）　青：セイ
8. 水滴（すいてき）　啇：テキ
9. 舶来（はくらい）　白：ハク
10. 判断（はんだん）　半：ハン

■ 復習練習 ■

I. 1. ゆにゅうを減らしてゆしゅつをかくだいすれば、貿易(ぼうえき)しゅうしは黒字になる。

2. せかいの国々が仕事をぶんたんし、互(たが)いにたすけあい、きょうりょくし合えば、どんなふくざつなこくさい問題もかいけつするだろう。

3. 工場できかいやせいひんをせいぞうしたりかんりしたりしゅうりしたりするロボットがいるのだから、そのうち病院で人間の体のきかんを検査(けんさ)してけんこうを管理したり、ちりょうしたりするロボットもできるかもしれない。

4. もんぶかがくしょうの下にはぶんかちょう、のうりんすいさんしょうの下にはりんやちょうとすいさんちょう、こくどこうつうしょうの下には気象(きしょう)庁、かいじょうほあんちょうなどがある。では、しょうぼうちょう、しょうぼうしょは何省の下にあるか。

5. 都心からかいそく電車で50分、ふつう電車なら１時間10分かかるこうがいに家を買った。しょくばからは少し遠いが、しぜんにめぐまれたかいてきな住まいだ。

6. いじょう気象が続いて、ちきゅうのへいきん気温が毎年１度ずつじょうしょうしたらどうなるか、そうぞうできるだろうか。地球の温暖化はひじょうにしんこくな問題なのである。

7. びんぼうな家に生まれた子どもも、ゆうふくな家に生まれた子どもも、びょうどうに教育を受けることができ、だれにでもせいこうするかのうせいがある社会が私のりそうだ。

8. きけんやしっぱいをおそれずに行動し、エネルギッシュでそうぞうりょくがあり、しかも考え方がじゅうなんな人間をようせいしたい。

9. ていきあつがたりょうのはげしい雨を降らせたため、やきゅうの試合はあすにえんきになった。おうえんしているチームがかつかまけるか、しょうぶはやってみなければわからない。

10. しゅういの国々への経済えんじょにもっと予算(よさん)を使うべきだ。

11. しゅしょうは、自国民をきゅうしゅつするために、そのせんそうにさんかすることをきょうこうにしゅちょうした。

12. 仕事のしゅうりょうきげんが近づいてきたので、予定をへんこうして、たまっている資料のせいりにとりかかった。

13. せいかくにはわからないが、きげんぜん10せいきごろ、この古代国家はかいていに沈(しず)んでしまったらしい。このちそうからその時代のおうに関するきちょうな資料が発見された。

14. オペラのこうえんは、ひじょうベルの音で一時ちゅうだんされたが、かかりいんがいじょうのないことをたしかめた上で、続けられた。

15. 以前に口頭でていせいをお願いしたが、今度あらためて文書で通知した。

Ⅱ.
1. 印
2. 比
3. 中
4. 英
5. 仏
6. 独
7. 西
8. 米
9. 加
10. 欧（州）
11. 伊
12. 蘭
13. 露
14. 韓
15. 豪
16. 亜

Ⅲ.
1. ⟷ 浅(あさ)い
2. ⟷ 厚(あつ)い
3. ⟷ 濃(こ)い
4. ⟷ 豊(ゆた)かな, 豊富(ほうふ)な
5. ⟷ 硬(かた)い, 固(かた)い
6. ⟷ 上昇(じょうしょう)する
7. ⟷ 失敗(しっぱい)する
8. ⟷ 延長(えんちょう)する
9. ⟷ 縮小(しゅくしょう)する
10. ⟷ 停車(ていしゃ)する
11. ⟷ 自然(しぜん)
12. ⟷ 無限(むげん)
13. ⟷ 戦争(せんそう)
14. ⟷ 支出(ししゅつ)
15. ⟷ 異常(いじょう)な
16. ⟷ 危険(きけん)な
17. ⟷ 幸福(こうふく)な
18. ⟷ 快(こころよ)い, 快適(かいてき)な
19. ⟷ 単純(たんじゅん)な, 簡単(かんたん)な
20. ⟷ 強固(きょうこ)な, 強硬(きょうこう)な

第6課

■ 基本練習 ■

I. 1. 最新＋型＝最新の／最(もっと)も新しい　型
2. 住民＋税＝住民がはらう税金
3. 調理＋師＝調理を仕事としている人
4. 総＋生産＝総(すべ)ての生産
5. 青年＋団＝青年の団体
6. 各＋方面＝各々(おのおの)の方面
7. 経済＋界＝経済活動の世界
8. 再＋開発＝再(ふたた)び開発すること
9. 超＋高速＝他を超(こ)えて高速であること
10. 未＋公開＝まだ公開していないこと

II. 1. 急に発進すること
2. 指定された席
3. 世界の歴史
4. 再び／もう一度　試験すること
5. 入場するための券
6. まだ使用していないこと
7. いろいろな問題
8. 参加しないこと
9. 国際連合の軍隊(ぐんたい)
10. 成長した比率(ひりつ)／割合
11. 正確でないこと
12. 各々の分野
13. 平均の値(あたい)
14. 性能が高いこと
15. 支出した金額
16. 農民の階層
17. 古い体制
18. 音楽のための会堂／建物
19. 火山のある地帯
20. 強硬に立場／主義を主張する人々の派(は)

III. A. 1. 各(かく)都道府県(とどうふけん)
2. 出生(しゅっしょう)率(りつ)
3. 国会議事(こっかいぎじ)堂(どう), 過激(かげき)派(は)
4. 最新(さいしん)型(がた), 急(きゅう)上昇(じょうしょう)
5. 応援(おうえん)団(だん)
6. 国連(こくれん)軍(ぐん)
7. 消費(しょうひ)税(ぜい)
8. 時間(じかん)帯(たい)

B. 9. 前売(まえうり)券(けん)
10. 再(さい)利用(りよう), 主婦(しゅふ)層(そう)
11. 総(そう)辞職(じしょく)
12. 未(み)完成(かんせい)
13. 経済(けいざい)界(かい)
14. 超(ちょう)能力(のうりょく), 超(ちょう)自然(しぜん), 非(ひ)科学的(かがくてき)

Ⅳ. 1. 科学者(かがくしゃ)
2. 運転手(うんてんしゅ)／運転士(うんてんし)＊正式の職名としては「運転士」。
3. 事務員(じむいん)／事務官(じむかん)＊国家公務員(こっかこうむいん)の場合は「事務官」。
4. 調理士／調理師(ちょうりし)＊一般には「コック」も使われる。
5. 銀行員(ぎんこういん)／銀行家(ぎんこうか)＊銀行で働いている人は「銀行員」、銀行の持ち主は「銀行家」という。
6. 音楽家(おんがくか)
7. 警察官(けいさつかん)
8. 製造業(せいぞうぎょう)／製造者(せいぞうしゃ)＊業種(ぎょうしゅ)としては「製造業」、製造を担当する人や会社は「製造者」という。
9. 写真屋(しゃしんや)／写真家(しゃしんか)＊ふつうの人の記念写真をとったり、人がとった写真を現像したりする仕事の人を「写真屋」、芸術的(げいじゅつてき)な写真をとる人を「写真家」という。
10. 会計士(かいけいし)
11. 管理人(かんりにん)／管理者(かんりしゃ)＊アパートやマンションなどの管理の仕事をしている人を「管理人」、物や場所を管理する責任者(せきにんしゃ)を「管理者」という。
12. 美容師(びようし)
13. 労働者(ろうどうしゃ)
14. 政治家(せいじか)＊お金のために政治をする人を軽蔑(けいべつ)の意味をこめて、「政治屋」と呼ぶこともある。
15. 飛行士(ひこうし)＊「宇宙飛行士(うちゅうひこうし astronaut)」の意味で使われることが多い。飛行機の「パイロット」のことは「操縦士(そうじゅうし)」という。熱気球(ねつききゅう)などで空を飛ぶ趣味(しゅみ)のある人を「飛行家」と呼ぶこともある。

■ 応用練習 ■

Ⅰ. 1. □□所： 研究所(けんきゅうじょ) 事務所(じむしょ)
停留所(ていりゅうじょ) 保健所(ほけんじょ)
発電所(はつでんじょ／しょ) 案内所(あんないじょ／しょ)
＊保育所（ほいくしょ）も可。
2. □□場： 運動場(うんどうじょう) 競技場(きょうぎじょう)
駐車場(ちゅうしゃじょう) 野球場(やきゅうじょう)
＊実験場(じっけんじょう)も可。
3. □□地： 中心地(ちゅうしんち) 住宅地(じゅうたくち)
遊園地(ゆうえんち) 市街地(しがいち)
行楽地(こうらくち)
4. □□省： 外務省(がいむしょう) 法務省(ほうむしょう)
財務省(ざいむしょう) 総務省(そうむしょう)
環境省(かんきょうしょう)

5. □□館： 図書館(としょかん)　博物館(はくぶつかん)
映画館(えいがかん)　水族館(すいぞくかん)
大使館(たいしかん)　体育館(たいいくかん)
＊資料館（しりょうかん)も可。

6. □□院： 美容院(びよういん)　少年院(しょうねんいん)
大学院(だいがくいん)　修道院(しゅうどういん)
参議院(さんぎいん)

7. □□署： 警察署(けいさつしょ)　税務署(ぜいむしょ)
消防署(しょうぼうしょ)

8. □□庁： 文化庁(ぶんかちょう)　気象庁(きしょうちょう)
国税庁(こくぜいちょう)　金融庁(きんゆうちょう)
水産庁(すいさんちょう)　＊消防庁(しょうぼうちょう)も可。

9. □□園： 動物園(どうぶつえん)　保育園(ほいくえん)
植物園(しょくぶつえん)　幼稚園(ようちえん)

10. □□室： 研究室(けんきゅうしつ)　美容室(びようしつ)
保健室(ほけんしつ)　実験室(じっけんしつ)
資料室（しりょうしつ)　＊学校などで「図書室」「事務室」も可。

Ⅱ. A：
1. 総(そう)生産(せいさん)
2. 各(かく)／全(ぜん)教師(きょうし)
3. 諸(しょ)／全(ぜん)／各(かく)／新(しん)問題
4. 非(ひ)課税(かぜい)
5. 無(む)関係(かんけい)
6. 未(み)／新(しん)開発(かいはつ)
7. 総(そう)選挙(せんきょ)
8. 旧(きゅう)正月(しょうがつ)＝旧暦(きゅうれき)の正月
9. 未(み)完成(かんせい)
10. 不(ふ)健康(けんこう)
11. 不(ふ)景気(けいき)
12. 諸(しょ)事情(じじょう)
13. 非(ひ)生産的(せいさんてき)
14. 新(しん)／全(ぜん)／各(かく)製品(せいひん)
15. 全(ぜん)／総(そう)人口(じんこう)

B：
1. 超(ちょう)満員(まんいん)
2. 好(こう)都合(つごう)
3. 最(さい)重要(じゅうよう)
4. 再(さい)出発(しゅっぱつ)
5. 超(ちょう)音波(おんぱ)
6. 再(さい)軍備(ぐんび)
7. 強硬(きょうこう)派(は)
8. 連合(れんごう)軍(ぐん)
9. 選手(せんしゅ)団(だん)／層(そう)
10. 火山(かざん)帯(たい)／群(ぐん)

11. 老年(ろうねん)層(そう)
12. 合唱(がっしょう)団(だん)
13. 流星(りゅうせい)群(ぐん)
14. 芸能(げいのう)界(かい)
15. 反対(はんたい)派(は)

C： 1. 各(かく)／満(まん)室(しつ)
2. 総(そう)力(りょく)
3. 諸(しょ)／各(かっ)国(こく)
4. 各(かく)自(じ)
5. 総(そう)量(りょう)
6. 諸(しょ)島(とう)
7. 交通(こうつう)費(ひ)
8. 支出(ししゅつ)額(がく)
9. 水道(すいどう)代(だい)／料(りょう)＝水道料金
10. 平均(へいきん)値(ち)
11. 航空(こうくう)券(けん)
12. 所得(しょとく)税(ぜい)／額(がく)
13. 成長(せいちょう)率(りつ)
14. 住民(じゅうみん)税(ぜい)
15. 電話(でんわ)代(だい)／料(りょう)＝電話料金
16. 建設(けんせつ)費(ひ)
17. 輸出(ゆしゅつ)額(がく)
18. 死亡(しぼう)率(りつ)

Ⅲ. 1. 国民／総／生産 [□□＋（□＋□□）]（こくみんそうせいさん）
2. 中央／分離／帯 [□□＋（□□＋□）]（ちゅうおうぶんりたい）
3. 最／重要／課題 [（□＋□□）＋□□]（さいじゅうようかだい）
4. 国会／議事／堂 [□□＋（□□＋□）]（こっかいぎじどう）
5. 前売／券／発売／所 [（□□＋□）＋（□□＋□）]
（まえうりけんはつばいじょ）
6. 超／高層／建造／物 [（□＋□□）＋（□□＋□）]
（ちょうこうそうけんぞうぶつ）
7. 今／年度／前期／輸出／額 [((□＋□□)＋□□）＋（□□＋□）]
（こんねんどぜんきゆしゅつがく）
8. 調理／師／専門／学校 [（□□＋□)＋（□□＋□□）]
（ちょうりしせんもんがっこう）
9. 消費／者／物価／指数 [((□□＋□)＋□□）＋□□]
（しょうひしゃぶっかしすう）
10. 自動／車／免許／取得／率 [((□□＋□)＋□□）＋（□□＋□）]
（じどうしゃめんきょしゅとくりつ）

第７課

■ 基本練習 ■

Ⅰ.
1. 大きく負ける → 大敗(たいはい)する
2. よく考える → 熟考(じゅっこう)する
3. よく起こる → 多発(たはつ)する
4. 好んで読む → 愛読(あいどく)する
5. 家を新しくつくる → 新築(しんちく)する
6. はっきり示す → 明示(めいじ)する
7. 共に生きる → 共生(きょうせい)する
8. 細かく分ける → 細分(さいぶん)する
9. もう一度建て直す → 再建(さいけん)する
10. 専ら売る → 専売(せんばい)する
11. 軽く見る → 軽視(けいし)する
12. かたく信じる → 確信(かくしん)する

Ⅱ.
1. 試着（しちゃく）する
2. 試写会（ししゃかい）
3. 再会（さいかい）する
4. 新設（しんせつ）する
5. 共感（きょうかん）する
6. 愛用（あいよう）の
7. 熟読（じゅくどく）する
8. 常備（じょうび）する
9. 永続（えいぞく）させる
10. 乱売（らんばい）する
11. 激減（げきげん）する
12. 厳守（げんしゅ）する

■ 応用練習 ■

Ⅰ.
1. 再開（さいかい）した
2. 新築（しんちく）の２階建ての家
3. 暴落（ぼうらく）／急落（きゅうらく）した
4. 試作（しさく）品
5. 平和共存（きょうぞん）の道
6. 専念（せんねん）する
7. 急増（きゅうぞう）している
8. 乱発（らんぱつ）した
9. 併記（へいき）／明記（めいき）する
10. 概観（がいかん）できる

Ⅱ.
1. かくにん ＝確かだと認めること
2. きょうよう ＝いっしょに使うこと
3. ぼうそう ＝乱暴に走ること
4. がいせつ ＝おおまかに説明すること
5. らんよう ＝みだりに使うこと
6. ちょくし ＝まっすぐ見ること

7. じょうよう ＝いつも使っていること
8. げんせん ＝きびしく選ぶこと
9. めいき ＝はっきりと書くこと
10. きゅうへん ＝急に変わること

Ⅲ. 1. 概算（がいさん）する
2. 永住（えいじゅう）する
3. 併用（へいよう）する
4. 愛読（あいどく）する
5. 乱開発（らんかいはつ）する
6. 倍増（ばいぞう）する
7. 急死（きゅうし）する
8. 再選（さいせん）する
9. 厳禁（げんきん）する
10. 熟睡（じゅくすい）する
11. 確約（かくやく）する

第８課

■ 基本練習 ■

Ⅰ. 1. a.[リョク]：たいりょく　のうりょく　きりょく　ぼうりょく
b.[リキ]：ばりき　りきがく　りきせつする　りきとうする
2. a.[ブツ]：せいぶつ　ぶつり　さんぶつ　めいぶつ
b.[モツ]：にもつ　しょもつ　さくもつ　かもつ
3. a.[カ]：ぶか　かりゅう　かこうする　ていかする
b.[ゲ]：じょうげ　げしゅく　げしゃする　げらくする
4. a.[ダイ]：だいがく　えんだいな　ぞうだいする　かくだいする
b.[タイ]：たいし　たいせつな　たいしょうする　たいせいする
5. a.[ソツ]：そっちょくな　けいそつな　そっせんする　いんそつする
b.[リツ]：かくりつ　ひりつ　のうりつ　ひゃくぶんりつ　えんしゅうりつ
6. a.[キョ]：きょねん　しきょする　じきょする　きょらいする
b.[コ]：かこ
7. a.[エ]：えほん　あぶらえ　えま　うきよえ
b.[カイ]：かいが
8. a.[ショウ]：げんしょう　いんしょう　たいしょう　しょうけいもじ
b.[ゾウ]：インドぞう　ぞうげ

Ⅱ. 1. 素顔(すがお)　b. 素直(すなお)な
[色素(しきそ)・簡素(かんそ)な]
2. 丁重(ていちょう)な　b. 丁寧(ていねい)な
[丁度(ちょうど)・３丁目(さんちょうめ)]
3. 使役(しえき)　c. 現役(げんえき)
[役割(やくわり)・役所(やくしょ)]
4. 神経(しんけい)　a. 精神(せいしん)
[神社(じんじゃ)・神主(かんぬし)]

5. 残留(ざんりゅう)　c．留学(りゅうがく)する
［留守(るす)・書留(かきとめ)］

6. 首相(しゅしょう)　c．外相(がいしょう)
［相談(そうだん)・相手(あいて)］

7. 反省(はんせい)　b．帰省(きせい)
［外務省(がいむしょう)・省略(しょうりゃく)する］

8. 精神(せいしん)　a．精度(せいど)
［不精(ぶしょう)な・精進(しょうじん)する］

9. 世紀(せいき)　b．二世(にせい)
［世界(せかい)・世話(せわ)する］

10. 能率(のうりつ)　c．効率(こうりつ)
［率直(そっちょく)な・引率(いんそつ)する］

Ⅲ.
1. 苦：a．苦しく　b．苦い
2. 細：a．細かい　b．細めて
3. 治：a．治める　b．治らない
4. 著：a．著しい　b．著した
5. 省：a．省みる　b．省こう
6. 汚：a．汚して　b．汚れ
7. 優：a．優しく　b．優れた
8. 勝：a．勝てば　b．勝る

■ 応用練習 ■

Ⅰ.
1. a．希望を抱(いだ)く
2. b．赤ん坊を抱(だ)く
3. b．目を(と)閉じる
4. a．雨戸を閉(し)める
5. a．先生に怒(おこ)られる
6. b．怒(いか)りをおさえる
7. b．若人の集(つど)い
8. a．交番前に集(あつ)まる
9. b．親類を頼(たよ)る
10. a．書いてくれるよう頼(たの)む
11. a．タクシーを捕(つか)まえる
12. b．ボールを捕(と)らえる
13. b．機械を傷(きず)つける
14. a．食べ物が傷(いた)む
15. a．３割を占(し)める
16. b．うまくいくかどうかを占(うらな)う
17. a．ズボンを汚(よご)す
18. b．名前を汚(けが)す

Ⅱ.
1. a．がか　→ 映画(えいが)，　洋画(ようが)，　漫画(まんが)，など
   b．けいかく　→ 企画(きかく)，　画数(かくすう)，など
2. a．しっそな　→ 要素(ようそ)，　元素(げんそ)，　素質(そしつ)，など
   b．すなおな　→ 素足(すあし)，　素顔(すがお)，　素敵(すてき)な
3. a．じみ　→ 地面(じめん)，　生地(きじ)，　下地(したじ)
   b．さんち　→ 地球(ちきゅう)，地上(ちじょう)，土地(とち)，など
4. a．たいしょう　→ 現象(げんしょう)，　気象(きしょう)，など
   b．ぞう　→ 象牙(ぞうげ)
5. a．しんだいしゃ　→ 台所(だいどころ)，　台地(だいち)，など
   b．たいふう　→ 台頭(たいとう)する，　舞台(ぶたい)

6. a．しんそう → 相談(そうだん)する，　相当(そうとう)する，など
   b．がいしょう → 首相(しゅしょう)，　文相(ぶんしょう)
7. a．しやくしょ → 役人(やくにん)，　役目(やくめ)，など
   b．ふくえき → 使役(しえき)，　現役(げんえき)
8. a．じんじゃ → 天神(てんじん)，　神宮(じんぐう)
   b．しんわ → 神経(しんけい)，　精神(せいしん)，など
9. a．だいり → 時代(じだい)，　代表(だいひょう)，
   代金(だいきん)，　電話代(でんわだい)，など
   b．こうたい → 代謝(たいしゃ)
10. a．きぼう → 願望(がんぼう)，　有望(ゆうぼう)な，など
   b．ほんもう → 所望(しょもう)する，　大望(たいもう)

Ⅲ. 1. b．[a．さいしゅつ　b．せいぼ　c．17さい　d．さいげつ]
   ・20年の（d．歳月）が流れた。
   ・年末におくるプレゼントをお（b．歳暮）という。
2. a．[a．しょうじん　b．せいどく　c．せいしん　d．せいせん]
   ・肉体的にも（c．精神）的にも健康な人間だ。
   ・仕事により一層（a．精進）していきたいと思う。
3. b．[a．へいわ　b．びょうどう　c．こうへい　d．へいせい]
   ・男女は（b．平等）だというが、まだ差別が残っている。
   ・世界の（a．平和）なしに、私たちの幸福はあり得ない。
4. d．[a．きょねん　b．たいきょ　c．じきょ　d．かこ]
   ・国外（b．退去）を命じられた。
   ・（d．過去）ばかりを振り返らずに、未来を見て生きよう。
5. c．[a．しっそ　b．そよう　c．すなお　d．ようそ]
   ・彼は（a．質素）な身なりをしているが、金持ちの息子だ。
   ・彼女は（c．素直）な性格で、みんなに好かれている。
6. a．[a．はんじょう　b．せいか　c．せいだい　d．さいせいき]
   ・みなさんに（c．盛大）な拍手をお願いします。
   ・商売が（a．繁盛）するように、神社でお守りをもらってきた。

■ 課題 ■

Ⅱ. 1. 怒　2. 想　3. 望
4. 歳　5. 超　6. 認
7. 総　8. 築　9. 福
10. 縮　11. 協　12. 絵

● コラム6 ● p.152

1. h．石油輸出国機構
2. j．北大西洋条約機構
3. b．国際通貨基金
4. a．経済協力開発機構
5. c．国際労働機関
6. d．世界保健機関
7. i．東南アジア諸国連合
8. f．非政府組織
9. e．新興工業地域
10. g．国際連合児童基金
11. n．日本旅客鉄道
12. o．日本航空
13. l．日本自動車連盟
14. m．日本電信電話
15. k．日本放送協会

第9課

■ 基本練習 ■

Ⅰ．
1. b 会った(あった)
2. a 住んで(すんで)
3. a 分かれて(わかれて)
4. a 効く(きく)
5. b 飲み物(のみもの)
6. b 建てられた(たてられた)
7. a 大家(おおや)
8. a 返し(かえし)
9. a 表して(あらわして)
10. b 暖かく(あたたかく)
11. b 済んだ(すんだ)
12. b 治った(なおった)
13. b 別れた(わかれた)
14. b 現れた(あらわれた)
15. b 速い(はやい)

Ⅱ．
1. a 打って(うって)
2. a 送った(おくった)
3. a 折って(おって)
4. b 着いた(ついた)
5. b 鳴いて(ないて)
6. a 起こって(おこって)
7. b 弾いた(ひいた)
8. b 振って(ふって)
9. b 似て(にて)
10. b 混じって(まじって)
11. b 歯(は)
12. b 鼻(はな)
13. b 撃つ(うつ)
14. a 煮て(にて)
15. b 織った(おった)
16. b 怒る(おこる)
17. a 葉(は)
18. a 付いて(ついて)
19. b 贈り物(おくりもの)
20. b 混ぜて(まぜて)
21. a 泣いて(ないて)
22. a 花(はな)
23. a 降って(ふって)
24. a 引いて(ひいて)

Ⅲ. 1. a. 分かれる　b. 別れる
2. a. 柔らかい　b. 軟らかい
3. a. 初めて　b. 始めて
4. a. 早く　b. 速く

■ 応用練習 ■

Ⅰ. 1. b 勤めて(つとめて)
2. b 映って(うつって)
3. c 革(かわ)
4. b 空いた(あいた)
5. b 熱い(あつい)
6. b 泊まった(とまった)
7. b 移した(うつした)
8. b 離して(はなして)
9. a 上って(のぼって)
10. c 留まった(とまった)
11. c 務めた(つとめた)
12. c 映した(うつした)
13. c 厚い(あつい)
14. b 皮(かわ)
15. c 登る(のぼる)

Ⅱ. 1. b 代わり(かわり)
2. d 量ったら(はかったら)　＊c「測ったら」も使うことがある。
3. c 治めて(おさめて)
4. d 換えて(かえて)
5. c 下(もと)
6. a 図った(はかった)
7. b 納めて(おさめて)
8. c 測ったら(はかったら)　＊b「計ったら」も使うことがある。
9. a 変わった(かわった)
10. b 元(もと)
11. b 計る(はかる)
12. a 収まった(おさまった)

Ⅲ. 1. 図書館に本を返して、家に帰ってきた。
2. この機械が直らないと、歯が治せない。
3. 今晩泊まるホテルの前に観光バスが止まった。
4. 部長の代わりに銀行へドルを円に換え／替えに行った。
5. 暑い日には涼しい部屋で熱いコーヒーが飲みたい。
6. 家を離れて東京へ出てきたころのことを話した。
7. 経産省に勤めていた友人は、今、食品会社の会長を務めている。
8. 映画を映す場所が、ほかのところへ移った。
9. この木に登ると、太陽が昇るようすがよく見える。
10. 年が明けたら、空いていた土地にビルが建った。

第10課

■ 基本練習 ■

Ⅰ.
1. b 短所(たんしょ)
2. b 準備(じゅんび)
3. a 順番(じゅんばん)
4. a 価格(かかく)
5. a 弁解(べんかい)
6. a 基礎(きそ)
7. b 慣例(かんれい)
8. b 議論(ぎろん)
9. b 知識(ちしき)
10. c 決心(けっしん)
11. c 救出(きゅうしゅつ)
12. c 訂正(ていせい)

Ⅱ.
1. b 講義(こうぎ)
2. a 意志(いし)
3. a 企画(きかく)
4. c 発展(はってん)
5. b 原因(げんいん)
6. c 根本(こんぽん)
7. c 退職(たいしょく)
8. b 終了(しゅうりょう)
9. b 対照(たいしょう)
10. a 分解(ぶんかい)
11. c 養成(ようせい)
12. a 延期(えんき)

■ 応用練習 ■

Ⅰ.
1. 両国間の交渉には、なかなか（進展：しんてん）が見られなかった。
2. 彼女の英語はどんどん(上達：じょうたつ)し、英字新聞まで読めるようになった。
3. 話に（熱中：ねっちゅう）して、ご飯を食べるのを忘れてしまった。
4. この地域は住宅地、商業地、農業地などに細かく（区分：くぶん）されている。
5. 日本の米は、長年の品種（改良：かいりょう）の結果、おいしくなった。
6. 妹は、法科大学院を出て、(弁護：べんご）士になった。
7. 私は毎朝、公園の周りをジョギングする（習慣：しゅうかん）がある。
8. 税制の改革をテーマに（討論：とうろん）会が開かれた。

Ⅱ.
1. 短所(たんしょ) → 欠点(けってん)
2. 到達(とうたつ) → 達成(たっせい)
3. 討議(とうぎ) → 討論(とうろん)
   企画(きかく) → 計画(けいかく)
4. 組織(そしき) → 構成(こうせい)
5. 教養(きょうよう) → 知識(ちしき)、素養(そよう)
   講習(こうしゅう) → 講演(こうえん)
6. 弁解(べんかい) → 弁明(べんめい)、言い訳(いいわけ)
7. 値段(ねだん) → 価格(かかく)
8. 基礎(きそ) → 基本(きほん)
9. 対照(たいしょう) → 比較(ひかく)、対比(たいひ)
10. 発展(はってん) → 発達(はったつ)、進歩(しんぽ)
    習慣(しゅうかん) → 慣習(かんしゅう)、風習(ふうしゅう)

Ⅲ. 1. 基：a 基本(きほん)的　b 基礎(きそ)的
2. 論：a 議論(ぎろん)　b 討論(とうろん)
3. 因：a 原因(げんいん)　b 起因(きいん)
4. 革：a 改革(かいかく)　b 変革(へんかく)
5. 決：a 決意(けつい)　b 決心(けっしん)
6. 順：a 順序(じゅんじょ)　b 順番(じゅんばん)
7. 序：a 秩序(ちつじょ)　b 序列(じょれつ)
8. 救：a 救援(きゅうえん)　b 救助(きゅうじょ)
9. 慣：a 慣習(かんしゅう)　b 慣例(かんれい)
10. 画：a 企画(きかく)　b 計画(けいかく)
11. 講：a 講演(こうえん)　b 講義(こうぎ)
12. 識：a 常識(じょうしき)　b 知識(ちしき)
13. 望：a 志望(しぼう)　b 希望(きぼう)
14. 略：a 計略(けいりゃく)　b 策略(さくりゃく)

● コラム7 ● p.186

1. あおじろい　連濁　⑤
2. もちはこぶ　①
3. ひとだすけ　連濁　③
4. なだかい　連濁　⑤
5. ものかき　②
6. わかづくり　連濁　⑥
7. やまびらき　連濁　③
8. まぢかい　連濁　⑤
9. おりかえす　①
10. たちどまる　連濁　①例外

復習2

Ⅱ. 1. 落選
2. 形式
3. 努力
4. 約束
5. 慣習
6. 気象
7. 包囲
8. 行列
9. 予測
10. 署名
11. 講堂
12. 安静
13. 職業
14. 弾力
15. 副業
16. 大群
17. 検討
18. 往復

Ⅲ. 1. どくせん：はんばいてん：してん
2. いしゃ：しょちょう：しょとう
：ざんしょ：ちょしゃ
：とちょう：つごう
3. かくじん：しょうかくする：りょかくき
：きゃくせき：きんがく
：らくせいする：れんらくする
：しょうりゃくする：どうろ
4. なっとう：しゅっとうする：ずつう
：とうじょうする：とざん
：たんきな

■ 応用練習 ■

I. A：1. 硬化
2. 効果
3. 更生
4. 構成
5. 厚生

B：1. 成果
2. 製紙
3. 制止
4. 整理
5. 静止

C：1. 放火
2. 防火
3. 豊年
4. 暴動
5. 報道
6. 包囲

II. 1. 視点(してん) ＊「示点」という語はない。
2. 介抱(かいほう) ＊「介包」という語はない。
3. 法則(ほうそく) ＊「法測」という語はない。
4. 海運業(かいうんぎょう) ＊「海軍業」という語はない。
5. 歯形(はがた) ＊人間が入れ歯を作る時に、セメントなどで歯の型を作るが、それを「歯型」という。
6. 志向(しこう) ＊「仕向」という語はない。

III. 1. しょうしゅうする：しょうたいする：しょうかいする
：さんしょうする：ちょうかする
2. ちょくせん：しょうじきな：すうち
：ほうちする
3. かいせつする：ゆうぜいする：ぜいきん
：だつぜいする
4. けいむしょ：せいほうけい：ぎょうそう
：たいけい：かいぎょうい
：けんしゅうする
5. ぎんか：こんじょう：げんかい
6. よかん：やせい：じょげん
7. むじゅん：そうむか：じゅうなんな
：にゅうわな
8. たんい：せんりゃく：じつだん
9. ぎょうれつ：れいがい

IV. 1. じんじいんのかんこくをうける。
2. さいぼうのそしきをばいようする。
3. ふかい かんがいをおぼえる。
4. 2ほんのせんがすいちょくにまじわっている。
5. どんなことにもせいいをもってしんけんにとりくむ。
6. そのしんしにふくのだいきんをせいきゅうした。
7. にんしんしているじょせいがふくつうをうったえた。

■ 復習練習 ■

1\. 1. 父がしぬまであいようしていた古いがいこくせいの時計は、つい最近まで実にせいかくにときをきざんでいたが、ある日気がつくと止まっていた。近くのせんもんてんにぶんかい しゅうりに出したら、よそうがくのにばいもかかったが、しんぴん どうようになおった。

2\. かみやほとけじゃあるまいし、ふだんのどりょくで何でもたっせいできると思うなんて、考えが甘すぎる。

3\. この4月で5年のかいがい きんむがしゅうりょうして、いよいよ本社にかんりしょくとしててんきんする。帰国を前にけんしゅうで留学したなつかしいとうおう しょこくをさいほうしたい。

4\. どんなに頭のいい人でも、どんなに美しい人でも、けんこうととみとせいこうとこうふくなけっこんをすべて手に入れるなんてふかのうだ。

5\. 今度のはってん途上国へののうぎょう きかいの売り込みきかくは、しょうしんにかんけいするので「ぜひさんかしたい」というきぼうを出した。

6\. よそくのつかない現代社会のきけんから身をまもるために、ふだんからのしゅうれんが大切だとじゅうどうと合気道を習っていたともだちがげんいん ふめいの病気できゅうしした。

7\. 相手チームのはんげきで、かんきゃくのだれもよそうしなかったてんかいになり、試合は13回までえんちょうされた。

8\. 19せいき後半に始まった産業かくめいによって、せいおう社会のこうぞうがこんていからくつがえされ、人々のかちかんも前とはかなりことなったものとなった。

9\. あの若い野心的なけんちくかは、ほしゅてきなかんれいをむしして、かくしんてきなアイデアで、このもくぞうのきょうかいどうをせっけいした。

10\. 仕事にしっぱいし、人生にしつぼうし、酒に走った男は、ふけんこうな生活から体調をくずし、いつかせいしんにもいじょうをきたしたらしく家族にらんぼうを働くようになった。

11\. あのちょめいなじょゆうは、25年前にアンネ・フランクやくをえんじて よにみとめられた。しかしふこうなことに、それ以来今に至るまではっこうな少女というしょえんのいんしょうからだっぴできていない。今年は母親役にちょうせんするとテレビでほうふを語っていた。もう47さいだ。

□ 字形索引 □ Pattern Index

この索引では、漢字の形の共通した部分を取り出し、学習者が字形から漢字を検索できるように見出しを立ててあります。したがって、見出しの中には、いわゆる伝統的な「部首（Radical)」とは異なる形も含まれています。部首として意味を持つものには（　）内にその名称と英語の意味をつけましたが、形のみの見出しには名称も意味もつけていません。また、形声文字の「音符（Phonetic marker)」として現在も機能している形には、【　】内にカタカナで音（オン）を示しました。

各見出し形の下に、本書および『Basic Kanji Book』シリーズで学習する漢字のリストがあります。本書の学習漢字には「L～」として本書の課数が書いてあり、下に各漢字の情報が並んでいます。本書の学習漢字以外の場合は、「ＢＫ～」（『Basic Kanji Book』の課)、「IKB2-～」（『Intermediate Kanji Book』vol.2の課数、コはコラム）などと書いてありますから、それぞれの本を見てください。「索」は、字形索引のみにある漢字です。漢字の右の小さい数字は画数で、漢字は画数順に並んでいます。同じ画数の場合は、課の若い順になっています。一つ一つの漢字熟語の使い方については、辞典を調べてください。

字形索引用　部首リスト

Ⅰ．へん p.244～

Ⅱ．つくり p.275～

I．へん

書き順→ ノ イ

1．亻(にんべん：person)

人 2	化 4	仏 4	仕 5	代 5	付 5	他 5	伊 6	休 6	伝 6
BK1	BK22	L1	BK27	BK37	復1	IKB2-1	IKB2-コ5	BK5	BK37
任 6	仮 6	仲 6	件 6	何 7	体 7	低 7	作 7	住 7	位 7
L7	IKB2-4	IKE2-7	IKE2-コ8	BK4	BK5	BK8	BK11	BK19	BK40
似 7	伸 7	伺 7	佐 7	伴 7	使 8	価 8	併 8	例 8	供 8
L9	復2	IKB2-10	IKB2-15	IKB2-16	BK24	BK35	L7	L10	IKB2-2
便 9	信 9	係 9	保 9	借 10	個 10	修 10	値 10	倍 10	倒 10
BK16	BK32	L1	L5	BK24	BK35	L3	L6	L7	IKB2-6
候 10	停 11	健 11	側 11	偏 11	備 12	働 13	傷 13	傾 13	債 13
IKB2-11	L3	L4	復2	IKB2-7	BK31	BK17	L8	IKB2-7	IKB2-8
像 14	僚 14	億 15	儀 15	優 17					
L5	IKB2-15	IKB2-8	IKB2-コ9	L8					

仏	亻	仏	仏							L1 4画

ブツ　ほとけ
Buddha, *France

仏教はインドで生まれた。
古い**仏像**を見るのが好きだ。

仏教(ぶっきょう)　Buddhism
仏(ほとけ)　the Buddha, a benevolent soul
仏像(ぶつぞう)　Buddha statue
*南仏(なんふつ)　Southern France

付	亻	仁	付	付						復1 5画

フ　つ-く：つ-ける
attach, stick

この旅館は一泊**二食付**で７５００円だ。
この大学には**付属**病院がある。

寄付(きふ)スル　to contribute, to donate
付属(ふぞく)スル　to be attached, to be a branch of
受付(うけつけ)　reception, information desk
付着(ふちゃく)スル　to adhere
日付(ひづけ)　date
～付(つき)　including ～

任	亻	亻	仁	仟	任					L7 6画

ニン　まか-す　まか-せる
entrust, appoint

最高裁判所(さいばんしょ)の長官は総理大臣(だいじん)が**任命**する。
あたえられた**任務**を**責任**を持ってはたす。

任命(にんめい)スル　to appoint
委任(いにん)スル　to entrust
放任(ほうにん)スル　not to intervene
任務(にんむ)　duty, commission
専任(せんにん)　full - time
就任(しゅうにん)スル　to assume office
辞任(じにん)スル　to resign
責任(せきにん)　responsibility
担任(たんにん)　being in charge of
〜ニ〜ヲ任(まか)す/せる　to entrust

似		L 9 7画

ジ　に-る
resemble

この商品は他社の商品に**類似**している。
あの子は父親によく**似て**いる。

類似(るいじ)スル　to resemble
似顔絵(にがおえ)　portrait
近似値(きんじち)　approximate value
〜ニ似(に)ている　to resemble

伸		復2 7画

シン　の-びる：の-ばす　の-べる
stretch

このテーブルは**伸縮**が自在(じざい)だ。
彼の投げるボールは**伸び**がいい。

伸縮(しんしゅく)スル　to expand and contract
追伸(ついしん)　postscript (= P.S.)
伸長(しんちょう)スル　to extend, to expand
伸(の)びる　to stretch

併		L 7 8画

ヘイ　あわ-せる
unite

三つの村が**合併**して市になった。
カナダでは英語と仏語を**併用**している。

合併(がっぺい)スル　to merge
併発(へいはつ)スル　to happen concurrently
併(あわ)せる　to put together, to unite
併用(へいよう)スル　to use together
併合(へいごう)スル　to amalgamate

例		L 10 8画

レイ　たと-える
example

例年4月に新人歓迎会(かんげいかい)を開く。
用例をたくさん集めて辞典(じてん)を作る。

例外(れいがい)　exception
用例(ようれい)　example
前例(ぜんれい)　precedent＝先例(せんれい)
慣例(かんれい)　custom, precedent
例年(れいねん)　normal/average year
例(たと)えば　for example

係		L 1 9画

ケイ　かかり　かか-る
connect, in charge

日米の経済**関係**について研究する。
レシートを**会計係**に出してください。

関係(かんけい)スル to be connected with
係長(かかりちょう) chief clerk
係数(けいすう) coefficient [math]
会計係(かいけいがかり) accountant

保	亻	亻口	伻	保	保					L 5 9画

ホ たも-つ
keep, maintain

保健所でエイズの検査(けんさ)を受けた。
貴重品をロッカーに**保管**する。

保護(ほご)スル to protect
保存(ほぞん)スル to preserve
保障(ほしょう)スル to secure
保温(ほおん)スル to maintain at a warm temperature
保険(ほけん) insurance
保(たも)つ to maintain
保管(ほかん)スル to store, to safekeep
確保(かくほ)スル to maintain, to ensure
保証(ほしょう)スル to guarantee
保守的(ほしゅてき)ナ conservative
保健所(ほけんじょ) public health center
保育園(ほいくえん) nursery school

修	亻	亻	亻	亻	亻	攸	修			L 3 10画

シュウ *シュ おさ-まる：おさ-める
master, amend

壊(こわ)れたラジカセを**修理**に出す。
大学院の**修士**課程(かてい)を**修了**した。

修理(しゅうり)スル to repair
研修(けんしゅう)スル to study and train
*修行(しゅぎょう)スル to practice, to train
修道院(しゅうどういん) monastery, convent
修了(しゅうりょう)スル to complete (a course)
修正(しゅうせい)スル to amend
修士(しゅうし) Master level degree
修(おさ)める to complete

値	亻	亻	什	值	値					L 6 10画

チ ね あたい
value, price

ものの**価値**は**値段**では決められない。
健康診断(しんだん)で**血糖値**が高いと言われた。

価値(かち) value
絶対値(ぜったいち) absolute value
血糖値(けっとうち) blood-sugar level
値(あたい)スル to be worthy of
値段(ねだん) price
数値(すうち) numerical figure
平均値(へいきんち) mean value, average
値上(ねあ)げスル to raise (price)
値(あたい) value, price
売り値(うりね) retail price

倍	亻	亻	伇	位	倍					L 7 10画

バイ
double, ～times

倍率を変えて拡大コピーをする。
１０年間に所得が**倍増**した。

倍増(ばいぞう)スル to double
倍率(ばいりつ) rate of magnification
倍加(ばいか)スル to double
～倍(ばい) ～times (as big)

停

L 3
11画

テイ
stop, suspend

彼は6ヶ月の免許**停止**になった。
両国はクリスマス**停戦**に合意した。

停止(ていし)スル　to stop, to suspend
停滞(ていたい)スル　to stagnate
停職(ていしょく)　suspension from work
バス停(てい)＝停留所(ていりゅうじょ)　bus stop
停戦(ていせん)スル　to cease fire
停学(ていがく)　suspension from school

健

L 4
11画

ケン　すこ-やか
healthy, sound, strong

彼はいつも**健康**に気をつけている。
保健センターで薬をもらってきた。

健康(けんこう)ナ　healthy ←→不健康ナ
健全(けんぜん)ナ　sound, good ←→不健全ナ
保健(ほけん)　health, sanitation
健康保険(けんこう・ほけん)　health insurance
穏健(おんけん)ナ　moderate
健(すこ)やかナ　sound
健康診断(けんこう・しんだん)　health check

側

復2
11画

ソク　がわ
side

この道路は工事で**片側**通行になっている。
私たちは彼らを**側面**から援助した。

片側(かたがわ)　one side
側面(そくめん)　side
両側(りょうがわ)　both sides
右側(みぎがわ)　right side ←→左側

傷

L 8
13画

ショウ　きず　いた-む：いた-める
injury, wound

不用意なことばが人の心を**傷つける**。
車にひかれて**重傷**を負った。

負傷(ふしょう)スル　to be injured
傷心(しょうしん)　heart-broken
傷害(しょうがい)　physical injury
傷(きず)つける　to hurt ~
感傷的(かんしょうてき)ナ　sentimental
切り傷(き)り(きず)　a cut
重傷(じゅうしょう)　serious injury
＊火傷(やけど)　burn

像

L 5
14画

ゾウ
image

この寺には大きな**仏像**がある。
旅行でとった写真を**現像**する。

現像(げんぞう)スル　to develop (film)
仏像(ぶつぞう)　Buddha statue
想像(そうぞう)スル　to imagine
映像(えいぞう)　picture on a TV/movie screen

優	亻	亻	亻	佰	值	僡	僡	優		L 8 17画

ユウ　すぐ-れる　やさ-しい
superior, gentle, actor

オリンピックで**優勝**するのは難しい。
お年(とし)寄(よ)りたちのために**優先**席を設ける。

優勝(ゆうしょう)スル　to win
優秀(ゆうしゅう)ナ　superior
優越感(ゆうえつかん)　superiority complex
優(やさ)しい　gentle ⟷ 厳(きび)しい　strict
優先(ゆうせん)スル　to take priority
女優(じょゆう)　actress ⟷ 男優(だんゆう)
優(すぐ)れている　superior, outstanding

書き順→ 一 十

2. 忄(じゅうへん：all)

十 2　BK3
協 8　L 5
博 12　IKB2-コ6

協	十	十	十	协	協					L 5 8画

キョウ
co-operate

平和のためには国際的な**協力**が必要だ。
農業**協同**組合を「**農協**」という。

協力(きょうりょく)スル　to work together
協調(きょうちょう)スル　to cooperate
協同組合(きょうどう・くみあい)　co-op
協議(きょうぎ)スル　to confer with
協会(きょうかい)　society, association

書き順→ ｜ 冂 口

3. 口(くちへん：mouth)

口 3　BK1
吸 6　IKB2-12
味 8　BK28
呼 8　BK37
品 9　BK35
喫 12　IKB2-コ2
鳴 14　L 9
器 15　BK34
噴 15　IKB2-7

鳴	口	口	口	叩	咱	咱	鳴	鳴		L 9 14画

メイ　な-く　な-る：な-らす
make a sound

遠くで女の人の**悲鳴**がした。
事務室の電話が**鳴**っている。

共鳴(きょうめい)スル　to resonate, to sympathize
悲鳴(ひめい)　scream
鳴(な)く　to cry (animals)
雷鳴(らいめい)　thunder
鳴(な)る　to ring
鳴(な)らす　to make sound

書き順→ 一 十 土

4. 土(つちへん：ground)

土 3	地 6	均 7	坂 7	城 9	域 11	場 12	塚 12	塩 13	増 14
BK2	BK19	**L4**	IKB2-コ7	IKB2-10	IKB2-3	BK19	IKB2-コ5	IKB2-12	BK43
境 14	壊 16	壌 16							
IKB2-3	IKB2-6	IKB2-14							

均 土 圴 圴 均 均 — L4 7画

キン
equal, even, average

三人の子どもに土地を**均等**に分けた。
この夏の**平均**気温は昨年(さくねん)より2度高かった。

均衡(きんこう)スル to balance ←→不均衡(ふきんこう) imbalance
均等(きんとう)ナ equal, of the same proportion
平均(へいきん) average
均一(きんいつ)ナ uniform

書き順→ く 女 女

5. 女(おんなへん：woman)

女 3	好 6	妊 7	姉 8	妹 8	始 8	婚 11	婦 11
BK2	BK5	IKB2-11	BK15	BK15	BK24	BK25	IKB2-11

書き順→ ㇆ コ 弓

6. 弓(ゆみへん：bow)

弓 3	引 4	弘 5	弱 10	強 11	張 11	弾 12
索	BK33	IKB2-コ6	BK38	BK21	**L5**	**L9**

張 弓 引 弜 弫 弫 張 張 — L5 11画

チョウ は-る →p.287 長【チョウ】
stretch, spread

父は**出張**で名古屋へ行った。
試験のとき、**緊張**した。

主張(しゅちょう)スル to assert
緊張(きんちょう)スル to tense
出張(しゅっちょう)スル to go on a business trip/errand
張(は)り切(き)る to be tense/eager
氷(こおり)が張(は)る to freeze over

弾	弓	弓''	弰	弾	弾					L 9 12画

ダン　ひ-く　はず-む　たま
bullet，bound

政府はその宗教(しゅうきょう)団体を**弾圧**した。
この球は**弾力**があって、よく**弾む**。

弾圧(だんあつ)スル　to suppress
爆弾(ばくだん)　bomb
弾(ひ)く　to play (musical instruments)
弾丸(だんがん) ＝ 弾(たま)　bullet
弾力(だんりょく)　elasticity
弾(はず)む　to bound, to bounce

書き順→ 一 丅 工

7．工【コウ】

工 3 BK19　功 5 **L2**　攻 7 IKB2-コ9　項 12 IKB2-11

功	工	玎	功							L 2 5画

コウ　*ク
merit，success

彼は大きな事業に**成功**した。
日本の企業は**年功序列**制度だ。

成功(せいこう)スル　to succeed
功罪(こうざい)　merits and demerits
年功序列制度(ねんこう・じょれつ・せいど)　the seniority system
不成功(ふせいこう)　failure
＊功徳(くどく)　an act of charity

書き順→ ノ 彡 彳

8．彳(ぎょうにんべん：go)

行 6 BK9　役 7 **L8**　彼 8 BK15　径 8 IKB2-13　往 8 IKB2-コ1　後 9 BK10　待 9 BK11　律 9 IKB2-15　徒 10 IKB2-6　従 10 IKB2-10

術 11 BK41　得 11 BK42　街 12 IKB2-3　御 12 IKB2-5　循 12 IKB2-14　復 12 **復2**　微 13 IKB2-6　徴 14 IKB2-1　徳 14 IKB2-コ4　衛 16 IKB2-4

役	彳	彴	彸	役	役					L 8 7画

ヤク　エキ
role，duty，service

先進国の果たす**役割**を考える。
市役所で外国人登録(とうろく)をする。

役所(やくしょ)　public office
役職(やくしょく)　post, position
上役(うわやく)　one's superior(s)
現役(げんえき)　currently (on service)
服役(ふくえき)スル　to serve in prison
役割(やくわり)　assigned role, duty
役人(やくにん)　government officials
重役(じゅうやく)　company executive
役者(やくしゃ)　actor, actress
役立(やくだ)つ　to be useful

復	彳	彳ᅩ	徇	𢕢	𢕢	復				復2 12画

フク → p.289 復【フク】

retrieve, again

父は仕事で週一回東京と大阪を**往復**する。
病気が**回復**して、職場に**復**帰した。

回復(かいふく)スル to recover
往復(おうふく)スル to go and return
復帰(ふっき)スル to return
復習(ふくしゅう)スル to review

書き順→ ノ ハ 忄

9. 忄(りっしんべん：heart)

心 4 BK36　忙 6 BK16　快 7 L4　性 8 BK45　情 11 BK36　慣 14 L10

快	忄	忄	忄	忄	快					L 4 7画

カイ　こころよ-い

pleasant, comfortable

クーラーのおかげで夏でも**快適**に過ごせる。
快速電車は次の駅に止まりません。

快勝(かいしょう)スル to gain victory easily
快適(かいてき)ナ comfortable, pleasant
明快(めいかい)ナ clear
快速(かいそく) high - speed, express
快(こころよ)い comfortable, pleasant
全快(ぜんかい)スル to recover completely
不快(ふかい)ナ unpleasant
軽快(けいかい)ナ light, nimble
快晴(かいせい) fine weather

慣	忄	忄	忄	忄	忄	慣	慣			L 10 14画

カン　な-れる：な-らす

custom

毎朝、公園を散歩(さんぽ)する**習慣**がある。
新しい土地での暮(く)らしにも**慣れた**。

習慣(しゅうかん) custom, habit
慣習(かんしゅう) custom, practice
～ニ慣(な)れる to get used to
慣例(かんれい) custom, precedent
慣用句(かんようく) idiom

書き順→ 一 才 扌

10. 扌(てへん : hand)

手 4	打 5	払 5	折 7	投 7	択 7	技 7	抜 7	抑 7	抗 7
BK6	BK30	BK30	BK30	BK30	IKB2-2	IKB2-3	IKB2-7	IKB2-8	IKB2-12
批 7	押 8	**拡** 8	**担** 8	**拍** 8	**抱** 8	**招** 8	持 9	指 9	拾 9
IKB2-16	BK33	L2	L3	復1	L8	復2	BK14	BK30	IKB2-5
括 9	**捕** 10	**振** 10	捜 10	接 11	描 11	採 11	授 11	捨 11	探 11
IKB2-15	L8	L9	IKB2-コ8	BK29	IKB2-1	IKB2-2	IKB2-2	IKB2-4	IKB2-5
推 11	控 11	排 11	掲 11	**援** 12	**換** 12	提 12	搭 12	携 13	損 13
IKB2-5	IKB2-8	IKB2-14	IKB2-16	L3	L9	IKB2-2	IKB2-5	IKB2-5	IKB2-9
摘 14									
IKB2-6									

拡	扌	扩	扩	拡	拡					L 2 8画

カク
expand

このコピー機は**拡大**も縮小もできる。
来年度は事業を**拡張**する予定だ。

拡大(かくだい)スル　to enlarge
拡散(かくさん)スル　to scatter
拡張(かくちょう)スル　to lengthen
軍拡(ぐんかく)　military buildup

担	扌	扣	担							L 3 8画

タン　にな-う　かつ-ぐ
undertake, carry(on one's shoulders)

残りの仕事は皆(みな)で**分担**しよう。
担当の医師と相談して入院日を決めた。

分担(ぶんたん)スル　to bear one's share
担当(たんとう)スル　to be responsible for
担(かつ)ぐ　to carry (on one's shoulder)
負担(ふたん)スル　to be liable
担任(たんにん)　being in charge of
担(にな)う　to undertake

拍	扌	扌'	扌'	拍	拍	拍				復 1 8画

ハク　ヒョウ　→ p. 285 白【ハク】
beat

見事な演技に**拍手**が止まらなかった。
手足で**拍子**をとりながら歌った。

拍手(はくしゅ)スル　to clap one's hands
＊拍子(ひょうし)　time, beat
脈拍(みゃくはく)　pulse

抱
L 8　8画

ホウ　だ-く　いだ-く　かか-える
embrace

大きな夢を**抱いて**将来の**抱負**を語る。
５人の子どもを**抱えた**生活は楽ではない。

介抱(かいほう)スル　to nurse, to care for
抱(だ)く　to hold
抱(かか)える　to support
抱負(ほうふ)　aspiration, ambition
抱(いだ)く　to embrace

招
復 2　8画

ショウ　まね-く　→ p.285 召【ショウ】
invite

客を家に**招いて**、家庭料理でもてなす。
友人の結婚式に**招待**された。

招待(しょうたい)スル　to invite
招(まね)く　to invite, to beckon

捕
L 8　10画

ホ　つか-まる：つか-まえる　と-る
と-らわれる：と-らえる　catch

殺人事件の犯人が**捕まった**。
元首相に**逮捕状**が出された。

逮捕(たいほ)スル　to arrest
捕虜(ほりょ)　prisoner
捕手(ほしゅ)　catcher
捕(つか)まえる　to catch, to seize

振
L 9　10画

シン　ふ-る　ふ-るう　ふ-れる
swing, wield

この船は**振動**が激しい。
最近、この会社は業績が**不振**である。

振動(しんどう)スル　to vibrate
不振(ふしん)ナ　dull (condition)
身振(みぶ)り　gesture
振興(しんこう)スル　to promote
振幅(しんぷく)　amplitude
振(ふ)る　to shake, to wave, to swing

援
L 3　12画

エン
aid, support

開発途上国を経済的に**援助**する。
今回の海外公演は文化庁が**後援**している。

援助(えんじょ)スル　to aid
支援(しえん)スル　to support, to aid
後援(こうえん)スル　to support (financially)
応援(おうえん)スル　to support, to cheer
救援(きゅうえん)スル　to send relief
援護(えんご)スル　to protect

換	扌	扚	拘	拘	捣	換	換			L 9 12画

カン　か-わる：か-える
exchange, convert

日本円に**換算**すると約1億(おく)円になる。
会社の方針(ほうしん)を**転換**することが決まった。

交換(こうかん)スル　to exchange
転換(てんかん)スル　to change
変換(へんかん)スル　to convert, to change
換気(かんき)スル　to ventilate
換算(かんさん)スル　to convert
換(か)える　to change, to substitute

書き順→ 丶 丷 氵

11. 氵(さんずい：water)

水 4	汚 6	池 6	江 6	沢 7	決 7	沈 7	沖 7	泳 8	油 8
BK2	**L 8**	IKB2-7	IKB2-10	IKB2-コ5	BK30	IKB2-14	IKB2-コ4	BK11	BK11
治 8	泊 8	注 8	泣 8	法 8	沿 8	況 8	波 8	河 8	海 9
BK22	BK31	BK32	BK36	BK45	IKB2-3	IKB2-5	IKB2-5	IKB2-7	BK11
洋 9	活 9	洗 9	浅 9	派 9	津 9	洞 9	浄 9	浜 10	酒 10
BK25	BK25	BK30	**L 1**	**L 6**	IKB2-6	IKB2-8	IKB2-14	IKB2-コ3	BK11
消 10	流 10	浸 10	浮 10	浦 10	済 11	涼 11	深 11	混 11	液 11
BK30	BK30	IKB2-7	IKB2-14	IKB2-コ5	BK22	BK26	BK30	**L 9**	IKB2-11
渉 11	清 11	渡 12	温 12	港 12	減 12	湖 12	満 12	測 12	湿 12
IKB2-16	IKB2-コ5	BK17	BK26	BK39	BK43	**複 1**	**L 6**	**L 9**	IKB2-14
湾 12	源 13	溝 13	溶 13	滞 13	滅 13	漠 13	演 14	潜 15	濃 16
IKB2-コ4	IKB2-6	IKB2-7	IKB2-7	IKB2-8	IKB2-12	IKB2-14	**L 3**	IKB2-7	**L 1**
激 16	濁 16								
L 4	IKB2-14								

汚	氵	汇	汚							L 8 6画

オ　きたな-い　けが-れる：けが-す
けが-らわしい　よご-れる：よご-す　dirty

政治家の**汚職**事件(じけん)が後をたたない。
汚い工場排水(はいすい)で川が**汚染**された。

汚染(おせん)スル　to be contaminated
汚点(おてん)　stain
汚職(おしょく)　corruption
汚(きたな)い　dirty

浅	氵	汇	浅	浅	浅					L 1 9画

セン　あさ-い
shallow

浅薄な知識しか持っていない。
この川は**浅くて**、流れが速い。

浅薄(せんぱく)ナ　superficial, shallow
浅草(あさくさ)　(place name in Tokyo)
浅(あさ)い　shallow

派　L 6　9画

ハ
sect, party, branch off

左派の中にも**保守派**と**急進派**がいる。
ヨーロッパの**印象派**の絵画が好きだ。

派遣(はけん)スル　to dispatch
派手(はで)ナ　showy, flashy
派閥(はばつ)　clique, faction
保守派(ほしゅは)　conservative faction
印象派(いんしょうは)　impressionists
派生(はせい)スル　to derive from
立派(りっぱ)ナ　fine, excellent
左派(さは)　leftists, left faction
急進派(きゅうしんは)　radical faction
特派員(とくはいん)　special correspondent

混　L 9　11画

コン　ま-じる　ま-ざる：ま-ぜる　こ-む
mix

日曜日なので、店は**混雑**していた。
頭が**混乱**していて、整理できない。

混雑(こんざつ)スル　to be crowded
混同(こんどう)スル　to confuse
混(ま)じる／混(ま)ざる　to be mixed
混乱(こんらん)スル　to be confused
混合(こんごう)スル　to mix
混(ま)ぜる　to mix, to include

湖　復 1　12画

コ　みずうみ
lake

昨夜(さくや)の大雨で**湖**の水が増加した。
人造湖の水は付近の田んぼに利用する。

湖畔(こはん)　lake shore
人造湖(じんぞうこ)　artificial lake
湖水(こすい)　lake
琵琶湖(びわこ)　Lake Biwa

満　L 6　12画

マン　み-ちる：み-たす
full, satisfied

数学の試験で**満点**を取った。
会場は**満開**の桜(さくら)を楽しむ人で超**満員**だった。

満足(まんぞく)スル　to be satisfied
満員(まんいん)　full (of people)
満開(まんかい)　in full bloom
満(み)たす　to fill
不満(ふまん)　dissatisfaction
満点(まんてん)　full (marks)
満二歳(まんにさい)　fully 2 years old

測　L 9　12画

ソク　はか-る
measure

大地震(おおじしん)がいつ起こるかは**予測**できない。
天体の動きを**観測**する。

測量(そくりょう)スル　to survey
観測(かんそく)スル　to observe

推測(すいそく)スル　to suppose
測定(そくてい)スル　to measure
予測(よそく)スル　to forecast, to estimate
測(はか)る　to measure

演	氵	氵宀	氵宀	泞	渧	溜	演			L 3 14画

エン
perform

彼女は卒業**公演**で主役を**演じ**た。
運動会の予行**演習**を行う。

出演(しゅつえん)スル　to appear on stage
講演(こうえん)スル　to give a lecture
公演(こうえん)スル　to perform in public
演(えん)じる　to play a part
演技(えんぎ)スル　to act, to perform
演説(えんぜつ)スル　to make a speech
演習(えんしゅう)　practice, drill

濃	氵	氵冂	氵冂	油	浬	濃	濃	濃		L 1 16画

ノウ　こ-い
concentrated

その男がやったという疑(うたが)いが**濃厚**だ。
濃いグレーの服を着ている。

濃縮(のうしゅく)スル　to concentrate (liquid)
濃度(のうど)　density
濃厚(のうこう)ナ　concentrated, deep
濃(こ)い　strong (liquid), dark (color)

激	氵	泊	湟	滘	滂	滂	滂	激		L 4 16画

ゲキ　はげ-しい
violent, severe

時代の**急激**な変化についていけない。
すばらしい話を聞いて、**感激**した。

感激(かんげき)スル　to be deeply moved
刺激(しげき)スル　to stimulate
激増(げきぞう)スル　to increase suddenly ←→ 激減(げきげん)スル
過激(かげき)ナ　extreme
急激(きゅうげき)ナ　sudden, abrupt
激化(げきか)スル　to intensify
激変(げきへん)スル　to change radically
激怒(げきど)スル　to be enraged
激(はげ)しい　severe

書き順→ ノ 犭 犭

12. 犭(けものへん：beast)

犯 5	狂 7	狭 9	独 9	猫 11
IKB2-5	IKB2-5	BK38	**L1**	IKB2-コ7

独	犭	犭口	犭中	独	独					L 1 9画

ドク　ひと-り
alone, *Germany

米国は1776年に**独立**した。
彼はまだ**独身**だ。

独立(どくりつ)スル to become independent
独特(どくとく)ナ unique, special
独身(どくしん) single, unmarried
独(ひと)り言(ごと) talk to oneself
独占(どくせん)スル to monopolize
孤独(こどく)ナ lonely
*独文(どくぶん) German literature

書き順→ ﾌ ㇋ 阝

13. 阝(こざとへん：cliff)

防 7	阪 7	限 9	降 10	院 10	除 10	険 11	陰 11	陸 11	隆 11
L5	IKB2-コ3	L5	BK17	BK18	IKB2-16	L4	IKB2-1	IKB2-5	IKB2-コ6
階 12	陽 12	隊 12	際 14	障 14					
BK39	IKB2-1	IKB2-16	L2	IKB2-9					

防 — L5 7画

ボウ　ふせ-ぐ　→ p.282 方【ボウ】
defend, prevent

病気にならないように**予防**する。
国の**防衛費**がだんだん増えている。

予防(よぼう)スル to prevent, to take precautions
防止(ぼうし)スル to prevent
消防署(しょうぼうしょ) fire station
防水加工(ぼうすい・かこう) waterproof
防衛費(ぼうえいひ)= 国防費(こくぼうひ) defense expenditure
防(ふせ)ぐ to defend, to prevent

限 — L5 9画

ゲン　かぎ-る
limit

期限が来たので、本を返しに行った。
月二万円を**限度**として交通費を支給(しきゅう)する。

制限(せいげん)スル to limit
限度(げんど) limit (numerical)
限界(げんかい) limit (to one's abilities)
期限(きげん) (time) limit
最低限(さいていげん) the lowest
限(かぎ)る to limit

険 — L4 11画

ケン　けわ-しい　→ p.287 剣【ケン】
danger, severe

生命(せいめい)**保険**や火災(かさい)**保険**に加入する。
高さ3000メートル以上の**険しい**山に登る。

冒険(ぼうけん)スル to adventure
危険(きけん)ナ dangerous ⟷ 安全ナ
険悪(けんあく)ナ dangerous, threatening
保険(ほけん) insurance
険(けわ)しい steep, severe

際	阝	阝ク	阝タ	阝タフ	阝タヌ	阝タ示	際			L 2 14画

サイ　きわ
occasion, side

東京は**国際的**な都市になった。
結婚を前提(ぜんてい)に**交際**している。

交際(こうさい)スル　to associate with
実際(じっさい)　actually
V-(r)u 際(さい)に　when doing ～
国際的(こくさいてき)ナ　international
この際(さい)　on this occasion, now
Nに際(さい)して when ～ happens, in case of ～

書き順→ 丨 丬 丬

14. 丬(しょうへん：wooden piece)

状 7 IKB2-3　将 10 IKB2-10

書き順→ ヽ 亠 方 方

15. 方(かたへん：direction)

方 4 BK10　放 8 BK39　施 9 IKB2-2　旅 10 BK31　族 11 BK41

書き順→ 丨 冂 日 日

16. 日(ひへん：sun, day)

日 4 BK1　明 8 BK5　映 9 BK23　昨 9 IKB2-コ1　昭 9 IKB2-コ1　時 10 BK11　晩 12 BK10　晴 12 BK14　暗 13 BK8　暖 13 BK26
盟 13 IKB2-16　曜 18 BK10

書き順→ ノ 刀 月 月

17. 月(つきへん：moon)

月 4 BK1　服 8 BK34　勝 12 **L 2**　膨 16 IKB2-13

勝→つくり 3．力(ちから)

書き順→ ノ 几 月 月

18. 月（にくづき：muscles）

肉 6	肝 7	肢 8	肪 8	肺 9	胞 9	**能** 10	**胸** 10	脈 10	脂 10
BK7	IKB2-11	IKB2-4	IKB2-12	IKB2-11	IKB2-12	**L 2**	**コラム 4**	IKB2-7	IKB2-12
脱 11	脳 11	**腕** 12	**腰** 13	腸 13	腹 13	臓 19			
BK37	IKB2-11	**コラム 4**	**コラム 4**	IKB2-11	IKB2-11	IKB2-11			

能	㇜	ム	肖	肖´	肖ヒ	能				L 2 10画

ノウ
ability，*Noh drama

知能ロボットの開発が進んでいる。
この会社は**有能**なスタッフが多い。

機能（きのう）スル　to function
有能（ゆうのう）ナ　able, competent ←→無能（むのう）ナ
知能（ちのう）　intelligence
性能（せいのう）　efficiency
才能（さいのう）　talent
放射能（ほうしゃのう）　radiation
可能（かのう）ナ　possible ←→不可能（ふかのう）ナ
能力（のうりょく）　ability
能率（のうりつ）　efficiency
芸能（げいのう）　entertainment

書き順→ ヽ ヽ´ 火 火

19. 火（ひへん：fire）

火 4	畑 9	焼 12	煙 13	燃 16	燥 17	爆 19
BK2	BK5	BK37	IKB2-7	IKB2-14	IKB2-14	IKB2-16

書き順→ 一 十 オ 木

20. 木（きへん：tree）

木 4	札 5	村 7	材 7	林 8	松 8	板 8	相 9	校 10	格 10
BK1	IKB2-コ2	BK20	IKB2-2	BK5	IKB2-コ3	IKB2-コ7	BK31	BK11	BK29
根 10	株 10	核 10	**械** 11	森 12	**検** 12	極 12	植 12	様 14	**概** 14
L10	IKB2-9	IKB2-16	**L 5**	BK5	**復 2**	IKB2-1	IKB2-12	BK20	**L 7**
構 14	模 14	横 15	権 15	標 15	機 16	橋 16			
復 2	IKB2-6	BK40	IKB2-2	IKB2-3	BK32	BK40			

根	木	木ˉ	木ヨ	相	根					L 10 10画

コン　ね
root，foundation

この木は**根**が広く張っている。
彼の主張の**根拠**がわからない。

根本(こんぽん)　foundation, root
根底(こんてい)　bottom, basis
根拠(こんきょ)　ground, basis
根(ね)　root

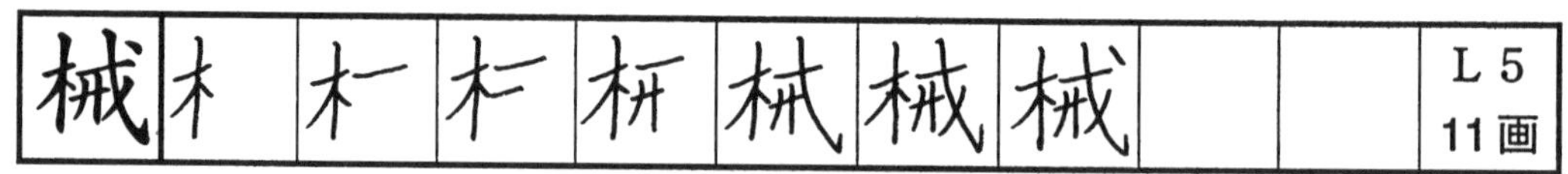

カイ
machine

大きな建設**機械**を使ってビルを建てる。
工場の**機械化**が進んだ。

機械化(きかいか)スル　to mechanize
機械(きかい)　machine

検	木	木八	朩亼	柃	椧	検				復2 12画

ケン　→ p.287 㑒【ケン】
examine

コンピュータで読みたい本を**検索**する。
この件(けん)は社内で**再検討**して返事をする。

検査(けんさ)スル　to inspect, to examine
検索(けんさく)スル　to search for, to look up
検定試験(けんてい・しけん)　examination for a certificate
検察庁(けんさつちょう)　the Public Prosecutor's Office
検討(けんとう)スル　to examine
探検(たんけん)スル　to explore

概	木	木ヨ	相	根	根一	根二	概	概		L 7 14画

ガイ
approximate

概説書は便利だが、あまり面白くない。
古代から現代までの日本の歴史を**概観**する。

概説(がいせつ)スル　to give an outline
概算(がいさん)スル　to estimate (generally)
概要(がいよう)　summary
気概(きがい)　spirit, drive
概観(がいかん)スル　to make an overview
概論(がいろん)　outline
概念(がいねん)　notion, concept
概(がい)して　generally

構	木	木艹	朩𦍌	構	構	構	構			復2 14画

コウ　かま-う　かま-える
structure　→ p.289 冓【コウ】

日本の経済**構造**は複雑だ。
その会は年配(ねんぱい)の男性で**構成**されている。

構成(こうせい)スル　to compose
構造(こうぞう)　structure
構(かま)える　to get set, to get ready
構想(こうそう)スル　to plan, to conceive
機構(きこう)　organization
構(かま)う　to mind, to care about

書き順→ 一 ア 歹 歹

21. 歹（がつへん：bone）

死 6 L7 | 列 6 復2 | 残 10 BK29 | 殖 12 IKB2-14

列→つくり2．刂（りっとう）

死	一	ア	万	歹	歹	死				L7 6画

シ　し-ぬ
death

飛行機事故で多数の**死者**が出た。
疲れたのか、**死んだ**ように眠っている。

死去(しきょ)スル　to pass away
病死(びょうし)スル　to die of sickness
死体(したい)　corpse
死(し)ぬ　to die
急死(きゅうし)スル　to die suddenly
死者(ししゃ)　the deceased
死因(しいん)　the cause of death

書き順→ ノ 𠂉 牛 牛

22. 牛（うしへん：cow）

牛 4 BK7 | 物 8 BK7 | 特 10 BK31

書き順→ 一 丁 干 王

23. 王（おうへん：king）

王 4 L1 | 玉 5 IKB2-コ3 | 理 11 BK22 | 現 11 BK44 | 球 11 L5 | 環 17 IKB2-3

王	一	丁	干	王						L1 4画

オウ
king

「はだかの**王様**」という童話(どうわ)を読んだ。
ピラミッドは古代エジプトの**王**の墓(はか)だ。

国王(こくおう)　king (of a country)
王室(おうしつ)　royal family
女王(じょおう)　queen
王様(おうさま)　king (colloquial)
王子(おうじ)　prince
王女(おうじょ)　princess

球	王	玊	玎	玗	球	球				L 5 11画

キュウ　たま
ball, bulb

地球は太陽(たいよう)の周りを回っている。
この**球場**で**野球**の試合がある。

野球(やきゅう)　baseball
地球(ちきゅう)　the earth
電球(でんきゅう)　electric light bulb
球場(きゅうじょう)　baseball ground
球根(きゅうこん)　bulb, tuber
球(たま)　ball

書き順→ 丶 ナ ネ ネ

24. ネ(しめすへん：alter)

示 5 礼 5 社 7 神 9 視 11 福 13
L7 BK42 BK18 L8 L7 L4

視→つくり28. 見(みる)

示	一	二	亍	亓	示					L 7 5画

ジ　シ　しめ-す
indicate

コーチの**指示**にしたがって練習する。
入選作品の**展示会**が開かれた。

指示(しじ)スル　to instruct
掲示(けいじ)スル　to put up a notice
展示会(てんじかい)　exhibition
示唆(しさ)スル　to suggest
提示(ていじ)スル　to present
明示(めいじ)スル　to state clearly
暗示(あんじ)スル　to hint
示(しめ)す　to show

神	ネ	初	神							L 8 9画

シン　ジン　かみ　*かん　**こう
god, spirit

神社で結婚式をあげる。
彼女はよく気がつく**神経**の細かい人だ。

神経質(しんけいしつ)ナ　nervous
精神(せいしん)　spirit
神話(しんわ)　myth, mythology
**神戸市(こうべし)　place name
神経(しんけい)　nerve
神社(じんじゃ)　Shinto shrine
*神主(かんぬし)　Shinto priest
*神田(かんだ)　place name

福	ネ	ネ	祀	福						L 4 13画

フク
good fortune, good luck

彼は**裕福**な家庭(かてい)で育った。
節分(せつぶん)には、「**福**は内、鬼(おに)は外」と言って豆をまく。

祝福(しゅくふく)スル　to bless
裕福(ゆうふく)ナ　wealthy
福祉(ふくし)　welfare
幸福(こうふく)ナ　happy
福(ふく)　good fortune
福音(ふくいん)　the Gospel

書き順→ 一 二 于 开

25. 开【ケイ】

刑 6 IKB2-コ8　形 7 BK28　型 9 **L 6**

型→あし9．土（つち）

書き順→ 丨 冂 巾 田 田

26. 田（たへん：rice field）

田 6 BK1　町 7 BK20　略 11 **L10**

リャク
abbreviate, omit, plot

時間がないので、**省略**する。
侵略を防ぐために、国民は立ち上がった。

計略(けいりゃく)スル　to plan, to plot
侵略(しんりゃく)スル　to invade
略式(りゃくしき)　informal
前略(ぜんりゃく)　(opening phrase used in letters)
省略(しょうりゃく)スル　to omit
戦略(せんりゃく)　strategy
略称(りゃくしょう)　abbreviation
略(りゃく)す　to abbreviate

書き順→ 丨 冂 月 月 目

27. 目（めへん：eye）

目 5 BK6　眠 10 BK38　睡 13 **L 7**

睡　L 7　13画

スイ
sleep

睡眠不足で頭が痛い。
寝台車では**熟睡**できない。

熟睡(じゅくすい)スル　to sleep deeply
睡眠(すいみん)　sleep

書き順→ ノ ㇐ 𠂉 矢 矢

28. 矢（やへん：arrow）

知 8	短 12
BK33	BK8

書き順→ 一 ア 不 石 石

29. 石（いしへん：stpone）

石 6	研 9	砂 9	破 10	硬 12	硫 12	磁 14	確 15	礎 18
BK6	BK21	IKB2-12	IKB2-8	**L1**	IKB2-12	IKB2-5	**L4**	**L10**

硬

L 1　12画

コウ　かた-い
hard, stiff

相手の**強硬**な態度(たいど)は変わらない。
この文章(ぶんしょう)は子ども向けにしては**硬すぎる**。

硬直（こうちょく）スル　to become stiff
強硬（きょうこう）ナ　stiff
硬貨（こうか）　coin
硬化（こうか）スル　to stiffen
硬度（こうど）　hardness
硬（かた）い　stiff

確

L 4　15画

カク　たし-か　たし-かめる
certain, definite, sure

日本の鉄道は時間に**正確**だ。
確実な情報によれば、次の首相は彼らしい。

確信（かくしん）スル　to believe firmly
確立（かくりつ）スル　to establish
確定（かくてい）スル　to decide
正確（せいかく）ナ　accurate ←→不正確ナ
確実（かくじつ）ナ　certain, sure ←→不確実ナ
確率（かくりつ）　probability
確認（かくにん）スル　to confirm＝確かめる
確保（かくほ）スル　to maintain
確約（かくやく）スル　to promise firmly
的確（てきかく）ナ　precise, accurate
明確（めいかく）ナ　clear, distinct
確（たし）かめる　to make sure, to check

礎

L 10　18画

ソ　いしずえ
foundation

先代の会長はわが社の**礎**を築いた。
数学を**基礎**から勉強する。

基礎（きそ）　base
礎（いしずえ）　the foundation

書き順→ ` ラ ネ ネ ネ

30. ネ（ころもへん：clothing）

衣 6	初 7	被 10	裕 12	補 12	複 14
素	BK44	復2	L4	IKB2-5	L2

被	ネ	ネ	ネ	ネ	ネ	被				復2 10画

ヒ　こうむ-る　　→ p.285 皮【ヒ】
receive, wear

台風が通過したため大きい**被害**を受けた。
今年入社したばかりで**被服費**がかさむ。

被服（ひふく）　clothes
被告（ひこく）　accused, defendant
被災（ひさい）スル　to suffer from
被害（ひがい）　damage
被（こうむ）る　to incur, to receive
被災者（ひさいしゃ）　victim

裕	ネ	ネ	衤	裕						L4 12画

ユウ
surplus

彼は少年時代、**裕福**な家庭で育った。
不景気（ふけいき）で生活に**余裕**がない。

裕福（ゆうふく）ナ　wealthy, rich
余裕（よゆう）　surplus, room

複	ネ	ネ	ネ	裄	複	複	複			L2 14画

フク　　→ p.289 复【フク】
multiple, compound, complex

複雑な家庭（かてい）の事情がある。
日本語には単数、**複数**の区別がない。

重複（じゅうふく／ちょうふく）スル　to overlap
複雑（ふくざつ）ナ　complicated
複合（ふくごう）　compound
複写（ふくしゃ）スル　to copy
複数（ふくすう）　plurality

書き順→ ノ ニ 千 禾 禾

31. 禾（のぎへん：rice stalk）

私 7	利 7	和 8	科 9	秋 9	秒 9	称 10	移 11	税 12	程 12
BK2	BK16	BK25	BK22	BK26	IKB2-12	IKB2-4	BK43	**L 6**	IKB2-5
種 14	積 16								
IKB2-9	IKB2-1								

税	禾	禾ソ	秙	秙	税					L 6 12画

ゼイ
tax, duty

米の**関税化**をめぐって論争が起きている。
飛行機に乗る前に**免税品**店で買物した。

税金(ぜいきん) tax, duty
関税(かんぜい) customs
税理士(ぜいりし) tax accountant
消費税(しょうひぜい) consumption tax
所得税(しょとくぜい) income tax
税関(ぜいかん) customs office
免税品(めんぜいひん) duty-free goods
税務署(ぜいむしょ) tax office
相続税(そうぞくぜい) inheritance tax
住民税(じゅうみんぜい) inhabitants' tax

書き順→ ソ 丷 半 米

32. 米（こめへん：rice）

米 6	料 10	粒 11	精 14	糖 16
BK6	BK23	IKB2-13	**L 8**	IKB2-12

精	米	米十	粁	精						L 8 14画

セイ *ショウ →p.287 青【セイ】
spirit, vigor, fine

健康な体には健全な**精神**が宿(やど)る。
朝から晩まで**精力的**に仕事をこなす。

精算(せいさん)スル to adjust (an account)
精読(せいどく)スル to read carefully
精密(せいみつ)ナ detailed
*不精・無精(ぶしょう)ナ indolent, lazy
精通(せいつう)スル to know thoroughly
精力的(せいりょくてき)ナ energetic
精神(せいしん) spirit
*精進(しょうじん)スル to devote oneself

書き順→ ㄑ ㄠ 幺 糸 糸 糸

33. 糸（いとへん：thread）

糸 6 BK6	約 9 BK31	**紀** 9 **L 5**	級 9 IKB2-2	紙 10 BK34	**純** 10 **L 2**	**納** 10 **L 9**	粉 10 IKB2-2	経 11 BK22	終 11 BK24
組 11 BK23	細 11 BK38	**紹** 11 **復 2**	結 12 BK25	絡 12 BK31	**絵** 12 **L 8**	統 12 IKB2-4	給 12 IKB2-9	絶 12 IKB2-16	続 13 BK43
練 14 BK21	**総** 14 **L 6**	網 14 IKB2-4	維 14 IKB2-5	緒 14 IKB2-14	線 15 BK32	緩 15 IKB2-3	締 15 IKB2-9	縄 15 IKB2-コ4	**縮** 17 **L 2**
績 17 IKB2-2	織 17 IKB2-12	**織** 18 **L 9**							

紀	糸	紀	紀	紀						L 5 9画

キ → p.280 己【キ】

period, record

紀元前３**世紀**ごろ米を作り始めた。
あの作家は**紀行文**が有名だ。

紀元前（きげんぜん） Before Christ =B.C.
紀行文（きこうぶん） travel notes
21 世紀（せいき） the 21st century

純	糸	純	純	純	純					L 2 10画

ジュン

pure, innocent

単純な計算を間違えてしまった。
若いうちは、考えが**純粋**だ。

単純（たんじゅん）ナ simple
不純（ふじゅん）ナ impure, dishonest
純金（じゅんきん） pure gold
純粋（じゅんすい）ナ naive, pure
純情（じゅんじょう）ナ pure-hearted

納	糸	納	納	納	納					L 9 10画

ノウ *ナッ **ナ ***ナン ****トウ

おさ-まる：おさ-める store, put in

国民には**納税**の義務がある。
その案には**納得**できない点がある。

収納（しゅうのう）スル to receive and store
*納得（なっとく）スル to be convinced and satisfied, to be persuaded
*納豆（なっとう） fermented soybeans
**納屋（なや） a barn, a shed
***納戸（なんど） a closet, a storeroom
****出納（すいとう）スル to deal revenue and expenditure
納税（のうぜい）スル to pay tax
納（おさ）まる to be settled
納（おさ）める to pay

紹	糸	紹	紹	紹						復2 11画

ショウ　　　　　→p.285 召【ショウ】
introduce

田中さんを鈴木(すずき)さんに**紹介**する。
先生からの**紹介状**を持って会社を訪ねた。

紹介(しょうかい)スル　to introduce
自己紹介(じこ・しょうかい)　self - introduction
紹介状(しょうかいじょう)　letter of introduction

絵	糸	絵	絵	絵	絵					L 8 12画

エ　カイ
picture

絵の具で絵をかく。
美術館に**絵画展**を見に行った。

絵(え)はがき　a picture postcard
絵本(えほん)　a picture book
油絵(あぶらえ)　oil painting
絵の具(えのぐ)　colors, paints
似顔絵(にがおえ)　portrait
絵画(かいが)　drawing and paintings

総	糸	総	総	総	総	総				L 6 14画

ソウ
total, whole, general, gross

国民**総生産**が世界第３位になった。
来年の３月に**総選挙**が行われる。

総合(そうごう)スル　to synthesize, to integrate
総選挙(そうせんきょ)　general election
総額(そうがく)　total amount
国民総生産(こくみん・そうせいさん)　Gross National Product = GNP
総理大臣(そうり・だいじん)　prime minister
総(そう)じて　on the whole

縮	糸	縮	縮	縮	縮	縮				L 2 17画

シュク　ちぢ-む/ちぢ-まる：ちぢ-める
ちぢ-れる：ちぢ-らす　shrink

この書類を**縮小**コピーしてください。
これは**濃縮**ジュースです。

縮小(しゅくしょう)スル　to reduce
短縮(たんしゅく)スル　to shorten
軍縮(ぐんしゅく)　arms reduction
縮図(しゅくず)　miniature
縮(ちぢ)れる　to become curly
圧縮(あっしゅく)スル　to compress
濃縮(のうしゅく)スル　to concentrate (liquid)
縮尺(しゅくしゃく)　reduced scale
縮(ちぢ)める　to shorten
縮(ちぢ)む　to shrink

織	糸	織	織	織	織	織				L 9 18画

ショク　シキ　お-る
weave

自然の材料で**染織**する。
政治問題研究会を**組織**する。

組織(そしき)スル　to organize
手織(てお)り　hand woven
染織(せんしょく)スル　to dye and to weave
*織田信長(おだのぶなが)　(historical person)

書き順→ 一 丅 F E 耳

34. 耳（みみへん：ear）

耳 6 BK6 取 8 BK33 聴 17 IKB2-11 職 18 L 3

職	耳	耳'	聕	聕	職	職				L 3 18画

ショク
employment, occupation

大学生は今、**就職**活動で忙しい。
職業安定所に出かけて、**職**を探(さが)す。

就職(しゅうしょく)スル　to find a job
休職(きゅうしょく)スル　to suspend from work
辞職(じしょく)スル　to resign
職権(しょっけん)　one's authority
職場(しょくば)　work place
汚職(おしょく)　corruption
退職(たいしょく)スル　to retire
職業(しょくぎょう)　occupation
職歴(しょくれき)　one's professional career
職人(しょくにん)　craftsman

書き順→ ノ 丿 力 白 舟

35. 舟（ふねへん：ship）

舟 6 索 航 10 IKB2-5 般 10 IKB2-7

書き順→ ' 亠 六 交 交

36. 交（こうへん：crossing）【コウ】

交 6 BK32 効 8 BK41 郊 9 L 5

郊→つくり１２．阝（おおざと）

書き順→ 一 二 千 舌

37. 舌

乱 7 L 7 辞 13 BK34

乱	ノ	二	千	舌	乱					L 7 7画

ラン　みだ-れる：みだ-す
disorder, confusion

職権（しょっけん）を**乱用**してはならない。
乱暴なことばづかいを改める。

乱用(らんよう)スル　to abuse
乱立(らんりつ)スル　to be profuse
混乱(こんらん)スル　to be confused
乱雑(らんざつ)ナ　disorderly, confused
乱暴(らんぼう)スル　violent
乱発(らんぱつ)スル　to overissue
戦乱(せんらん)　war
乱(みだ)す　to throw into disorder

書き順→ 丶 亠 亖 言

38. 言（ごんべん：say）

言 7	計 9	訂 9	記 10	討 10	託 10	設 11	訪 11	訳 11	許 11
BK11	BK11	**L 3**	BK27	**L10**	IKB2-9	BK39	BK41	**L10**	IKB2-10
評 12	詞 12	証 12	診 12	訴 12	話 13	試 13	誠 13	読 14	語 14
IKB2-1	IKB2-1	IKB2-2	IKB2-11	IKB2-コ8	BK9	BK29	IKB2-10	BK9	BK11
説 14	誌 14	認 14	諸 15	談 15	調 15	論 15	課 15	請 15	講 17
BK29	BK34	**L 7**	**L 6**	BK31	BK42	BK42	BK45	IKB2-コ9	**L10**
識 19	議 20	護 20							
L10	BK27	IKB2-2							

訂	言	訁一	訂							L 3 9画

テイ　→p.279 丁【テイ/チョウ】
revise, correct

プリントの間違いを**訂正**する。
来年、この本の**改訂版**が出る予定だ。

訂正(ていせい)スル　to correct
改訂版(かいていばん)　revised edition
改訂(かいてい)スル　to revise

討	言	訁一	訁十	討						L 10 10画

トウ　う-つ
attack, discuss

その問題について深夜まで**討論**した。
検討した結果、断念することにした。

討論(とうろん)スル　to discuss, to debate
討議(とうぎ)スル　to discuss, to debate
検討(けんとう)スル　to examine
敵(かたき)を討(う)つ　to get revenge

訳	言	訂	訂	訳	訳					L 10 11画

ヤク　わけ
translate, reason

フランス文学を**翻訳**で読んだ。
同時**通訳**をするのはとても大変だ。

通訳(つうやく)スル　to interpret
訳(やく)す　to translate
申(もう)し訳(わけ)　excuse, apology
翻訳(ほんやく)スル　to translate
和訳(わやく)　translation into Japanese
言(い)い訳(わけ)スル　to give an excuse

認	言	訂	訒	訒	認	認				L 7 14画

ニン　みと-める
approve, admit, acknowledge

うわさが本当かどうか**確認**する。
社会人としての**認識**が欠けている。

確認(かくにん)スル　to confirm
公認(こうにん)スル　to certify
容認(ようにん)スル　to admit, to allow
否認(ひにん)スル　to deny
認識(にんしき)スル　to recognize
承認(しょうにん)スル　to approve
認定(にんてい)スル　to approve
認(みと)める　to acknowledge

諸	言	言	計	詁	諸	諸				L 6 15画

ショ
various, several, all kinds of

首相は東南アジア**諸国**を訪問した。
これらの**諸報告**を読めばわかる。

諸国(しょこく)　all/various countries
諸問題(しょもんだい)　various problems
諸報告(しょほうこく)　various reports
諸島(しょとう)　chain of islands
諸費用(しょひよう)　various expenses

講	言	言	計	講	講	講	講	講		L 10 17画

コウ　→ p.289 冓【コウ】
lecture

毎日、ラジオの中国語**講座**を聞いている。
大学の**講堂**で**講演会**が開かれた。

講義(こうぎ)スル　to lecture
聴講(ちょうこう)スル　to audit
講師(こうし)　lecturer, instructor
講演(こうえん)スル　to lecture, to address
講座(こうざ)　course (of lectures)
講堂(こうどう)　lecture hall

識	言	訁	諳	識	識	識				L 10 19画

シキ
knowledge, recognition

常識がない人とは付き合いたくない。
その問題の重要性を**認識**する。

意識(いしき)スル　to be conscious of
識別(しきべつ)スル　to distinguish
常識(じょうしき)　common sense
認識(にんしき)スル　to recognize
知識(ちしき)　knowledge
標識(ひょうしき)　road sign

書き順→ 丨 冂 月 目 貝

39. 貝（かいへん：shell fish）

貝 7	則 9	財 10	敗 11	販 11	貯 12	購 17	贈 18
BK6	復2	IKB2-8	L2	復1	IKB2-9	復2	L9

則→つくり2．刂（りっとう）　　敗→つくり18．攵（のぶん）

販	貝	貝¯	貭	販	販					復1 11画

ハン　　→ p.284 反【ハン】
merchandize

この店では酒も**販売**している。
自動販売機でたばこを買った。

販売(はんばい)スル　to sell
自動販売機(じどう・はんばいき)　vending machine
市販(しはん)スル　to be on the market

購	貝	貝艹	貝廾	購	購	購	購			復2 17画

コウ　　→ p.289 冓【コウ】
purchase

景気(けいき)は悪いが、**購買力**は低下していない。
この月刊誌(げっかんし)の**購読者**は多い。

購入(こうにゅう)スル　to purchase
購読(こうどく)スル　to subscribe
購買(こうばい)スル　to purchase

贈	貝	貝丷	貝曲	贈						L9 18画

ゾウ　*ソウ　おく-る
present

卒業の記念品を**贈呈**された。
父から土地を**贈与**された。

贈呈(ぞうてい)スル　to present (officially)
贈答(ぞうとう)スル　to exchange gifts
*寄贈(きそう/きぞう)スル　to donate
贈与(ぞうよ)スル　to donate
贈物(おくりもの)　a present
贈(おく)る　to present

書き順→ 口 ⺊ 早 𧾷 足

40. 𧾷（あしへん：leg）

足 7	距 12	路 13
BK6	IKB2-13	BK32

書き順→ 一 百 亘 車

41. 車（くるまへん：wheel）

車 7 BK1　転 11 BK27　軟 11 L 1　軽 12 BK38　較 13 BK44　輪 16 L 2

軟	車	軻	軟	軟	軟					L 1 11画

ナン　やわ-らかい　やわ-らか
soft

彼は考え方が**柔軟**だ。
彼女の体は骨（ほね）がないような**軟らか**さだ。

柔軟（じゅうなん）ナ　flexible
軟（やわ）らかい／軟（やわ）らかな　soft
軟弱（なんじゃく）ナ　weak, feeble
軟化（なんか）スル　to soften, to be mollified

輪	車	軟	軡	輪	輪					L 2 16画

ユ
transport

アラブ諸国は石油を**輸出**している。
この島では、船が唯一（ゆいいつ）の**輸送**の手段である。

輸出（ゆしゅつ）スル　to export
輸送（ゆそう）スル　to transport
輸血（ゆけつ）スル　to transfuse blood
輸入（ゆにゅう）スル　to import
空輸（くうゆ）スル　to transport by air
運輸（うんゆ）　transportation

書き順→ ク ⺈ 冂 角 角

42. 角（つのへん：horn）

角 7 IKB2-13　解 13 L 3　触 13 IKB2-11

解	角	角	角	角	解	解				L 3 13画

カイ　*ゲ　と-ける：と-かす　と-く
dissolve, untie

長い間の争いが**解決**に向かう。
問題の**解答**を見ても**理解**できない。

理解（りかい）スル　to understand
解説（かいせつ）スル　to explain
解放（かいほう）スル　to release
解禁（かいきん）スル　to lift a ban, to open for the hunting/season
分解（ぶんかい）スル　to disassemble
解答（かいとう）　answer
解（と）く　to untie, to solve
解決（かいけつ）スル　to solve, to settle
解散（かいさん）スル　to break up
解消（かいしょう）スル　to dissolve
弁解（べんかい）スル　to make an excuse
*解熱剤（げねつざい）　medicine for fever
*解毒剤（げどくざい）　antidote

書き順→ 一 丅 丙 西 酉

43. 酉（とりへん：wheel）

配 10	酸 14
BK41	IKB2-12

書き順→ フ ㇇ ヨ 尹 君

44. 君

君 7	郡 10	群 13
復 2	復 2	L 6

君→あし7．口（くち）　郡→つくり12．阝（おおざと）

群	フ	ヲ	ヨ	尹	君	君ソ	君ｿ	群		L 6 13画

グン　む-れ　む-れる　＊むら
group, crowd

大群衆が議事堂の前に集まった。
この季節（きせつ）になると魚の**大群**が現れる。

群衆（ぐんしゅう）　crowd (of people)
抜群（ばつぐん）　outstanding
流星群（りゅうせいぐん）　meteoric belt
＊群（むら）がる　to crowd
大群（たいぐん）　large crowd/herd
群馬県（ぐんまけん）　Gunma prefecture
群（む）れ　group

書き順→ 十 古 卓

45. 卓

乾 11	朝 12	幹 13	韓 18
IKB2-14	BK10	IKB2-3	IKB2-16

書き順→ 八 亼 全 金 金

46. 金（かねへん：metal）

金 8	針 10	鈍 12	鉄 13	鉛 13	鈴 13	銀 14	銅 14	銃 14	録 16
BK2	IKB2-15	IKB2-8	BK19	IKB2-13	IKB2-コ5	BK35	IKB2-4	IKB2-13	IKB2-3

鎖 18
IKB2-14

書き順→ 土 去 幸 幸

47. 幸

幸 8 執 11 報 12
L 4 IKB2-15 BK35

幸	土	去	幸	幸						L 4 8画

コウ しあわ-せ さいわ-い さち
good fortune, happiness

ご多**幸**をお祈(いの)りいたします。
彼女は**幸せな**結婚生活を送っている。

幸運(こううん)ナ lucky ⟷ 不運ナ
多幸(たこう) good fortune
幸(しあわ)せ ナ happy ⟷ 不幸せナ
幸福(こうふく)ナ happy ⟷不幸ナ
薄幸(はっこう) ill-fate
幸(さいわ)い happiness

書き順→ 人 今 今 今 食 食

48. 飠(しょくへん：eat)

食 9 飲 12 飯 12 館 16
BK9 BK9 BK11 BK19

書き順→ I 厂 爪 厈 馬 馬

49. 馬(うまへん：horse)

馬 10 駅 14 駆 14 験 18 騒 18 騎 18
BK7 BK18 IKB2-4 BK29 IKB2-3 IKB2-10

II. つくり

書き順→ フ 刀

1. 刀(かたな：sword)

刀 2 切 4 辺 5 初 7
索 BK16 IKB2-13 BK44

書き順→ 丨 刂

2. 刂（りっとう：sword）

刊 5	列 6	刑 6	利 7	別 7	判 7	到 8	制 8	刻 8	例 8
IKB2-コ7	復 2	IKB2-コ8	BK16	BK37	IKB2-2	BK32	BK45	L 4	L10
刷 8	前 9	型 9	則 9	削 9	倒 10	剣 10	剤 10	副 11	側 11
IKB2-コ2	BK10	L 6	復 2	IKB2-16	IKB2-6	IKB2-10	IKB2-12	復 2	復 2
割 12	創 12								
BK33	L 3								

例→へん1．亻（にんべん）　型→あし9．土（つち）
側→へん1．亻（にんべん）

列	一	ア	歹	歹	列					復2 6画

レツ
line

入学式には多数の**列席者**があった。
野球の試合の切符（きっぷ）を**行列**して買った。

列挙（れっきょ）スル　to list, to enumerate
列席（れっせき）スル　to attend
列島（れっとう）　chain of islands
列（れっ）する　to attend
参列（さんれつ）スル　to attend
列車（れっしゃ）　train
行列（ぎょうれつ）　procession, queue

刻	亠	亠	亥	亥	亥	刻				L 4 8画

コク　きざ-む
engrave

この国は**深刻**な問題をかかえている。
時刻表を見て、列車を決める。

遅刻（ちこく）スル　to be late
深刻（しんこく）ナ　serious
時刻（じこく）　time
彫刻（ちょうこく）スル　to sculpt, to carve
時刻表（じこくひょう）　timetable
刻（きざ）む　to engrave, to carve

則	貝	則								復2 9画

ソク
rule

学校には細かい**規則**が多い。
反則した選手が退場を命（めい）じられた。

原則（げんそく）　principle, general rule
法則（ほうそく）　law, rule
規則（きそく）　rule, regulations
反則（はんそく）　violation

副	一	戸	畐	副						復2 11画

フク
vice -，sub -

この薬は**副作用**が少ないから安心だ。
若者の主食はパンで、**副食**は肉が多い。

副(ふく)〜　vice - , sub -
副業(ふくぎょう)　side job
副作用(ふくさよう)　side effect
副食(ふくしょく)　side dish ←→主食

創	𠆢	亼	今	仺	倉	創				L 3 12画

ソウ　つく-る
create

新しい文化を**創造**する。
独創的な論文を発表する。

創造(そうぞう)スル　to create
創立(そうりつ)スル　to establish
独創的(どくそうてき)ナ　original, individual
創刊号(そうかんごう)　first issue
創作(そうさく)スル　to create
創業(そうぎょう)スル　to found
創始者(そうししゃ)　founder

書き順→ ㇆ 力

3．力（ちから：power）

力 2	功 5	幼 5	助 7	効 8	勉 10	動 11	務 11	勝 12	勤 12	働 13
BK4	**L 2**	IKB2-11	**L 3**	BK41	BK21	BK17	**L 9**	**L 2**	**L 9**	BK17

功→へん7．工【コウ】

助	丨	冂	月	目	助					L 3 7画

ジョ　たす-かる：たす-ける　*すけ
help, assist

海でおぼれている人を**救助**した。
助手は**補助的**な仕事をする人だ。

救助(きゅうじょ)スル　to rescue, to aid
援助(えんじょ)スル　to aid
助成金(じょせいきん)　subsidy, grant
*新之助(しんのすけ)　personal name
補助(ほじょ)スル　to assist
助言(じょげん)スル　to advise
助手(じょしゅ)　assistant
助(たす)ける　to help, to save

務	マ	矛	矛𠂉	敄	務					L 9 11画

ム　つと-める　つと-まる
duty, serve

責任(せきにん)を持って**任務**を行う**義務**がある。
事務室は午後5時まで開いている。

勤務(きんむ)スル to work	事務(じむ) office work
義務(ぎむ) duty	任務(にんむ) duty, work
業務(ぎょうむ) business	債務(さいむ) debt
税務署(ぜいむしょ) tax office	務(つと)める to work, to perform

勝	月	月′	月⺷	胖	胅	勝				L 2 12画

シヨウ か-つ まさ-る
win, victory, excel

勝者は**決勝**に進むことができる。
去年はこのチームが**優勝**した。

勝負(しょうぶ)スル to play a match	優勝(ゆうしょう)スル to be a champion
勝利(しょうり) victory	勝者(しょうしゃ) winner
勝敗(しょうはい) victory & defeat	決勝(けっしょう) final game
快勝(かいしょう)スル to gain victory easily	～ニ勝(か)つ to win ⟷ ～ニ負(ま)ける
自分勝手(じぶん・かって)ナ selfish	～ニ勝(まさ)る to be superior ⟷ ～ニ劣(おと)る

勤	艹	苫	茞	革	菫	勤				L 9 12画

キン ゴン つと-まる：つと-める
work for, serve

この学校には**勤勉**な学生が多い。
東京本社から四国に**転勤**になった。

勤務(きんむ)スル to work	通勤(つうきん)スル to commute
転勤(てんきん)スル to be transfered	出勤(しゅっきん)スル to go to work
勤勉(きんべん)ナ industrious	～ニ勤(つと)める to work for

書き順→ ノ ヒ

4. ヒ

化 4	比 4	北 5	批 7	能 10
BK22	BK44	BK18	IKB2-16	L 2

能→へん18. 月(にくづき)

書き順→ ㇜ ム

5. ム

仏 4	払 5	弘 5	私 7
L 1	BK30	IKB2-コ6	BK2

仏→へん1. イ(にんべん)

書き順→ 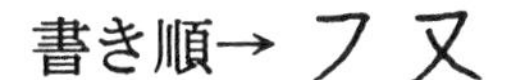

6. 又

収 4 双 4 取 8
L 2 IKB2-4 BK33

収	丨	丩	屮	収						L 2 4画

シュウ おさ-まる：おさ-める
collect, receive

収入が多いほど、税金が高くなる。
彼の趣味(しゅみ)は切手の**収集**だ。

収集(しゅうしゅう)スル to collect
収容(しゅうよう)スル to accommodate
収穫(しゅうかく)スル to harvest
収支(しゅうし) revenue and expenditure
回収(かいしゅう)スル to collect
吸収(きゅうしゅう)スル to absorb
収納(しゅうのう)スル to store
収入(しゅうにゅう) income
領収書(りょうしゅうしょ) receipt
収(おさ)める to obtain, to collect

書き順→ 一 丁

7. 丁【テイ／チョウ】

丁 2 庁 5 町 7 訂 9 停 11
復1 L1 BK20 L3 L3

庁→たれ2. 广(まだれ) **訂→へん38. 言(ごんべん)**
停→へん1. 亻(にんべん)

丁	一	丁								復1 2画

チョウ テイ
block, polite

新住所は中央区中央**1丁目**1番地です。
丁寧なお礼の手紙を受け取った。

丁寧(ていねい)ナ polite
1丁目(いっちょうめ) 1st block(in addresses)
丁重(ていちょう)ナ respectful
包丁(ほうちょう) kitchen knife

書き順→ 丨 冂 口

8. 口(くち：mouth)

口 3 加 5 和 8 知 8
BK1 BK43 BK25 BK33

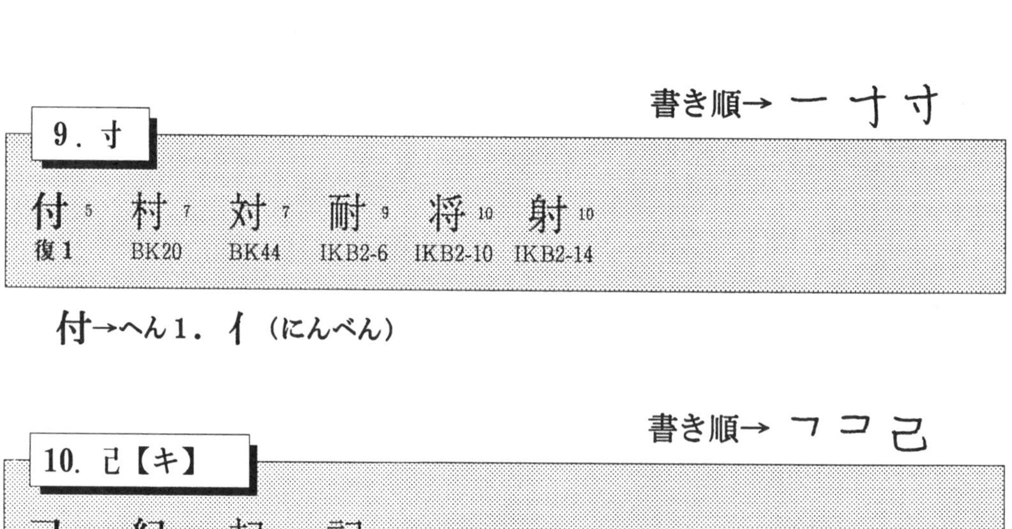

書き順→ 一 寸 寸

9．寸

付 5	村 7	対 7	耐 9	将 10	射 10
復1	BK20	BK44	IKB2-6	IKB2-10	IKB2-14

付→へん1．亻（にんべん）

書き順→ ㇆ コ 己

10. 己【キ】

己 3	紀 9	起 10	記 10
復1	L5	BK24	BK27

紀→へん33．糸（いとへん）

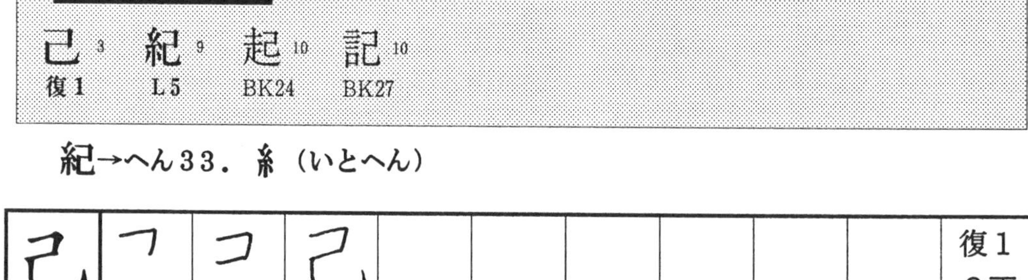

己	㇆	コ	己							復1 3画

コ　キ　おのれ
self

自己紹介(しょうかい)をしてください。
忙しい都会では**利己的**になりがちだ。

利己的(りこてき)ナ　selfish, self-centered
知己(ちき)　an acquaintance
自己(じこ)　self

書き順→ ノ 彡 彡

11. 彡（さんづくり：patterns）

形 7	修 10	影 15
BK28	L3	IKB2-3

修→へん1．亻（にんべん）

書き順→ ㇇ 了 阝

12. 阝（おおざと：hill）

邦 7	郊 9	郎 9	郡 10	部 11	都 11	郵 11
IKB2-15	L5	IKB2-コ6	復2	BK18	BK20	L1

郊	亠	六	交	交	郊					L 5 9画

コウ → p.269 交【コウ】
suburb

東京の**郊外**に家を建てた。
大都市の**近郊**では土地の値段が上がった。

郊外(こうがい) the outer suburbs
近郊(きんこう) the inner suburbs

郡	フ	ヨ	ヨ	尹	君	郡				復2 10画

グン
county, district

郡部と市部の子どもの体力を比較する。
郡は県と町村の間の行政区分の単位だ。

郡(ぐん) county, district
郡部(ぐんぶ) rural area

郵	二	三	乒	乒	垂	垂	郵			L 1 11画

ユウ
mail

この書類を**郵送**してください。
郵便局から海外へ送金することができる。

郵送(ゆうそう)スル to mail
郵便局(ゆうびんきょく) post office
郵政公社(ゆうせいこうしゃ) Japan Post, a state-owned corporation

書き順→ ㇇ 㐌 也

13. 也

他 5 地 6 池 6 施 9
IKB2-1 BK19 IKB2-7 IKB2-2

書き順→ ノ ㇆ 勺

14. 勺

的 8 約 9
BK45 BK31

書き順→ ノ 厂 斤 斤

15. 斤（おの：ax）

近 7 折 7 所 8 断 11 新 13
BK14 BK30 BK19 **L 3** BK8

断	丷	䒑	半	米	迷	断				L 3 11画

ダン　た-つ　ことわ-る
cut off, decisive, reject, excuse

外見で人を**判断**してはいけない。
無断欠席はしないこと。

断定(だんてい)スル　to conclude
決断(けつだん)スル　to determine
診断(しんだん)スル　to diagnose
無断(むだん)　without notice
横断歩道(おうだん・ほどう)　pedestrian crossing
断(た)つ　to cut off
判断(はんだん)スル　to judge
断念(だんねん)スル　to give up
独断的(どくだんてき)ナ　dogmatic
断食(だんじき)　fasting
断(だん)じて　absolutely
断(ことわ)る　to decline

書き順→ 丶 亠 亍 方

16. 方【ホウ/ボウ】

方 4 BK10　防 7 L5　訪 11 BK41

防→へん13. 阝(こざとへん)

書き順→ ノ 冂 月 月

17. 月(つき：moon)

明 8 BK5　望 11 L8　朝 12 BK10　期 12 BK35

望	亠	亡	亡月	𦚏	𦚏	望				L 8 11画

ボウ　*モウ　のぞ-む
wish

外国語は2カ国語できることが**望**ましい。
彼は**有望**な若手音楽家だ。

希望(きぼう)スル　to hope
失望(しつぼう)スル　to be disappointed
有望(ゆうぼう)ナ　promising
*本望(ほんもう)　satisfaction
望(のぞ)む　to hope, to wish
志望(しぼう)スル　to wish, to choose
待望(たいぼう)スル　to await
願望(がんぼう)　long-held desire
*所望(しょもう)スル　to desire, to ask for
望(のぞ)ましい　desirable

書き順→ ノ ト ケ 攵

18. 攵（のぶん：whip）

改 7	放 8	政 9	故 9	教 11	敗 11	救 11	欲 11	散 12	数 13
L 3	BK39	BK22	BK32	BK9	L 2	L 3	IKB2-2	IKB2-7	BK22
徴 14	敷 15								
IKB2-1	IKB2-10								

改	フ	コ	己	改						L 3 7画

カイ　あらた-まる：あらた-める
reform, renew, correct

古い規則は**改正**しなければならない。
各党（かくとう）が政治**改革**を目指して努力している。

改正(かいせい)スル　to revise
改良(かいりょう)スル　to improve
改定(かいてい)スル　to reform, to renew
改善(かいぜん)スル　to improve
改革(かいかく)スル　to reform
改訂(かいてい)スル　to revise
改札口(かいさつぐち)　ticket gate
改(あらた)める　to change, to correct

敗	貝	貝'	貝ˊ	貝ケ	敗					L 2 11画

ハイ　やぶ-れる
be defeated

失敗しても、やり直せばよい。
ゲームの**勝敗**は時の運だ。

失敗(しっぱい)スル　to fail
大敗(たいはい)スル　to be annihilated
勝敗(しょうはい)　victory and defeat
敗北(はいぼく)スル　to be defeated
腐敗(ふはい)スル　to be decomposed, to decay
敗戦(はいせん)　lost battle
～ニ敗(やぶ)れる　to be defeated ＝ 負(ま)ける ⟷ 勝(か)つ

救	寸	才	求	求	救					L 3 11画

キュウ　すく-う
rescue, save

飛行機事故でけがをした人を**救助**する。
地震（じしん）による災害地（さいがいち）に**救援**物資を送る。

救助(きゅうじょ)スル　to rescue, to aid
救出(きゅうしゅつ)スル　to save
救命具(きゅうめいぐ)　life preserver
救援(きゅうえん)スル　to send relief
救急車(きゅうきゅうしゃ)　ambulance
救(すく)う　to help out

書き順→ ノ ク ケ 欠

19. 欠（あくび：open mouth）

欠 4	次 6	欧 8	軟 11	飲 12	歌 14
BK25	BK28	L1	L1	BK9	BK14

軟→へん41．車（くるまへん）

欧	一	ヌ	区	欧						L1 8画

オウ
Europe

1990年、**東欧**の社会体制が大きく変化した。
日本人の食生活が**欧米化**してきている。

欧州（おうしゅう） Europe
西欧（せいおう） Western Europe
欧米（おうべい） Europe and America
東欧（とうおう） Eastern Europe
北欧（ほくおう） Northern Europe
欧文（おうぶん） European languages

書き順→ ノ 几 殳 殳

20. 殳（るまた：hit）

投 7	役 7	段 9	般 10	殺 10	殿 13	穀 14
BK30	L8	L10	IKB2-7	IKB2-12	IKB2-14	IKB2-12

役→へん8．彳（ぎょうにんべん）

段 L 10 9画

ダン
step

外国語は外国を理解する**手段**である。
健康のために毎日**階段**を利用している。

階段（かいだん） stairway, steps
手段（しゅだん） means, measure
段落（だんらく） section, paragraph
値段（ねだん） price
段階（だんかい） grade, stage, step

書き順→ 一 厂 万 反

21. 反【ハン】

反 4	阪 7	坂 7	版 8	板 8	販 11	飯 12
BK44	IKB2-コ3	IKB2-コ7	IKB2-8	IKB2-コ7	復1	BK11

販→へん39．貝（かいへん）

書き順→丿厂广皮皮

22. 皮【ヒ／ハ】

皮 5	彼 8	波 8	疲 10	被 10	破 10
L 9	BK15	IKB2-5	BK13	**復 2**	IKB2-8

被→へん30．衤（ころもへん）

皮	丿	厂	广	皮	皮					L 9 5画

ヒ　かわ
skin

太陽光線(たいようこうせん)が強すぎて、**皮膚**が赤くなった。
社長に仕事のことで**皮肉**を言われた。

皮膚（ひふ）　skin
皮革製品（ひかく・せいひん）　leather goods
毛皮（けがわ）　fur
皮肉（ひにく）　sarcasm, irony
皮（かわ）　skin

書き順→ フ ヌ 圣 圣 圣

23. 圣【ケイ】

径 8	経 11	軽 12
IKB2-13	BK22	BK38

書き順→ ′ 亻 白 白 白

24. 白【ハク】

白 5	泊 8	拍 8	迫 8
BK23	BK31	**復 1**	IKB2-コ9

拍→へん10．扌（てへん）

書き順→ フ 刀 召

25. 召【ショウ】

召 5	招 8	昭 9	紹 11
復 2	**復 2**	IKB2-コ1	**復 2**

召→あし7．口（くち）　**招**→へん10．扌（てへん）
紹→へん33．糸（いとへん）

書き順→ 𠆢 亽 今 令

26. 令【レイ】

令 5	冷 7	齢 17
IKB2-15	BK26	IKB2-コ9

書き順→ 土 圭 寺 寺

27. 寺（てら：temple）

寺 6	待 9	持 9	時 10	特 10
BK14	BK11	BK14	BK11	BK31

書き順→ 丨 冂 月 目 見

28. 見（みる：see）

見 7	視 11	規 11	親 16	観 18
BK9	L7	IKB2-6	BK16	L7

視 ネ 礻目 礻見 視 — L 7 11画

シ
sight, observe

各国の教育事情を**視察**する。
信号を**無視**して事故を起こす。

視察(しさつ)スル　to inspect
軽視(けいし)スル　to neglect
視点(してん)　viewpoint
視野(しや)　field of vision
無視(むし)スル　to ignore
視力(しりょく)　eyesight
視線(しせん)　line of vision
近視(きんし)　near-sighted

観 𠂉 午 午 奔 奔 雚 観 — L 7 18画

カン
observe

動植物(どうしょくぶつ)の生態(せいたい)を**観察**する。
観点を変えれば、短所も長所になる。

観察(かんさつ)スル　to observe
観賞(かんしょう)スル　to appreciate
観光(かんこう)スル　to see sights
悲観的(ひかんてき)ナ　pessimistic ←→ 楽観的(らっかんてき)ナ
主観的(しゅかんてき)ナ　subjective ←→ 客観的(きゃっかんてき)ナ
観点(かんてん)　viewpoint
人生観(じんせいかん)　view of life
観測(かんそく)スル　to survey
参観(さんかん)スル　to inspect, to visit
概観(がいかん)スル　to survey
観念(かんねん)　idea

書き順→ 一 十 主 青

29. 青（あお：blue）【セイ】

青 8	清 11	晴 12	精 14	請 15
BK14	IKB2-コ5	BK14	L8	IKB2-コ9

精→へん32．米（こめへん）

書き順→ 丨 ｢ 𠂉 镸 長 長

30. 長【チョウ】

長 8	張 11	帳 11
BK8	L5	復1

張→へん6．弓（ゆみへん）

帳	口	巾	帳							復1 11画

チョウ
notebook

来月の予定は**手帳**に書いてある。
働いて借りを**帳消し**にしてもらった。

手帳(てちょう)　pocket notebook
日記帳(にっきちょう)　diary
電話帳(でんわちょう)　phone directory
帳消(ちょうけ)し　cancellation

書き順→ ノ 亻 亻' 什 隹

31. 隹（ふるとり：bird）

准 10	推 11	準 13	雑 14	維 14	難 18	離 19
IKB2-16	IKB2-5	BK31	BK34	IKB2-5	BK28	BK25

書き順→ 𠆢 𠆢 合 㑒 㑒

32. 㑒【ケン】

険 11	検 12	験 18
L4	復2	BK29

険→へん13．阝（こざとへん）　　検→へん20．木（きへん）

書き順→ 一 ア 丅 百 頁

33. 頁（おおがい：head）

順 12	項 12	傾 13	預 13	領 14	頭 16	頼 16	題 18	顔 18	類 18
L10	IKB2-11	IKB2-7	IKB2-9	IKB2-10	BK36	L 8	BK21	BK41	BK42
額 18	願 19	顧 21							
L 6	BK33	IKB2-9							

順	丿	川	川	川頁						L 10 12画

ジュン
order

料理の**手順**を間違えて、失敗した。
計画は**順調**に進んでいる。

順応(じゅんのう)スル　to adapt
順調(じゅんちょう)ナ　favorable, going well
順番(じゅんばん)　turn, order
順位(じゅんい)　order, ranking
従順(じゅうじゅん)ナ　submissive
順序(じゅんじょ)　order, sequence
手順(てじゅん)　procedure, routine
順(じゅん)に　in order

頼	一	𠮛	申	東	頼					L 8 16画

ライ　たの-む　たよ-る　たの-もしい
rely

頼りになる妹に病気の母の世話を**頼む**。
何でも**頼み**を聞いてくれる**頼もしい**友人だ。

信頼(しんらい)スル　to trust
～ニ頼(たの)む　to request
頼(たの)もしい　reliable
依頼(いらい)スル　to request
～ニ頼(たよ)る　to rely

額	宀	岁	安	客	額					L 6 18画

ガク　ひたい
amount(money), frame, forehead

小切手(こぎって)に**金額**を書いて署名してください。
今月の**支出額**は**収入額**を上回りそうだ。

金額(きんがく)　amount of money
全額(ぜんがく)　full amount
差額(さがく)　the difference
支出額(ししゅつがく)　expenditure
超過額(ちょうかがく)　surplus
額(ひたい)　the forehead
総額(そうがく)　total
半額(はんがく)　half amount
割当額(わりあてがく)　allotment
納税額(のうぜいがく)　amount of tax paid
額縁(がくぶち)　a (picture) frame

書き順→ ノ 𠂉 𠂉 ⺊ 复 复

34. 复【フク】

復 12	腹 13	複 14
復2	IKB2-11	L2

復→へん8．彳（ぎょうにんべん）　複→へん30．衤（ころもへん）

書き順→ 一 十 廾 冓 冓 冓

35. 冓【コウ】

溝 13	構 14	講 17	購 17
IKB2-7	復2	L10	復2

構→へん20．木（きへん）　講→へん38．言（ごんべん）

購→へん39．貝（かいへん）

Ⅲ．その他（左右）

外 5	以 5	旧 5	印 6	羽 6	冷 7	乱 7	非 8	乳 8	帰 10
BK18	BK43	L6	L1	IKB2-コ4	BK26	L7	BK45	IKB2-11	BK9
能 10	師 10	峰 10	野 11	務 11	斜 11	崎 11	幅 12	辞 13	戦 13
L2	L6	IKB2-7	BK40	L9	IKB2-7	IKB2-コ5	IKB2-コ9	BK34	L2
幹 13	献 13	静 14	端 14	疑 14	凝 16	融 16	鮮 17	臨 18	競 20
IKB2-3	IKB2-9	BK14	IKB2-4	IKB2-5	IKB2-13	IKB2-8	IKB2-16	IKB2-16	IKB2-1

乱→へん37．舌　務→つくり3．力（ちから）

戦→かまえ1．戈（ほこがまえ）　能→へん18．月（にくづき）

旧	丨	丨丨	丨门	丨冃	旧					L6 5画

キュウ
old, former

地震（じしん）で壊（こわ）れた**旧**市街は復**旧**に時間がかかる。
政治家の新**旧**交代を図る。

復旧(ふっきゅう)スル　to restore, to recover
旧市街(きゅうしがい)　old center (of a town)
旧体制(きゅうたいせい)　old regime
旧姓(きゅうせい)　one's former name
旧式(きゅうしき)　old-type
新旧(しんきゅう)　old and new
旧跡(きゅうせき)　historic ruins

印	ノ	亻	㔾	乍	印	印				L1 6画

イン　しるし
mark, seal, *India

その国にいい**印象**を持っている。
これは私たちの感謝(かんしゃ)の**印**です。

印刷(いんさつ)スル　to print
印鑑(いんかん)　(stamp used instead of a signature)
印税(いんぜい)　royalties (on a book)
*印度(いんど)　India
印象(いんしょう)　impression
押印(おういん)スル　to put one's seal
目印(めじるし)　landmark, mark

師	ノ	亻	户	白	自	自一	訂	師		L6 10画

シ
master

被災地(ひさいち)に**医師**と**看護師**を派遣(はけん)する。
タバコはポルトガルの**宣教師**が伝えた。

師事(しじ)スル　to be a pupil
調理師(ちょうりし)　chef
看護師(かんごし)＝看護婦、看護士の正式名　nurse
教師(きょうし)　teacher
技師(ぎし)　engineer
美容師(びようし)　beautician
宣教師(せんきょうし)　missionary
医師(いし)　(medical) doctor
講師(こうし)　lecturer, instructor

Ⅳ. かんむり

書き順→　丶　亠

1. 亠

亡 3	六 4	文 4	方 4	市 5	立 5	交 6	忘 7	夜 8	京 8
復2	BK3	BK7	BK10	BK20	BK24	BK32	BK36	BK10	BK20
育 8	卒 8	変 9	高 10	商 11	率 11	豪 14			
BK22	BK42	BK43	BK8	BK27	**L6**	IKB2-10			

率→あし5. 十

亡	丶	亠	亡							復2 3画

ボウ　*モウ　な-い
die

内乱の中、政治家が外国に**亡命**した。
交通事故による**死亡者数**が急増している。

死亡(しぼう)スル　to die
亡命(ぼうめい)スル　to flee one's country
未亡人(みぼうじん)　widow
*亡者(もうじゃ)　the dead, the ghost
逃亡(とうぼう)スル　to escape
滅亡(めつぼう)スル　to be ruined
亡(な)くなる　to die

書き順→ 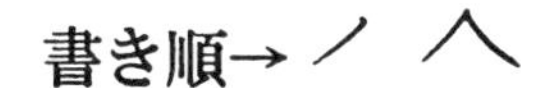

2. 𠆢

人 2	今 4	介 4	令 5	会 6	合 6	全 6	**企 6**	余 7	金 8
BK1	BK12	IKB2-1	IKB2-15	BK12	BK29	BK45	**L10**	IKB2-6	BK2
命 8	食 9								
IKB2-6	BK9								

企										L 10 6画

キ　くわだ-てる
plan, enterprise

銀行強盗(ごうとう)の**企て**は失敗した。
たくさんの外国**企業**が進出している。

企画(きかく)スル　to plan
企(くわだ)て　plan, plot
企業(きぎょう)　enterprise, corporation

書き順→ ノ　八

3. 八

八 2	分 4	公 4
BK3	BK4	BK19

書き順→ ′　冖

4. 冖（わかんむり：cover）

写 5	**軍 9**
BK23	**L 6**

軍										L 6 9画

グン
military, troops, team

軍隊には、**陸軍**、**海軍**、**空軍**がある。
あの国は強大な**軍事力**を持っている。

軍隊(ぐんたい)　troops
陸海軍(りくかいぐん)　army and navy
軍国主義(ぐんこく・しゅぎ)　militarism
軍備(ぐんび)　military preparations
軍縮(ぐんしゅく)　armament reduction
軍事力(ぐんじりょく)　military force
連合軍(れんごうぐん)　allied forces
国連軍(こくれんぐん)　U.N. troops
軍人(ぐんじん)　military personnel
女性軍(じょせいぐん)　women's team

書き順→ 一 十

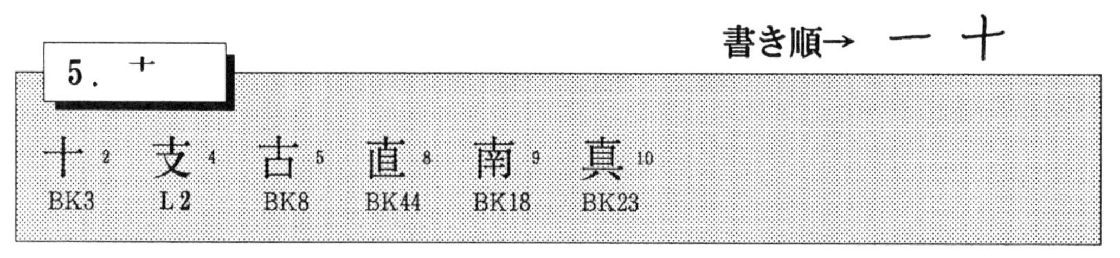

5. 十
十 2 支 4 古 5 直 8 南 9 真 10
BK3 L2 BK8 BK44 BK18 BK23

支→あし6. 又（また）

書き順→ ㇜ ム

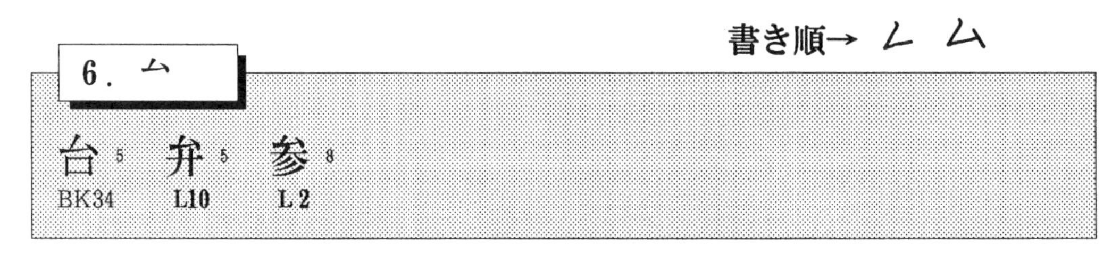

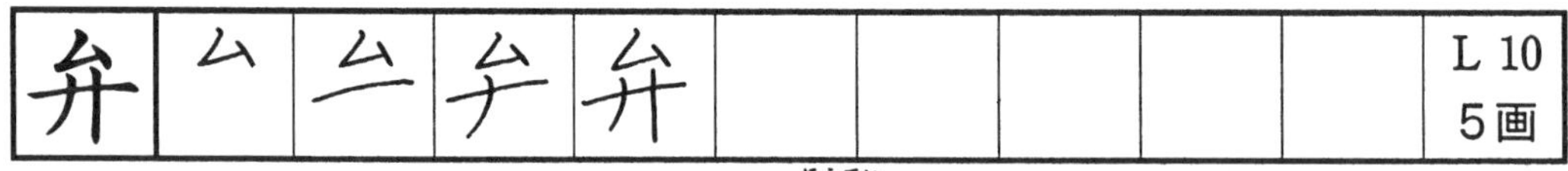

ベン
eloquence, valve, accent

法廷(ほうてい)で**弁護士**は被告を**弁護**した。
ガラス窓を割ってしまい、**弁償**した。

弁解(べんかい)スル to make an excuse
弁論(べんろん)スル to debate
安全弁(あんぜんべん) safety valve
大阪弁(おおさかべん) Osaka dialect
弁護(べんご)スル to defend
弁護士(べんごし) lawyer
弁償(べんしょう)スル to compensate
弁当(べんとう) (box) meal

サン まい-る
participate, go/come, *three

パリで国際会議に**参加**する。
明日、9時に**参ります**。

参加(さんか)スル to participate ←→不参加
降参(こうさん)スル to surrender
持参(じさん)スル to bring
参議院(さんぎいん) Upper House of Parliament
参(まい)る to go, to come (humble form of 行く／来る)
参戦(さんせん)スル to enter a war
参照(さんしょう)スル to refer to
参考(さんこう) reference
参(さん) = three (classical form of 三)

書き順→ フ マ

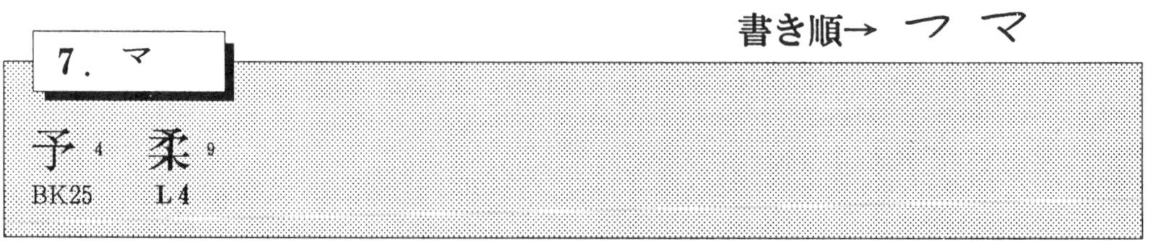

柔→あし19. 木（したき）

8. ⺈

色 6	争 6	危 6	角 7	急 9	負 9	勉 10	魚 11	象 12
BK23	**L 2**	**L 4**	IKB2-13	BK31	**L 2**	BK21	BK7	**L 8**

負→あし２８．**貝**（かい）

争										L 2 6画

ソウ　あらそ-う
dispute, argue

南北**戦争**は1861年に始まった。
この地域(ちいき)ではまだ**紛争**が続いている。

競争(きょうそう)スル　to compete
南北戦争(なんぼくせんそう)　the (U.S.) Civil War
紛争(ふんそう)　dispute
論争(ろんそう)スル　to argue
争(あらそ)う　to dispute, to argue

キ　あぶ-ない　あや-うい　あや-ぶむ
dangerous

あの川は流れが速くて、泳ぐのは**危険**だ。
戦争の**危機**に直面している。

危険(きけん)ナ　dangerous ⟷ 安全ナ
危害(きがい)　harm, risk
危機(きき)　crisis
危(あぶ)ない　dangerous, risky

ショウ　ゾウ
image, symbol, elephant

天皇(てんのう)は日本国の**象徴**である。
映画の最後の場面が**印象**に残っている。

象徴(しょうちょう)スル　to symbolize
現象(げんしょう)　phenomenon
象(ぞう)　elephant
印象(いんしょう)　impression
気象庁(きしょうちょう)　Meteorological Agency
象牙(ぞうげ)　ivory

書き順→ ヽ ソ

9. ⺌

半 5	米 6	弟 7	並 8	券 8	前 9	首 9	兼 10	善 12
BK4	BK6	BK15	BK37	**L 6**	BK10	**L 1**	IKB2-15	IKB2-2

券→あし４．**刀**（かたな）

首	ソ	丷	䒑	产	首					L 1 9画

シュ　くび
head, neck

サミットとは先進国**首脳**会議のことだ。
準備運動で**手首**や**足首**をよく回しておく。

首相(しゅしょう)　Prime Minister
首脳(しゅのう)　the leaders
首都(しゅと)　capital city
元首(げんしゅ)　the leader of a nation
首長(しゅちょう)　chief, head
手首(てくび)　wrist

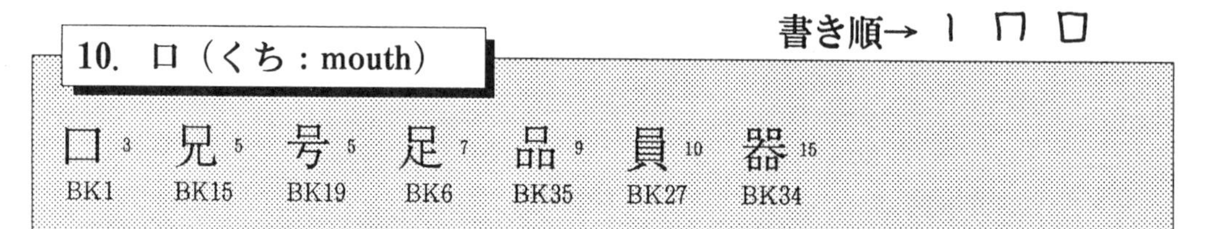

10. 口（くち：mouth）
書き順→ 丨 冂 口
口 3 BK1
兄 5 BK15
号 5 BK19
足 7 BK6
品 9 BK35
員 10 BK27
器 15 BK34

11. 夂　　書き順→ ノ ク 夂

冬 5 BK26　各 6 L 6　条 7 IKB2-6

各→あし7. 口（くち）

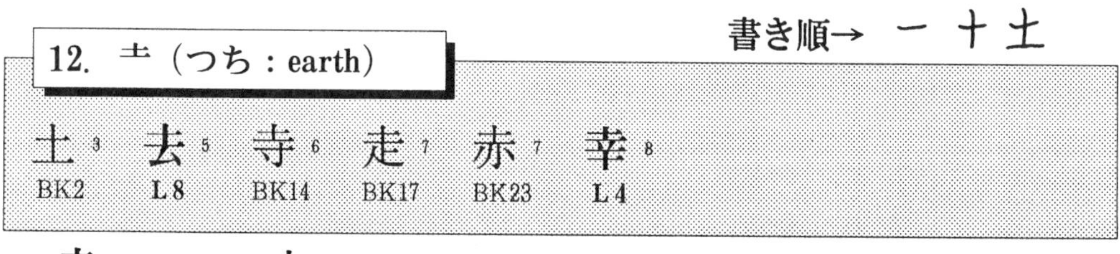

12. 土（つち：earth）
書き順→ 一 十 土
土 3 BK2
去 5 L 8
寺 6 BK14
走 7 BK17
赤 7 BK23
幸 8 L 4

幸→へん47. 幸（さちへん）

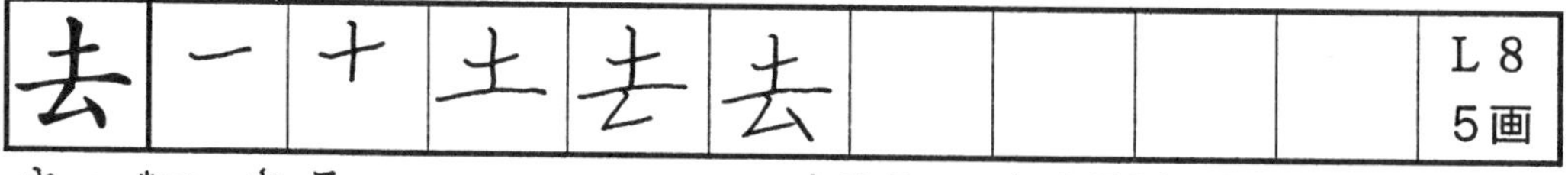

キョ　*コ　さ-る
leave, pass away

去る7日、無事帰国いたしました。
過去をふり返り、未来を考える。

死去(しきょ)スル　to pass away
去年(きょねん)　last year
去(さ)る～　the past/last ～(date)
退去(たいきょ)スル　to leave
＊過去(かこ)　past
去(さ)る　to leave, to go away

書き順→ 一 十 士

13. 士

士 3	吉 6	売 7	志 7	声 7	喜 12
L 6	IKB2-コ5	BK12	**L10**	IKB2-3	BK37

志→あし16. 心(こころ)

士	一	十	士								L 6 3画

シ
man, military man

士農工商とは武**士**・農民・職人・商人である。
彼は今、**博士**課程(かてい)の一年生だ。

武士(ぶし) samurai, warrior
代議士(だいぎし) member of parliament
消防士(しょうぼうし) fireman
博士(はくし/はかせ) Ph.D, Doctor of ～
会計士(かいけいし) accountant
弁護士(べんごし) lawyer
宇宙飛行士(うちゅう・ひこうし) astronaut
修士(しゅうし) M.A., Master of ～

書き順→ 丶 丷 宀

14. 宀(うかんむり：roof)

字 6	安 6	宅 6	守 6	宇 6	完 7	定 8	実 8	官 8	宙 8
BK7	BK8	BK12	**L 7**	IKB2-13	BK39	BK25	BK42	**L 5**	IKB2-13
客 9	室 9	宣 9	家 10	案 10	害 10	容 10	宮 10	宿 11	密 11
BK12	BK12	IKB2-16	BK12	BK31	**L 5**	**復 2**	IKB2-コ3	BK21	IKB2-3
寄 11	寒 12	富 12	寝 13	察 14	審 15	憲 16			
IKB2-6	BK26	**L 4**	BK24	IKB2-11	IKB2-15	IKB2-15			

守	宀	宀	守	守							L 7 6画

シュ *ス まも-る もり
maintain, protect

9回裏(うら)、選手たちは最後の**守備**についた。
彼は進歩的に見えて実は**保守的**だ。

守備(しゅび)スル to defend, to guard
保守的(ほしゅてき)ナ conservative ←→ 進歩的(しんぽてき)ナ/革新的(かくしんてき)ナ
お守(まも)り (good luck) charm
*留守(るす) being away, absence
厳守(げんしゅ)スル to adhere strictly
守(まも)る to protect, to keep
子守(こもり) baby-sitting

官										L 5 8画

カン
government. authorities

警官に道を教えてもらった。
日本の政治は**官僚的**だと言われる。

官庁(かんちょう) government office
器官(きかん) organ (of the body)
高官(こうかん) high official
警官(けいかん) policeman
官僚(かんりょう) bureaucrat

害										L 5 10画

ガイ
harm, damage

工場の近くの川は**公害**がひどい。
この事件(じけん)の**加害者**は、まだ16歳だ。

妨害(ぼうがい)スル to interfere
公害(こうがい) pollution
利害(りがい) advantages and disadvantages
加害者(かがいしゃ) assailant ←→ 被害者(ひがいしゃ)
水害(すいがい) flood damage
損害(そんがい) loss
災害(さいがい) disaster
障害(しょうがい) obstacle

容										復2 10画

ヨウ
form, appearance, content

この駐車場(ちゅうしゃじょう)は、２００台の車を**収容**する。
彼の講義は、**内容**が具体的で良かった。

容認(ようにん)スル to allow
収容(しゅうよう)スル to hold, to accommodate
容易(ようい)ナ easy
容積(ようせき) cubic capacity
容疑者(ようぎしゃ) suspect
許容(きょよう)スル to allow, to permit
内容(ないよう) content
容量(ようりょう) capacity, volume
美容院(びよういん) beauty parlor

富										L 4 12画

フ　*フウ　と-む　とみ
rich, wealth

まだ一度も**富士山**に登ったことがない。
富を公平に分配することが必要だ。

豊富(ほうふ)ナ plentiful
貧富(ひんぷ) rich and poor
〜ニ富(と)む to abound in 〜
富山(とやま) place name
富士山(ふじさん) Mt. Fuji
富豪(ふごう) rich man
富(とみ) wealth
*富貴(ふうき)の人 noble and wealthy person

書き順→ 亅 小 小

15. ⺌（しょう：small）

小 3	少 4	省 9
BK4	BK8	L1

省→あし23．目（め）

書き順→ ヽ ヾ ツ

16. ⺍

単 9	挙 10	厳 17
BK38	IKB2-15	L7

厳	⺍	产	产	厓	厣	厳	厳	厳		L7 17画

ゲン　*ゴン　おごそ-か　きび-しい
solemn, stern

祖父（そふ）は**厳格**で近よりがたい。
提出期限は**厳守**すること。

厳守(げんしゅ)スル　to adhere strictly
厳禁(げんきん)スル　to prohibit strictly
厳重(げんじゅう)ナ　strict, rigid
厳(きび)しい　severe, strict
*荘厳(そうごん)ナ　solemn
厳選(げんせん)スル　to select carefully
厳格(げんかく)ナ　strict, stern
厳密(げんみつ)ナ　strict, precise
厳(おごそ)かナ　solemn, grave

書き順→ 一 十 艹

17. 艹（くさかんむり：grass, plant）

花 7	英 8	若 8	苦 8	茶 9	草 9	荷 10	華 10	著 11	菌 11
BK7	BK12	BK16	BK38	BK7	IKB2-コ4	BK14	IKB2-10	L8	IKB2-12
落 12	葉 12	募 12	夢 13	蓄 13	幕 13	暮 14	蔵 15	薬 16	薄 16
BK29	L9	IKB2-コ9	IKB2-3	IKB2-9	IKB2-10	IKB2-コ9	IKB2-5	BK12	L1
藩 18	藤 18								
IKB2-10	IKB2-コ5								

著	艹	芏	茔	茡	著					L8 11画

チョ　あらわ-す　いちじる-しい
distinguished, authorship

この本の**著者**は**著名**な作曲家です。
音楽や写真にも**著作権**がある。

顕著(けんちょ)ナ　remarkable
著者(ちょしゃ)　writer
共著(きょうちょ)　co-authorship
著(いちじる)しい　remarkable
著名(ちょめい)ナ　well-known
著書(ちょしょ)　writing a book
著作権(ちょさくけん)　copyright
著(あらわ)す　to write, to publish

葉	⺾	艹	丗	丗	丗	葉				L 9 12画

ヨウ　は
leaf

葉には**葉緑素**が含まれている。
山が**紅葉**する季節(きせつ)になった。

紅葉(こうよう)スル　to turn red (leaves)
葉緑素(ようりょくそ)　chlorophyl
青葉(あおば)　new leaves
落葉樹(らくようじゅ)　deciduous tree
葉(は)　leaf
落(お)ち葉(ば)　fallen leaves

薄	⺾	艹	萡	蒲	蒲	薄	薄			L 1 16画

ハク　うす-い　うす-れる　うす-らぐ
うす-まる：うす-める　thin

彼は意志**薄弱**で頼りにならない。
薄い青のシャツを着ている。

薄弱(はくじゃく)ナ　weak
薄情(はくじょう)ナ　inconsiderate
浅薄(せんぱく)ナ　superficial
薄着(うすぎ)　light dress
軽薄(けいはく)ナ　frivolous
薄幸(はっこう)　ill-fate
薄(うす)い　thin, light (color)
薄(うす)める　to weaken, to make ～ thin
薄(うす)れる＝薄(うす)らぐ　to become dim, to lessen

書き順→ 丨 山 山

18. 山 (やま：mountain)

山 3	岩 8	炭 9	崩 11
BK1	BK5	IKB2-12	IKB2-6

書き順→ 丨 冂 日

19. 日 (ひ：sun, day)

日 4	早 6	昇 8	易 8	星 9	暑 12	最 12	量 12	景 12	晶 12	暴 15
BK1	BK16	L 2	IKB2-8	IKB2-4	BK26	BK45	L 2	IKB2-8	IKB2-13	L 7

昇	日	旦	早	昇	昇					L 2 8画

ショウ　のぼ-る
rise, go up

年々、物価が**上昇**している。
太陽(たいよう)は東から**昇り**、西に沈(しず)む。

上昇(じょうしょう)スル　to rise
昇給(しょうきゅう)スル　to raise a salary
昇(のぼ)る　to rise, to go up
昇進(しょうしん)スル　to be promoted
昇降口(しょうこうぐち)　hatch

量	日	旦	昌	畐	畳	量				L 2 12画

リョウ　はか-る
quantity, measure, weigh

機械による**大量生産**が可能になった。
食事の**量**を減らさなければならない。

測量(そくりょう)スル　to measure　(cf.p.160)「測る」
計量(けいりょう)スル　to measure　(cf.p.160)「計る」
推量(すいりょう)スル　to guess
多量(たりょう)　large amount ←→ 少量(しょうりょう)
重量(じゅうりょう)　weight
分量(ぶんりょう)　quantity, amount
熱量(ねつりょう)　calories
量(はか)る　to measure, to weigh (cf.p.160)「量る」
量(りょう)　quantity
音量(おんりょう)　(sound) volume
大量生産(たいりょう・せいさん)　mass production

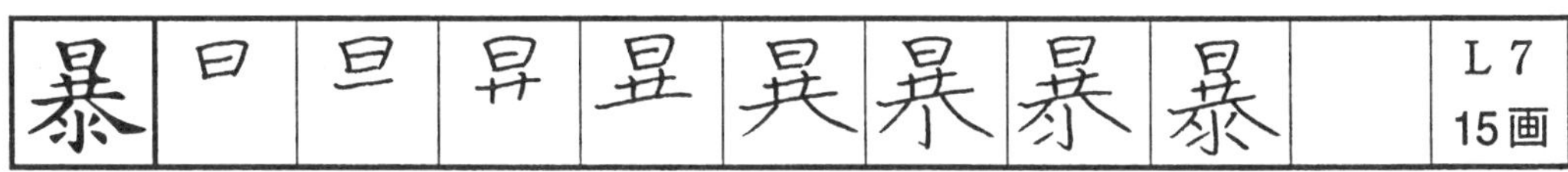

暴	日	旦	昇	昱	異	暴	暴	暴		L 7 15画

ボウ　*バク　あば-れる　あば-く
violent, divulge

兄は気に入らないとすぐに**暴力**をふるう。
戦争が起きて株価(かぶか)が**暴落**した。

暴落(ぼうらく)スル　to fall suddenly
暴走(ぼうそう)スル　to run out of control
横暴(おうぼう)ナ　tyrannical
*暴露(ばくろ)スル　to expose
暴(あば)く　to expose
暴動(ぼうどう)　riot
乱暴(らんぼう)ナ/スル　violent／to do violence
暴力(ぼうりょく)　violence
暴(あば)れる　to act violently

書き順→　丨　⺊　⺊⺊　止

20.　⺊(とめる：stop)

止 4　BK17
歩 8　BK17
肯 8　IKB2-1
歯 12　BK41
歳 13　L 8

歳	止	尸	岸	岸	岸	歳	歳	歳		L 8 13画

サイ　*セイ
year, age

異国で過ごした**歳月**を思い出す。
お世話になった方にお**歳暮**を贈る。

歳月(さいげつ)　years
歳出(さいしゅつ)　expenditure
*歳暮(せいぼ)　year-end gift
歳末(さいまつ)　end of the year
万歳(ばんざい)　cheers, hurray
〜歳(さい)　〜years old＝〜才

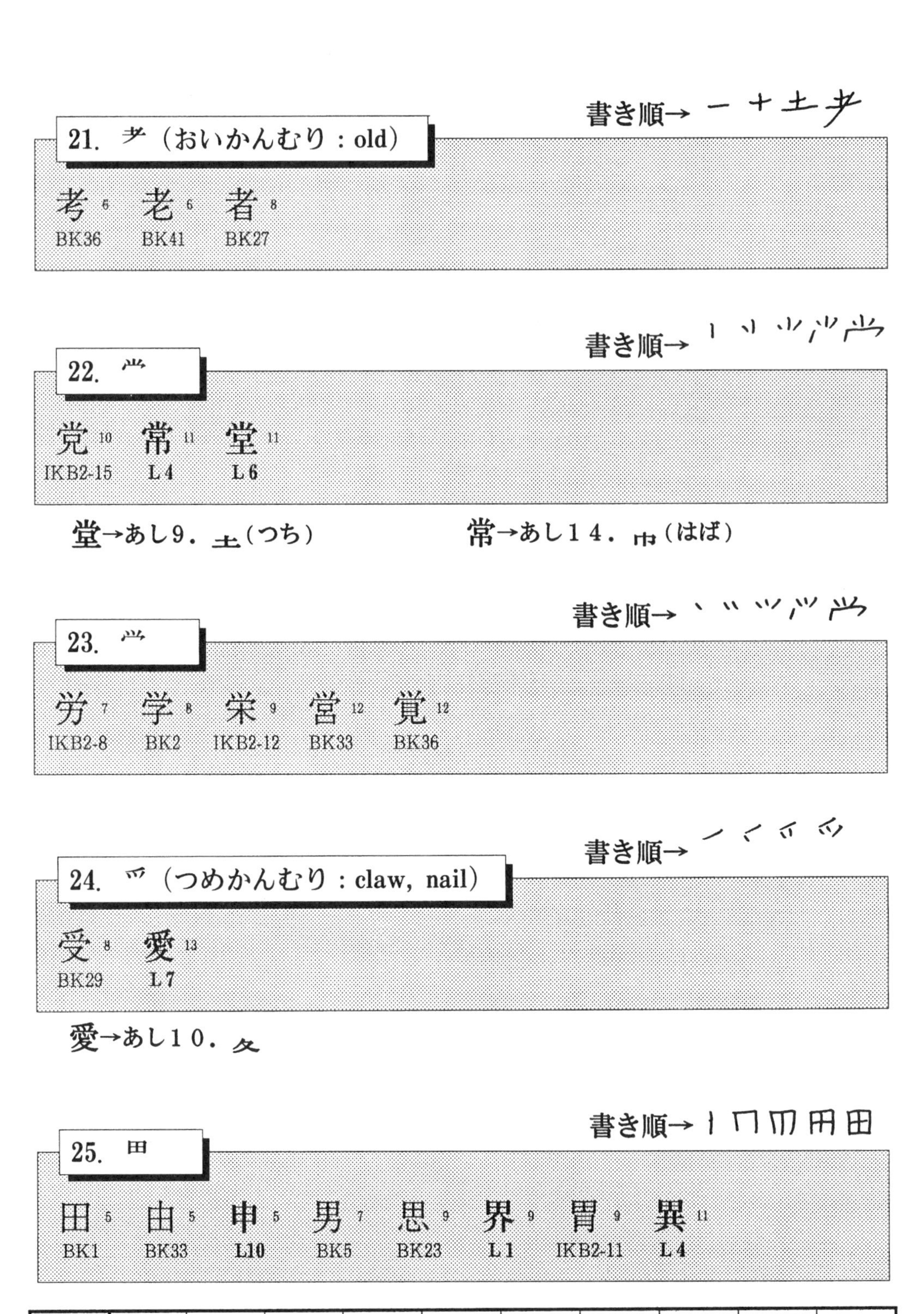

書き順→ 一 十 土 耂

21. 耂（おいかんむり：old）

考 6 BK36　老 6 BK41　者 8 BK27

書き順→ 丨 丨丨 ⺌ 𫩏 ⺍

22. ⺍

党 10 IKB2-15　常 11 L 4　堂 11 L 6

堂→あし9．土（つち）　　常→あし14．巾（はば）

書き順→ 丶 丶丶 ⺌ ⺍ ⺍

23. ⺍

労 7 IKB2-8　学 8 BK2　栄 9 IKB2-12　営 12 BK33　覚 12 BK36

書き順→ ノ ⺤ ⺤ 爫

24. 爫（つめかんむり：claw, nail）

受 8 BK29　愛 13 L7

愛→あし10．夂

書き順→ 丨 冂 冂 田 田

25. 田

田 5 BK1　由 5 BK33　申 5 L10　男 7 BK5　思 9 BK23　界 9 L 1　胃 9 IKB2-11　異 11 L 4

申	丨	冂	日	申						L 10 5画

シン　もう-す
say, call

北海道一周ツアーに**申**し込んだ。
米国大使館に行き、ビザを**申**請した。

申請(しんせい)スル to apply	申告(しんこく)スル to report
答申(とうしん)スル to report, to respond	申(もう)し込(こ)む to propose, to apply
申(もう)し訳(わけ) excuse, apology	申(もう)す (humble form of 言う)

界	田	尸	畀	罗	界					L 1 9画

カイ
world, border

政界、**経済界**のトップが集まる。
もう、がまんの**限界**だ。

世界(せかい) the world	政界(せいかい) political world
経済界(けいざいかい) economic world	境界(きょうかい) boundary
限界(げんかい) limit	視界(しかい) range of vision

異	田	田	畀	畢	異					L 4 11画

イ こと
different, strange

隣(となり)の部屋から**異様**な物音がする。
異文化理解というテーマで講演する。

異常(いじょう)ナ unusual, abnormal	異様(いよう)ナ strange, queer
異質(いしつ)ナ different in quality	異文化(いぶんか) different culture
異議(いぎ) objection, dissent	異性(いせい) the opposite sex
差異(さい) difference	驚異(きょうい) wonder, miracle
異(こと)なる to differ	異(こと)にする to be different

書き順→フヲヲ' 癶 癶

26. 癶 (はつがしら : outspread legs)

発 9 BK32　登 12 L 9

登	癶	癶	谷	谷	登					L 9 12画

トウ *ト のぼ-る
climb, register

図書館で本を借りたい人は**登録**が必要だ。
最後に大物の歌手が**登場**した。

登場(とうじょう)スル to appear	登録(とうろく)スル to register
登用(とうよう)スル to appoint	登記(とうき)スル to register
*登山(とざん)スル to climb mountains	登(のぼ)る to climb
山登(やまのぼ)り mountain climbing	

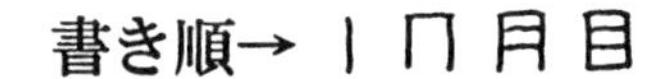

27. 目（め：eye）

目 5	貝 7	見 7	具 8	県 9
BK6	BK6	BK9	BK34	BK20

書き順→

28. 穴（あなかんむり：hole）

穴 5	究 7	空 8	突 8	窓 11	窒 11
索	BK21	BK39	IKB2-13	BK34	IKB2-12

書き順→

29. 立（たつ：stand）

立 5	音 9	章 11	童 12	意 13
BK24	BK23	IKB2-コ9	IKB2-11	BK32

書き順→

30. 罒（あみがしら：net）

買 12	置 13	署 13	罪 13
BK9	BK40	L5	IKB2-コ8

署	罒	罒	罒	罒	罗	署				L 5 13画

シヨ
government office, signature

消防署に電話して救急車を呼ぶ。
税務署の書類に**署名**した。

署名(しょめい)スル　to sign
消防署(しょうぼうしょ)　fire station
税務署(ぜいむしょ)　tax office
部署(ぶしょ)　one's post
警察署(けいさつしょ)　police station

書き順→ ノ ト ⺮ ⺮

31. ⺮ (たけかんむり：bamboo)

竹 6	笑 10	第 11	答 12	等 12	策 12	筋 12	筆 12	節 13	管 14
BK6	BK36	BK45	BK21	L 4	IKB2-3	IKB2-11	IKB2-コ2	IKB2-9	L 5
算 14	築 16	簡 18							
L 7	L 7	BK38							

等	⺮	笁	笙	等						L 4 12画

トウ　ひと-しい
equal, grade, and-so-forth

戦後、男女**平等**の思想が広まった。
私たちは**彼等**と**対等**に戦った。

平等(びょうどう)ナ　equal ⟷ 不平等ナ
均等(きんとう)ナ　equal, of the same proportion
上等(じょうとう)ナ　high-grade ⟷ 下等(かとう)ナ
対等(たいとう)　equality, equal level
高等学校(こうとう・がっこう)　high school
高等教育(こうとう・きょういく)　higher education　*c.f.* 中等, 初等
等(ひと)しい　equal
同等(どうとう)　equal level
等級(とうきゅう)　class, grade
一等(いっとう)　1st class, 1st place
劣等感(れっとうかん)　inferiority complex
＊彼等(かれら)　they

管	⺮	𥫗	𥫗	𥫗	𥫗	管	管			L 5 14画

カン　くだ
pipe, control

お茶が**気管**に入って、苦しかった。
管理人が**水道管**の故障(こしょう)を調べている。

保管(ほかん)スル　to store, to safeguard
気管(きかん)　the trachea, the windpipe
管楽器(かんがっき)　orchestral wind instrument
管理(かんり)スル　to manage
水道管(すいどうかん)　water pipe
管(くだ)　pipe, tube

算	⺮	笞	笪	筫	算					L 7 14画

サン
count, calculate

乗(の)り越(こ)し料金を**精算**する。
来年度の**予算**をたてる。

計算(けいさん)スル　to calculate
概算(がいさん)スル　to estimate generally
打算的(ださんてき)ナ　calculating, selfish
誤算(ごさん)　miscalculation
算数(さんすう)　arithmetic
精算(せいさん)スル　to adjust an account
暗算(あんざん)　mental arithmetic
予算(よさん)　budget, estimate
勝算(しょうさん)　chance of success

築	⺮	竺	筑	築						L 7 16画

チク　きず-く
construct

法隆寺(ほうりゅうじ)は世界最古の木造**建築**だ。
大阪城(おおさかじょう)は豊臣秀吉(とよとみひでよし)が**築いた**。

建築(けんちく)スル　to build, to construct
増築(ぞうちく)スル　to build on
築(きず)く　to build, to construct
改築(かいちく)スル　to rebuild
新築(しんちく)スル　to build newly
*築地(つきじ)　(place name in Tokyo)

書き順→ 丶 丷 兰 羊

32. ⺷ (ひつじ：sheep)

羊 6 索　美 9 BK43　差 10 IKB2-9　着 12 BK17　善 12 IKB2-2　義 13 復1　養 15 L3

義	⺷	兰	主	差	差	義	義	義		復 1 13画

ギ
righteous, meaning

日本の**義務**教育は九年である。
前に助けてくれたので、彼には**義理**がある。

定義(ていぎ)スル　to define
義務(ぎむ)　duty
正義(せいぎ)　justice
主義(しゅぎ)　-ism, principle
講義(こうぎ)スル　to lecture
義理(ぎり)　sense of duty
意義(いぎ)　meaning
*源義経(みなもとのよしつね)　(historical person)

養	⺷	关	关	养	叁	叁	養			L 3 15画

ヨウ　やしな-う
bring up

離婚しても、**養育費**を払う義務がある。
教師**養成**のための通信教育を受ける。

養生(ようじょう)スル　to take care of one's health
静養(せいよう)スル　to rest, to recuperate
教養(きょうよう)　culture, education
養子(ようし)　adopted child, son-in-law
養育(よういく)スル　to bring up
養成(ようせい)スル　to train
栄養(えいよう)　nutrition
養(やしな)う　to bring up, to support

書き順→ 一 冂 帀 雨 雨

33. ⻗ (あめかんむり：rain)

雨 8 BK6　雪 11 BK12　雲 12 BK12　電 13 BK12　零 13 IKB2-13　雷 13 IKB2-16　需 14 IKB2-4　震 15 IKB2-6

V. あし

1. 儿（ひとあし：man）

書き順→ ノ 儿

元 4	兄 5	先 6	光 6	見 7	売 7	完 7	児 7	党 10	覚 12
BK16	BK15	BK2	IKB2-4	BK9	BK12	BK39	IKB2-11	IKB2-15	BK36

2. 八

書き順→ ノ 八

六 4	共 6	貝 7	兵 7	具 8	典 8	真 10	黄 11	興 16
BK3	BK44	BK6	IKB2-16	BK34	IKB2-13	BK23	IKB2-13	IKB2-5

3. 力（ちから：power）

書き順→ フ 力

力 2	男 7	努 7	労 7	募 12	勢 13
BK4	BK5	L9	IKB2-8	IKB2-コ9	IKB2-5

努	く	女	女	奴	奴	努				L 9 7画

ド　つと-める
endeavor

彼は**努力**して、自分の会社を作った。
倒産(とうさん)した会社の再建に**努める**。

努力(どりょく)スル　to make efforts
努(つと)める　to make efforts

4. 刀（かたな：sword）

書き順→ フ 刀

刀 2	分 4	券 8
IKB2-10	BK4	L6

券	丷	䒑	𠂉	关	券					L 6 8画

ケン
ticket, coupon, certificate

大阪(おおさか)まで**乗車券**と**特急券**を一枚(いちまい)ください。
品物でなく**商品券**を贈る人が増えている。

入場券(にゅうじょうけん) entrance ticket
乗車券(じょうしゃけん) passenger ticket
商品券(しょうひんけん) gift voucher
航空券(こうくうけん) airplane ticket
証券(しょうけん) securities, bonds
旅券(りょけん) passport

書き順→ 一 十

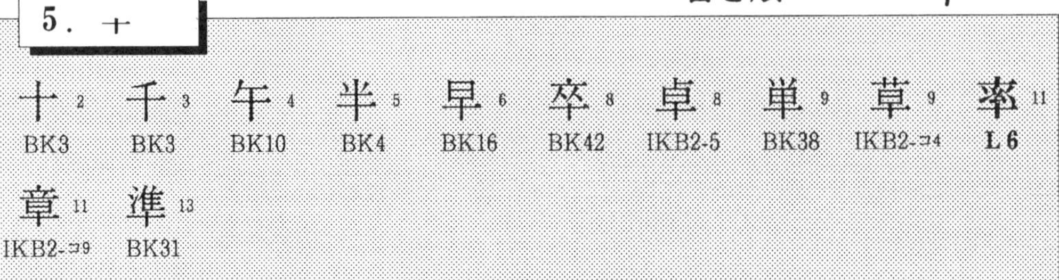

5．十

十 2 BK3 ／ 千 3 BK3 ／ 午 4 BK10 ／ 半 5 BK4 ／ 早 6 BK16 ／ 卒 8 BK42 ／ 卓 8 IKB2-5 ／ 単 9 BK38 ／ 草 9 IKB2-コ4 ／ 率 11 **L 6**
章 11 IKB2-コ9 ／ 準 13 BK31

率	亠	亠	玄	玄	玄	玄	率			L 6 11画

リツ　ソツ　ひき-いる
rate, proportion

この方法はあまり**効率**が良くない。
今回の総選挙(そうせんきょ)の**投票率**は58.4％だった。

引率(いんそつ)スル to lead
軽率(けいそつ)ナ careless
効率(こうりつ) efficiency
確率(かくりつ) probability
投票率(とうひょうりつ) voting rate
視聴率(しちょうりつ) ratings (T.V.)
円周率(えんしゅうりつ) ratio of circumference to diameter pi, π
率直(そっちょく)ナ frank
能率(のうりつ) efficiency
比率(ひりつ) ratio
成長率(せいちょうりつ) growth rate
百分率(ひゃくぶんりつ) percentage
率(ひき)いる to lead

書き順→ フ 又

6．又 (また：hand)

友 4 BK15 ／ 反 4 BK44 ／ 支 4 **L 2** ／ 皮 5 **L 9** ／ 受 8 BK29

皮→つくり22．皮【ヒ】

支	一	十	支	支						L 2 4画

シ　ささ-える
support, branch

収入より**支出**が多ければ、赤字だ。
多くの人々に**支えられて**いる。

支配(しはい)スル to manage, to control
収支(しゅうし) revenue and expenditure
支出(ししゅつ) expenditure
支店(してん) branch office

気管支(きかんし)　bronchial tubes
支(ささ)える　to support
支払(しはら)う　to pay

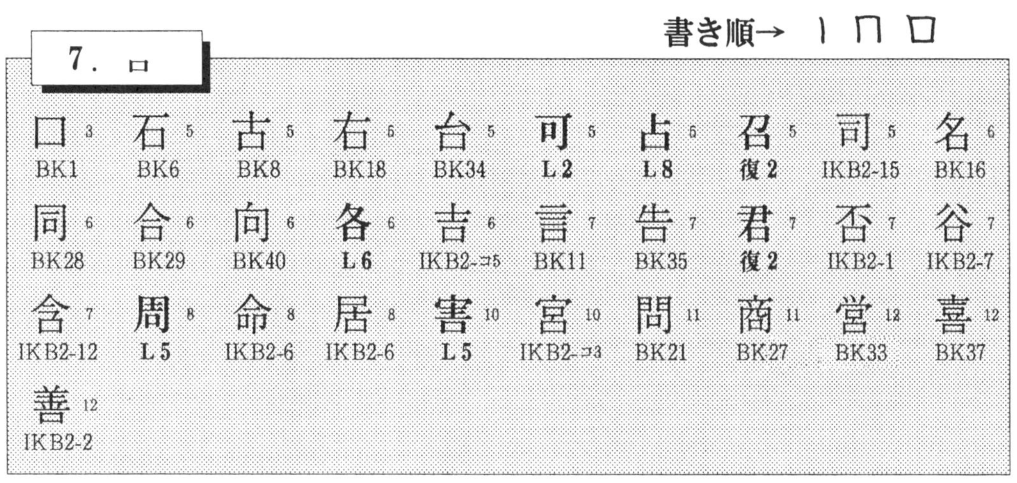

書き順→ ｌ 冂 口

7．口

口 3	石 5	古 5	右 5	台 5	可 5	占 5	召 5	司 5	名 6
BK1	BK6	BK8	BK18	BK34	L 2	L 8	復 2	IKB2-15	BK16
同 6	合 6	向 6	各 6	吉 6	言 7	告 7	君 7	否 7	谷 7
BK28	BK29	BK40	L 6	IKB2-コ5	BK11	BK35	復 2	IKB2-1	IKB2-7
含 7	周 8	命 8	居 8	害 10	宮 10	問 11	商 11	営 12	喜 12
IKB2-12	L 5	IKB2-6	IKB2-6	L 5	IKB2-コ3	BK21	BK27	BK33	BK37
善 12									
IKB2-2									

害→かんむり１４．宀（うかんむり）

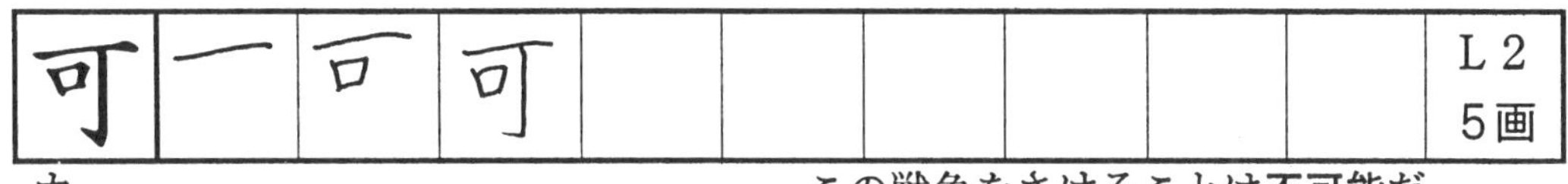

カ
possible

この戦争をさけることは**不可能**だ。
立ち入りには警察(けいさつ)の**許可**が必要だ。

許可(きょか)スル　to permit
可能性(かのうせい)　possibility
可能(かのう)ナ　possible ←→ 不可能(ふかのう)ナ

占　一　ト　占　　L 8　5画

セン　うらな-う　し-める
occupy, fortune-telling

社員の７０％を女性が**占めて**いる。
一人の女優が若者の人気を**独占**している。

独占(どくせん)スル　to monopolize
占領(せんりょう)スル　to occupy territory
占有(せんゆう)スル　to occupy
占(し)める　to occupy, to account for
占(うらな)う　to see the future, to tell fortune
星占(ほしうらな)い　astrology

召　フ　刀　召　　復 2　5画

ショウ　め-す
convene, eat

議員が国会に**召集**された。
お酒はどのくらい**召し上がり**ますか。

召集(しょうしゅう)スル　to convene
召喚(しょうかん)スル　to summon
召使(めしつか)い　servant
召(め)し上(あ)がる　(honorific form of 食べる/飲む)
お召(め)しになる　(honorific form of 着る)

各	ノ	ク	夂	各						L 6 6画

カク　おのおの
each, every, various

全国**各地**で正月の行事が行われている。
あの店では世界**各国**の料理が食べられる。

各地(かくち)　various places
各界(かくかい)　every field
各方面(かくほうめん)　every direction
各駅停車(かくえき・ていしゃ)　train which stops at every station
各国(かっこく)　every/each nation
各種(かくしゅ)　every kind
各々(おのおの)　each, all, every

君	フ	ヨ	ヨ	尹	君					復2 7画

クン　きみ
lord

君に会えて、本当に良かった。
１５０年前に**君主制**から民主制になった。

～君(くん)　(suffix used for male names)
諸君(しょくん)　(ladies and) gentlemen
君主(くんしゅ)　lord, monarch
君主制(くんしゅせい)　monarchism

周	冂	円	用	周						L 5 8画

シュウ　まわ-り
round, circumference

大使館の**周囲**に警官(けいかん)を配備した。
毎朝、グラウンドを**一周**する。

一周(いっしゅう)スル　to go around once
周辺(しゅうへん)　surroundings
周波数(しゅうはすう)　frequency
周囲(しゅうい)　surroundings
円周(えんしゅう)　circumference
周(まわ)り　circumference, surroundings

書き順→　一　丅　工

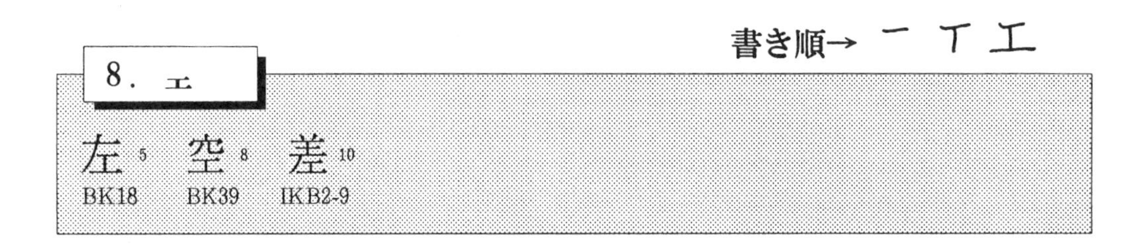

8. 工
左 5　空 8　差 10
BK18　BK39　IKB2-9

書き順→　一　十　土

9. 土（つち：earth）

土 3	圧 5	在 6	室 9	型 9	座 10	堂 11	基 11
BK2	L 2	IKB2-3	BK12	L 6	BK24	L 6	L 9

圧	厂	𠂆	圧	圧						L 2 5画

アツ
press, overwhelming

父は**血圧**が高い。
政府は企業からの**圧力**に弱い。

圧倒(あっとう)スル　to overwhelm
血圧(けつあつ)　blood pressure
電圧(でんあつ)　voltage
外圧(がいあつ)　external pressure
圧力(あつりょく)　pressure
気圧(きあつ)　atmospheric pressure
変圧器(へんあつき)　transformer
圧(あっ)する　to press, to overpower

型	二	开	刑	刑	型					L 6 9画

ケイ　かた
type, model, form

最新型の**小型**カメラを買った。
私の**血液型**はＯ**型**で、彼女はＡＢ**型**だ。

典型的(てんけいてき)ナ typical
流線型(りゅうせんけい) streamlined shape
最新型(さいしんがた) newest model
体型(たいけい)　body type, body size
血液型(けつえきがた)　blood type
大型(おおがた)　large size ⟷ 小型(こがた)

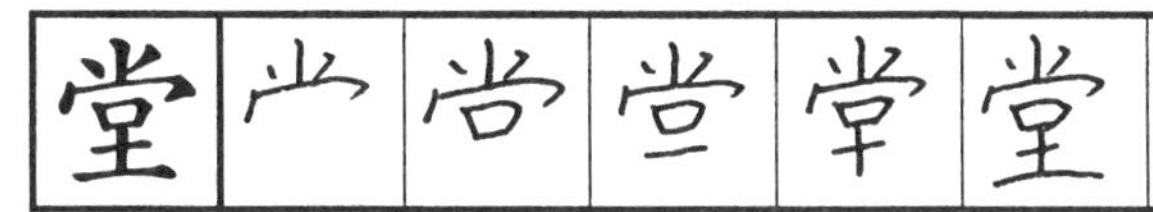

堂										L 6 11画

ドウ
hall

この列車の**食堂車**は８号車です。
市の**公会堂**でコンサートが開かれた。

食堂(しょくどう)　dining hall
講堂(こうどう)　lecture hall
議事堂(ぎじどう)　Diet Building
堂々(どうどう)と　dignified
本堂(ほんどう)　main temple building
礼拝堂(れいはいどう)　chapel
公会堂(こうかいどう)　public hall

基	一	廾	甘	甘	其	基				L 9 11画

キ　もと　*もとい
foundation, basis

この計画には財政的**基盤**がない。
経験に**基づいて**、判断する。

基礎(きそ)　base
基盤(きばん)　base
基(もと)　foundation, base
基本(きほん)　basics
基地(きち)　(military) base
基(もと)づく　to be based on

*宗教(しゅうきょう)は信仰(しんこう)を基(もとい)とする。 Religion is based on faith.

書き順→ ノ ク 夂

10. 夂

変 9　夏 10　愛 13
BK43　BK26　L 7

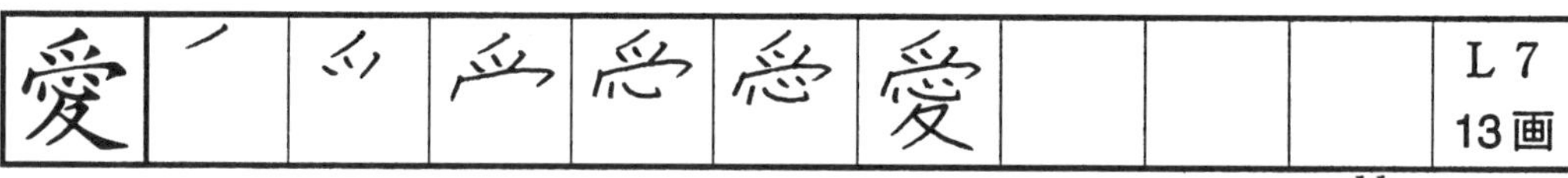

愛 L 7 13画

アイ
affection, love

親のない子どもたちに**愛情**を注(そそ)ぐ。
父は古ぼけたカバンを**愛用**している。

愛用(あいよう)スル to use often because it is one's favorite
愛護(あいご)スル to protect
愛情(あいじょう) love, affection
愛(あい)する to love
恋愛(れんあい)スル to love
愛着(あいちゃく) attachment
*可愛(かわい)い lovely, sweet

書き順→ 一 ナ 大

11. 大

大 3	夫 4	天 4	太 4	犬 4	失 5	央 5	契 9	奥 12
BK4	BK15	BK26	BK38	IKB2-コ7	BK42	**復1**	IKB2-9	BK15

央 丶 口 口 央 央 復1 5画

オウ
center

町の**中央**に教会と広場がある。
中央線で東京駅から新宿駅まで行く。

中央(ちゅうおう) center
中央線(ちゅうおうせん) Chuo Line

書き順→ く 女 女

12. 女（おんな：woman)

女 3	安 6	妻 8	委 8	要 9	姿 9
BK2	BK8	BK15	IKB2-15	BK42	IKB2-5

書き順→ 了 了 子

13. 子（こ：child)

子 3	字 6	存 6	学 8	季 8
BK2	BK7	**L7**	BK2	IKB2-コ7

存 一 ナ オ 存 存 存 L 7 6画

ソン ゾン
exist

神の**存在**を信じる。
飛行機事故の**生存者**は少ない。

存在(そんざい)スル　to exist
保存(ほぞん)スル　to preserve
共存(きょうぞん)スル　to coexist
存続(そんぞく)スル　to continue
生存(せいぞん)スル　to exist, to survive
存(ぞん)ずる (humble form of 知る/考える/思う)

書き順→ 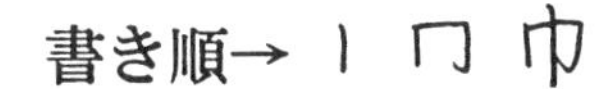

14. 巾 (はば：width)

市 5	布 5	希 7	席 10	帯 10	常 11	幣 15
BK20	IKB2-7	L8	BK25	L6	L4	IKB2-9

希　L8　7画

キ
hope, scarcity

彼の成功は人々に**希望**を与えた。
高山は空気が**希薄**なため息苦(いきぐる)しい。

希望(きぼう)スル　to hope
希少価値(きしょう・かち)　value (due to rarity)
希薄(きはく)ナ　thin, diluted
古希(こき)　one's 70th birthday

帯　L6　10画

タイ　お-びる　おび
belt, zone, wear

夜6時から8時のテレビは子どもの**時間帯**だ。
日本には**火山帯**がいくつもある。

携帯(けいたい)スル　to bring with oneself, to carry
連帯(れんたい)スル　to have solidarity
緑地帯(りょくちたい)　green belt
安全地帯(あんぜん・ちたい)　safety zone
包帯(ほうたい)　bandage
時間帯(じかんたい)　time belt
火山帯(かざんたい)　volcanic zone
熱帯(ねったい)　tropical zone
帯(お)びる　to wear, to be entrusted with
帯(おび)　a belt for *kimono*

常　L4　11画

ジョウ　つね　*とこ
normal, usual, ordinary

機械が**正常**に作動している。
あの人は**常に**冷静だ。

常用(じょうよう)スル　to use ordinarily
日常(にちじょう)　everyday, routine
常備(じょうび)スル　to be ready for use anytime
正常(せいじょう)ナ　normal ⟷ 異常(いじょう)ナ
非常(ひじょう)　emergency
非常(ひじょう)に　extremely
無常(むじょう)　transience, mutability
常識(じょうしき)　common sense ⟷ 非常識
常時(じょうじ)　usually
常設(じょうせつ)　standing, permanent
常(つね)に　always
常用漢字(じょうよう・かんじ) (the 1,945 Kanji for general use)
*常夏(とこなつ)の島(しま)　an island of everlasting summer

書き順→ 一 寸 寸

15. 寸

守 6	寺 6	専 9	導 15
L7	BK14	L7	IKB2-2

守→かんむり14．宀（うかんむり）

専	一	亘	由	専						L7 9画

セン　もっぱ-ら
exclusive

大統領（だいとうりょう）は**専用機**で世界各国を回っている。
アルバイトはせず、学業に**専念**する。

専念（せんねん）スル　to devote oneself to
専攻（せんこう）スル　to major in
専有（せんゆう）スル　to possess exclusively
専任（せんにん）　full-time
専（もっぱ）ら　exclusively
専売（せんばい）スル　to monopolize
専門（せんもん）　specialty
専用（せんよう）　exclusive use
専制（せんせい）　autocracy

書き順→ ㇒ 心 心 心

16. 心（こころ：heart）

心 4	必 5	忘 7	応 7	志 7	念 8	忠 8	思 9	急 9	怒 9
BK36	BK42	BK36	L3	L10	BK29	IKB2-10	BK23	BK31	L8
恐 10	息 10	恵 10	悪 11	窓 11	患 11	悲 12	意 13	感 13	想 13
IKB2-2	IKB2-9	IKB2-コ6	BK28	BK34	IKB2-11	BK36	BK32	BK36	L5
愛 13	態 14	憲 16	懸 20						
L7	IKB2-2	IKB2-15	IKB2-14						

愛→あし10．夂

応	广	广	応	応	応					L3 7画

オウ　こた-える
respond, react

私はAチームを**応援**している。
予想しなかった事態（じたい）に**臨機応変**に**対応**する。

対応（たいおう）スル　to correspond to
反応（はんのう）スル　to react
応答（おうとう）スル　to respond
臨機応変（りんき・おうへん）　adaptation to circumstances
応用（おうよう）スル　to apply to
応援（おうえん）スル　to support, to cheer for
応（おう）じる　to respond, to answer

志	一	十	士	志						L 10 7画

シ　こころざ-す　こころざし
intention

志願して、軍隊(ぐんたい)に入った。
彼は外交官を志している。

志望(しぼう)スル　to wish, to choose
意志(いし)　will
志(こころざ)す　to resolve
志願(しがん)スル　to apply, to volunteer
遺志(いし)　one's last wishes
志(こころざし)　ambition

怒	く	女	女	奴	奴	怒				L 8 9画

ド　いか-る　おこ-る
anger

不当な解雇(かいこ)に怒りがこみあげる。
いたずらをして母親に怒られる。

激怒(げきど)スル　to be enraged
怒(おこ)る　to be mad, to be angry
怒(いか)り　anger

想	一	十	木	相	想					L 5 13画

ソウ　*ソ
imagination

工場を見学した感想を言う。
理想の恋人(こいびと)に出会えた。

想像(そうぞう)スル　to imagine
回想(かいそう)スル　to recollect
思想(しそう)　thought, idea
*愛想(あいそ/あいそう)　friendliness
予想(よそう)スル　to estimate, to predict
理想(りそう)　an ideal
感想(かんそう)　impressions

書き順→丨 冂 日 日

17. 日

日 4	白 5	旬 6	者 8	昔 8	昼 9	音 9	春 9	香 9	書 10
BK1	BK23	IKB2-コ1	BK27	IKB2-7	BK10	BK23	BK26	IKB2-コ4	BK9
普 12	智 12	替 12	暮 14						
L5	IKB2-コ6	L9	IKB2-コ9						

普	ソ	丷	並	並	並	普				L 5 12画

フ
widespread, common

急行電車は普通電車より速い。
最近はファックスがかなり普及してきた。

普及(ふきゅう)スル　to spread
普通(ふつう)　ordinary, usual
普遍的(ふへんてき)ナ　general
普段(ふだん)　usual, constant

替	二	扌	夫	扶	替					L 9 12画

タイ　か-わる：か-える
replace

工場では４時間**交替**で働いている。
石油に代わる**代替**エネルギーを開発する。

交替(こうたい)スル　to take turns
両替(りょうがえ)スル　to exchange, to change
替(か)える　to replace
代替(だいたい)スル　to substitute
替(か)わる　to be replaced
＊為替(かわせ)　exchange, money order

書き順→ ノ 冂 月 月

18. 月（にくづき：muscles）

肉 6	有 6	青 8	育 8	肩 8	肯 8	胃 9	背 9	骨 10	脅 10
BK7	BK16	BK14	BK22	コラム4	IKB2-1	IKB2-11	IKB2-10	IKB2-11	IKB2-16

書き順→ 一 十 才 木

19. 木

木 4	本 5	未 5	末 5	来 7	束 7	条 7	東 8	果 8	柔 9
BK1	BK4	**L 6**	IKB2-2	BK9	**復 2**	IKB2-6	BK18	BK29	**L 4**
栄 9	染 9	案 10	森 12	集 12	楽 13	業 13	棄 13	薬 16	築 16
IKB2-12	IKB2-14	BK31	BK5	BK37	BK23	BK27	IKB2-14	BK12	**L 7**

築→かんむり３１．⺮（たけかんむり）

未	一	二	キ	未	未					L 6 5画

ミ
not yet, un-

過去から現在、そして**未来**へと続く。
未公開の映画をテレビで放映する。

未公開(みこうかい)　not open to the public
未解決(みかいけつ)　unsolved
未来(みらい)　future
～未満(みまん)　less than ～
未完成(みかんせい)　incomplete
未成年(みせいねん)　minority, minors
未知(みち)　unknown

束	一	㇐	申	束	束					復２ ７画

ソク　たば
bundle

庭の花を**束ねて花束**にし、見舞(みま)いに行った。
急用ができて、友人との**約束**を取り消す。

約束(やくそく)スル　to promise
一束(ひとたば)　one bundle
束(たば)ねる　to bundle
拘束(こうそく)スル　to restrict
花束(はなたば)　bouquet

柔	マ	ヌ	予	矛	柔					L 4 9画

ジュウ　*ニュウ　やわ-らかい　やわ-らか
soft, tender, gentle

彼は**柔軟**な考え方ができる人だ。
子どもの時から**柔道**を習っている。

柔軟(じゅうなん)ナ　flexible
優柔不断(ゆうじゅう・ふだん)ナ　indecisive
柔(やわ)らかい/柔らかな　soft, tender　*cf.* 軟らかい(L1)
*柔和(にゅうわ)ナ　gentle, mild
柔道(じゅうどう)　judo

書き順→ ノ ソ 少 火

20. 火／灬（ひ／れっか：fire）

火 4	災 7	点 9	黒 11	無 12	然 12	煮 12	照 13	蒸 13	熱 15
BK2	IKB2-6	BK28	BK23	BK45	**L 5**	**L 9**	**L10**	IKB2-13	BK26
熟 15									
L 7									

然	ノ	ク	タ	タ-	妖	然	然			L 5 12画

ゼン　*ネン
(suffix)～state

都会には**自然**が少なくなった。
この国には**天然**資源(しげん)が豊富にある。

自然(しぜん)　nature
整然(せいぜん)と　orderly
全然(ぜんぜん)…ない(neg.)　not at all
*天然(てんねん)　nature ←→人工，人造
突然(とつぜん)　suddenly
必然性(ひつぜんせい)　necessity

煮	十	土	耂	者	煮					L 9 12画

シャ　に-える：に-る　に-やす
boil, cook

ナイフを**煮沸**して、消毒(しょうどく)した。
野菜(やさい)が**煮えた**ので、火を止めた。

煮沸(しゃふつ)スル　to sterilize by boiling
煮(に)る　to boil, to cook
煮物(にもの)　cooking
業(ごう)を煮(に)やす　to become irritated

照	日	日フ	日刀	昭	照					L 10 13画

ショウ　て-る：て-らす　て-れる
shine

詳(くわ)しくは39ページを**参照**のこと。
先生にほめられて、**照れて**しまった。

対照(たいしょう)スル　to contrast
照明(しょうめい)　artificial light
照(て)れる　to feel embarrassed
参照(さんしょう)スル　to refer
照(て)る　shine
日照(ひで)り　drought

熟	亠	古	享	享/	孰	孰	熟			L 7 15画

ジュク　う-れる
mature

秋になるといろいろな木の実が**熟す**。
腕(うで)はまだ**未熟**だが、独創性がある。

熟(じゅく)す　to mature
熟考(じゅっこう)スル　to think overcarefully
熟睡(じゅくすい)スル　to sleep soundly
未熟(みじゅく)ナ　immature, inexperienced
熟読(じゅくどく)スル　to read thoroughly
熟練(じゅくれん)スル　to be skilled
成熟(せいじゅく)スル　to mature
熟(う)れる　to ripen

書き順→ 一 丅 干 王

21. 王

王 4 L1　主 5 BK15　全 6 BK45　皇 9 IKB2-15　望 11 L8

王→へん23．王(おうへん)　望→つくり17．月(つき)

書き順→ 丨 冂 ⺴ 田 田

22. 田 (た：rice field)

田 5 BK1　留 10 BK21　番 12 BK19　蓄 13 IKB2-9　雷 13 IKB2-16　審 15 IKB2-15

書き順→ 丨 冂 月 目

23. 目

目 5 BK6　直 8 BK44　首 9 L1　省 9 L1　真 10 BK23　着 12 BK17　督 13 IKB2-9

首→かんむり9．丷

省	亅	小	小丶	少	省					L 1 9画

ショウ　セイ　はぶ-く　かえり-みる
omit, ministry

文部科学省の奨学金(しょうがくきん)をもらう。
この文の主語は**省略**されている。

省略(しょうりゃく)スル　to omit
帰省(きせい)スル　to go home
省(はぶ)く　to exclude, to omit
反省(はんせい)スル　to reflect
～省(しょう)　Ministry of ～
省(かえり)みる　to reflect upon

24. 皿（さら：bowl, dish）

書き順→ 丨 冂 冊 皿

益[10] 盗[11] 盛[11] 盟[13] 盤[15] 監[15]
IKB2-8 IKB2-コ8 L8 IKB2-16 IKB2-4 IKB2-9

盛	ノ	厂	万	成	成	成	盛			L8 11画

セイ　*ジョウ　さか-ん　さか-る　も-る
thrive

優勝の祝賀会（しゅくがかい）が**盛大**に行われた。
小さな店だが味がいいので**繁盛**している。

全盛(ぜんせい)　height of prosperity
盛大(せいだい)ナ　splendid, on a large scale
盛(さか)んナ　thriving
盛(さか)り場(ば)　an amusement district
盛況(せいきょう)　prosperity, booming
＊繁盛(はんじょう)スル　to prosper
大盛(おおも)り　large serving (food)

25. 示（しめす：show）

書き順→ 一 二 亍 亓 示

示[5] 奈[8] 禁[13]
L7 IKB2-コ3 L7

示→へん24．ネ　(しめすへん)

禁	木	林	禁							L7 13画

キン
prohibit

観光ビザで働くことは**禁じられて**いる。
機内は**禁煙席**と喫煙席（きつえんせき）に分かれている。

禁(きん)じる　to prohibit
厳禁(げんきん)スル　to prohibit strictly
禁酒(きんしゅ)　abstinence from drinking, prohibition
禁止(きんし)スル　to prohibit
禁煙(きんえん)　no smoking

26. 糸（いと：thread）

書き順→ く 幺 幺 糸 糸 糸

糸[6] 系[7] 素[10] 索[10] 繁[16]
BK6 IKB2-3 L8 IKB2-4 IKB2-14

素	一	十	圭	素						L8 10画

ス　ソ
original, raw, natural, element

彼はいくつになっても**素直**な心を失わない。
彼は芸術的な**素質**にめぐまれている。

要素(ようそ)　element
素養(そよう)　ground knowledge
素直(すなお)ナ　gentle, innocent
素顔(すがお)　face without makeup
質素(しっそ)ナ　simple, plain
素質(そしつ)　quality
素足(すあし)　barefoot
*素人(しろうと)　amateur

書き順→ 亠 ナ 衣 衣 衣

27. 衣 (ころも：clothing)

衣 6	表 8	装 12	裁 12	裂 12	製 14
素	BK44	IKB2-4	IKB2-15	IKB2-16	L 3

製	ノ	㐄	㑒	䒑	制	製				L 3 14画

セイ
manufacture, make, produce

この工場では自動車を**製造**している。
ベネチアはガラス**製品**で有名だ。

製造(せいぞう)スル　to manufacture
製品(せいひん)　manufactured products
金属製(きんぞくせい)　made of metal
製作(せいさく)スル　to manufacture
日本製(にほんせい)　made in Japan
製鉄所(せいてつじょ)　steel works

書き順→ 丨 冂 月 目 貝

28. 貝 (かい：shell／money)

貝 7	負 9	員 10	貢 10	貧 11	貨 11	責 11	買 12	貸 12	費 12
BK6	L 2	BK27	IKB2-9	L 1	復 1	IKB2-1	BK9	BK24	BK39
貴 12	貿 12	賀 12	資 13	賃 13	質 15	賛 15			
L 4	IKB2-8	IKB2-コ4	BK35	IKB2-8	BK21	BK44			

負	ク	仐	自	負						L 2 9画

フ　ま-ける：ま-かす　お-う
be defeated, bear, negative no.

相撲(すもう)のような**勝負**の世界は厳しい。
負数には「－」の記号をつける。

負担(ふたん)スル　to be liable
自負(じふ)スル　to have high self-esteem
抱負(ほうふ)　aspiration, ambition
負(ま)かす　to beat someone in a game
負(ま)ける＝敗(やぶ)れる　to lose ↔ 勝つ
負傷(ふしょう)スル　to be injured
勝負(しょうぶ)スル　to play a game
負数(ふすう)　negative number
負(お)う　to carry, to bear

貧	ノ	八	分	分	貧					L 1 11画

ヒン　*ビン　まず-しい
poor

この国は**貧富**の差が大きい。
国は**貧しい**が、人々の心は豊かだ。

貧富(ひんぷ)　rich and poor
貧弱(ひんじゃく)ナ　poor, weak
貧(まず)しい　poor
貧困(ひんこん)　poverty
*貧乏(びんぼう)ナ　poor

貨	イ	イ'	化	貨						復 1 11画

カ
goods, coinage

トラックで**貨物**を輸送する。
日本では**通貨**として円が使われている。

貨物(かもつ)　freight, cargo
金貨(きんか)　gold coin
通貨(つうか)　currency (money)
貨幣(かへい)　money
硬貨(こうか)　coin

貴	口	中	虫	貴						L 4 12画

キ　たっと-い　とうと-い　たっと-ぶ
とうと-ぶ　precious, noble

貴重品は、フロントにお預けください。
平安時代は**貴族**の文学が盛んだった。

高貴(こうき)ナ　noble
貴重品(きちょうひん)　valuables
貴(たっと/とうと)い　precious, noble
*貴方／貴女(あなた)　you
貴重(きちょう)ナ　valuable, precious
貴族(きぞく)　the nobility
貴(たっと/とうと)ぶ　to respect

VI. その他（上下）

了 2 L 2	予 4 BK25	乏 4 L 4	戸 4 IKB2-6	冬 5 BK26	世 5 L 1	永 5 L 7	百 6 BK3	多 6 BK8	毎 6 BK10
気 6 BK16	式 6 BK25	当 6 BK28	更 7 L 3	豆 7 復 2	秀 7 IKB2-コ6	画 8 BK23	奇 8 IKB2-1	武 8 IKB2-10	毒 8 IKB2-14
要 9 BK42	革 9 L 9	査 9 IKB2-3	泉 9 IKB2-7	巻 9 IKB2-13	馬 10 BK7	挙 10 IKB2-15	魚 11 BK7	鳥 11 BK7	習 11 BK21
産 11 BK35	黄 11 IKB2-13	翌 11 IIKB2-コ1	衆 12 IKB2-4	農 13 BK27	豊 13 L 4	鼻 14 L 9	誓 14 IKB2-16	撃 15 L 9	舞 15 IKB2-16
整 16 L 5	警 19 IKB2-1	響 20 IIKB2-3	驚 22 BK37						

了→その他(全体)　世→その他(全体)　永→その他(全体)
更→その他(全体)　豆→その他(全体)　鼻→その他(全体)

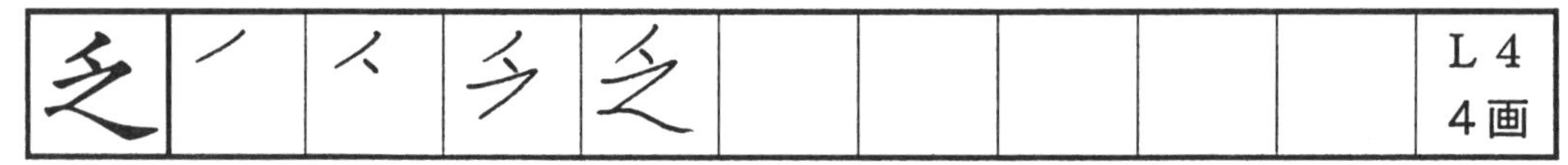

ボウ　とぼ-しい
scarce

若いころは**貧乏**な暮(く)らしをしていた。
この国は天然資源(しげん)が**乏しい**。

貧乏(びんぼう)ナ　poor
欠乏(けつぼう)スル　to be deficient
乏(とぼ)しい　poor ⟷ 豊(ゆた)かナ

革										L 9 9画

カク　かわ
reform, leather

革命が起こり、王制が廃止(はいし)された。
政治を**改革**しなければならない。

改革(かいかく)スル　to reform
革新(かくしん)　innovation ⟷ 保守(ほしゅ)
皮革製品(ひかく・せいひん)　leather goods
変革(へんかく)スル　to alter
革命(かくめい)　revolution
革(かわ)　leather

豊										L 4 13画

ホウ　ゆた-か
plentiful, rich

この国は天然資源(しげん)が**豊富**にある。
この地方は**豊かな**水に恵(めぐ)まれている。

豊富(ほうふ)ナ　plentiful
豊年(ほうねん)　fruitful year
* 豊田市(とよたし)　Toyota City
豊(ゆた)かナ　plentiful, rich
豊作(ほうさく)　good harvest

撃								撃		L 9 15画

ゲキ　う-つ
attack, shoot

A国軍はB国の首都を**攻撃**した。
その報告を聞いて、**衝撃**を受けた。

攻撃(こうげき)スル　to attack
衝撃(しょうげき)　shock
撃(う)つ　to shoot
目撃(もくげき)スル　to witness
打撃(だげき)　blow, damage, batting

整								整		L 5 16画

セイ　ととの-う：ととの-える
adjust, arrange

駅のホームで人々は**整然**と並んでいた。
机(つくえ)の上をきれいに**整理**してください。

整理(せいり)スル　to put in order
整形(せいけい)スル　to have plastic surgery
調整(ちょうせい)スル　to adjust
整備(せいび)スル　to keep ready for use
整然(せいぜん)と　orderly
整(ととの)える　to arrange, to prepare

Ⅶ. たれ

書き順→ 一 厂

1. 厂 (がんだれ：cliff)

反 4	圧 5	成 6	厚 9	威 9	原 10	歴 14
BK44	L 2	BK39	L 1	IKB2-10	BK40	BK22

圧→あし9. 土(つち)

厚	厂				厚					L 1 9画

コウ　あつ-い
thick, kind, warm

彼は**温厚**な性格で、だれからも好かれる。
この辞書は**厚くて**、とても重い。

温厚(おんこう)ナ　gentle and sincere
濃厚(のうこう)ナ　concentrated, deep
厚生省(こうせいしょう)　Ministry of Health and Welfare
厚(あつ)い　thick

書き順→ ' 亠 广

2．广（まだれ：slanting roof）

広 5	庁 5	応 7	序 7	店 8	府 8	底 8	度 9	座 10	席 10
BK13	L1	L3	L10	BK13	BK20	L5	BK13	BK24	BK25
庭 10	庫 10	康 11	鹿 11	廃 12					
IKB2-4	IKB2-9	L4	IKB2-コ3	IKB2-14					

応→あし16．心（したごころ）

庁 広 广 庁 — L1 5画

チョウ → p.279 丁【チョウ】
government agency

気象庁の発表によると、あすは大雨らしい。
神奈川県の県庁は横浜にある。

～庁（ちょう） ～Agency
気象庁（きしょうちょう） Meteorological Agency
官公庁（かんこうちょう） government office
県庁（けんちょう） prefectural office

序 广 广 庁 庁 序 — L10 7画

ジョ
introduction, order

世の中の**秩序**は守らなければならない。
本を買って、最初に**序文**を読んだ。

順序（じゅんじょ） order, sequence
序文（じょぶん） preface
秩序（ちつじょ） order, system
序列（じょれつ） order, rank

底 广 广 庀 庀 底 底 — L5 8画

テイ　そこ
bottom

海底にある油田を発見した。
三角形の面積（めんせき）は**底辺**かける高さ割る２だ。

徹底的（てっていてき）ナ thorough, complete
海底（かいてい） the bottom of the sea
底辺（ていへん） the base
底（そこ） the bottom

康 广 广 庐 庐 庚 庚 康 — L4 11画

コウ
healthy

国民**健康**保険に加入している。
毎年、保健所で**健康**診断を受ける。

健康（けんこう）ナ healthy ⟷ 不健康ナ
健康診断（けんこう・しんだん） health check
健康保険（けんこう・ほけん） health insurance
＊徳川家康（とくがわ・いえやす） (historical person)

書き順→ 

3．尸（しかばね：corpse）

局 7	尿 7	居 8	昼 9	屋 9	展 10	属 12	層 14
BK32	IKB2-11	IKB2-6	BK10	BK13	**L10**	IKB2-1	**L2**

展  L 10 10画

テン
expand, display

この町は年々**発展**している。
美術館に**展覧会**を見に行った。

発展(はってん)スル　to expand, to grow
展開(てんかい)スル　to unfold, to develop
展示(てんじ)スル　to display
展覧会(てんらんかい)　exhibition

層 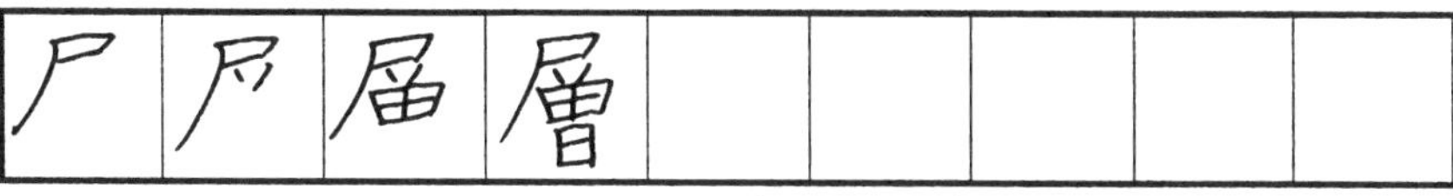 L 2 14画

ソウ
layer, level, (social) class

新宿には**高層**ビルが立ちならんでいる。
あの歌手は**主婦層**に人気がある。

上層(じょうそう)　upper layer/classes ←→ 下層(かそう)
地層(ちそう)　stratum, layer
高層(こうそう)ビル　skyscraper
中間層(ちゅうかんそう)　middle stratum/classes
階層(かいそう)　social classes
主婦層(しゅふそう)　housewives

書き順→ 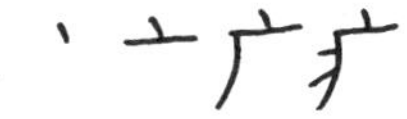

4．疒（やまいだれ：sickness）

病 10	疲 10	症 10	疾 10	痛 12	療 17
BK13	BK13	IKB2-11	IKB2-11	BK13	**L3**

療  L 3 17画

リョウ
medical treatment, cure

けがの**治療**に３ヶ月ぐらいかかる。
病院の**診療**時間は９時から５時までだ。

治療(ちりょう)スル　to treat
診療(しんりょう)スル　to diagnose and treat
療養(りょうよう)スル　to be under treatment, to recuperate
医療(いりょう)　medical care

Ⅷ. かまえ

1. 戈（ほこがまえ：arms）

書き順→ 一 七 戈 戈

成 6	戒 7	裁 12	戦 13
BK39	IKB2-1	IKB2-15	L 2

戦	L 2 13画

センたたか-う いくさ
fight, war

戦後、日本人の生活は変わった。
1回**戦**で日本と米国が**戦**った。

対戦（たいせん）スル to fight against
戦争（せんそう） war
戦後（せんご） postwar
内戦（ないせん） civil war
第二次世界大戦（だいにじ・せかい・たいせん） the Second World War ＝WWⅡ
戦（たたか）う to fight
挑戦（ちょうせん）スル to challenge
冷戦（れいせん） the cold war
作戦（さくせん） tactics, strategy
1回戦（いっかいせん） the first game

2. 勹（つつみがまえ：package）

書き順→ ノ 勹

包 5	旬 6
復2	IKB2-コ1

包	復2 5画

ホウ つつ-む
include, wrap

敵（てき）に**包囲**され、脱出が困難になった。
彼は若いが**包容力**があるので、人気がある。

包装（ほうそう）スル to wrap
内包（ないほう）スル to contain
包括的（ほうかつてき）ナ comprehensive, inclusive
小包（こづつみ） package
包囲（ほうい）スル to surround
包容力（ほうようりょく） tolerance
包（つつ）む to wrap
包（つつ）み wrapped parcel

3. 匚（かくしがまえ：pocket）

書き順→ 一 匚

区 4	巨 5	医 7	臣 7
BK20	IKB2-9	BK22	IKB2-10

書き順→ | 冂 口

4. 口（くにがまえ：country）

四 5	回 6	団 6	因 6	困 7	図 7	囲 7	国 8	固 8	園 13
BK3	BK13	**L6**	**L10**	BK13	BK19	**L5**	BK13	**L5**	BK19

団	冂	冂	円	団	団					L6 6画

ダン　*トン
group, organization

来月、米国政府の**代表団**が来日する。
彼は**応援団**の**団長**をしている。

団結(だんけつ)スル　to unite
団体(だんたい)　group
財団(ざいだん)　foundation
応援団(おうえんだん)　cheer squad
団地(だんち)　apartment complex
暴力団(ぼうりょくだん)　street gang
代表団(だいひょうだん)　delegation
*布団(ふとん)　futon, bedquilt

因	冂	冂	円	因	因					L10 6画

イン　よ-る
cause, factor

火事の**原因**はたばこの火の不始末だ。
日本人の**死因**では、がんが一番多い。

原因(げんいん)スル　to be a cause
死因(しいん)　cause of death
因果関係(いんが・かんけい)　causality, causal relation
要因(よういん)　factor, principle
因習(いんしゅう)　long-established custom
因子(いんし)　factor

囲	冂	冂	円	用	囲					L5 7画

イ　かこ-む　かこ-う
enclose

日本は**周囲**を海に**囲まれて**いる。
この店は**雰囲気**がいい。

包囲(ほうい)スル　to besiege, to surround
範囲(はんい)　scope, limits
囲(かこ)む　to surround, to encircle
周囲(しゅうい)　surroundings
雰囲気(ふんいき)　atmosphere
囲(かこ)う　to surround

固	|	冂	円	冋	固					L5 8画

コ　かた-い　かた-まる：かた-める
hard, solid

水は0度以下で液体(えきたい)から**固体**になる。
彼は**強固**な意志を持っている。

固定(こてい)スル　to fix, to settle
固体(こたい)　solid (body)
固(かた)い　hard
強固(きょうこ)ナ　strong
固有(こゆう)　one's own, unique
固(かた)める　to harden

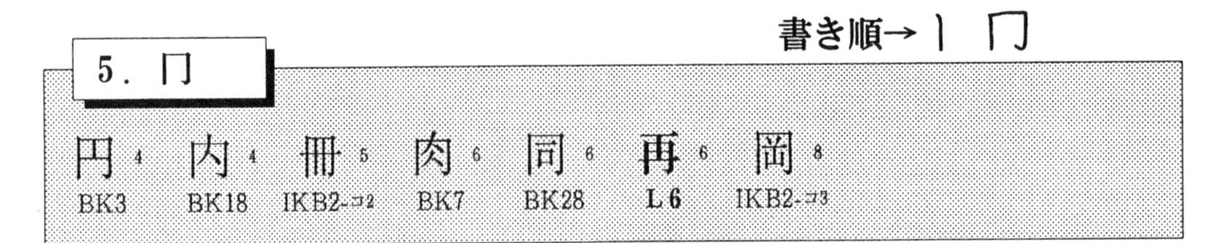

再	一	丆	冂	币	再	再				L 6 6画

サイ　*サ　ふたた-び
again, re-

彼は来週の土曜に**再婚**する。
自然を守るため、資源(しげん)の**再利用**をしよう。

再会(さいかい)スル　to meet again
再出発(さいしゅっぱつ)スル　to restart
再利用(さいりよう)スル　to reuse, to recycle
再生産(さいせいさん)スル　to reproduce
再現(さいげん)スル　to reappear, to reproduce
*再来週(さらいしゅう)　the week after next
再開(さいかい)スル　to reopen
再建(さいけん)スル　to reconstruct
再婚(さいこん)スル　to remarry
再生(さいせい)スル　to regenerate
再度(さいど)　again
再(ふたた)び　again, for a second time

書き順→丨 ｢ 户 户' 門 門

6．門（もんがまえ：gate）

門8 閉11 問11 間12 開12 聞14 関14 閣14
BK1 BK13 BK21 BK5 BK13 BK9 BK32 IKB2-15

書き順→ ノ 彳 行 行

7．行（ぎょうがまえ）

行6 術11 街12 衝15 衛16 衡16
BK9 BK41 IKB2-3 IKB2-13 IKB2-4 IKB2-13

IX. にょう

書き順→ ` ⻌ 辶

1. ⻌（しんにょう：way）

辺 5	込 5	近 7	返 7	迎 7	述 8	迫 8	送 9	退 9	逃 9
IKB2-13	IKB2-7	BK14	BK24	IKB2-10	IKB2-1	IKB2-コ9	BK24	BK41	IKB2-6
迷 9	逆 9	追 9	速 10	通 10	連 10	造 10	途 10	週 11	進 11
IKB2-8	IKB2-13	IKB2-コ8	BK14	BK17	BK31	L 3	IKB2-9	BK10	BK43
逮 11	道 12	遅 12	遊 12	運 12	過 12	達 12	遠 13	違 13	遣 13
IKB2-コ8	BK14	BK14	BK24	BK27	BK43	L 10	BK14	BK28	IKB2-コ7
適 14	選 15	遺 15	避 16						
BK28	BK27	IIKB2-コ7	IKB2-6						

造	ノ	𠂉	牛	生	告	造				L 3 10画

ゾウ　つく-る
make, construct, build

古い**木造**家屋（かおく）を**改造**して旅館にする。
現代社会の複雑な**構造**を理解する。

製造（せいぞう）スル　to manufacture
創造（そうぞう）スル　to create
構造（こうぞう）　structure
建造物（けんぞうぶつ）　building
造花（ぞうか）　artificial flowers
改造（かいぞう）スル　to reconstruct
木造（もくぞう）　made of wood
造船（ぞうせん）　shipbuilding
造形美術（ぞうけい・びじゅつ）　plastic art
造（つく）る　to produce, to build

達	十	土	𡈽	坴	幸	達				L 10 12画

タツ
attain, reach

毎日練習したのでテニスが**上達**した。
学校から書類が**速達**で送られてきた。

発達（はったつ）スル　to develop
達成（たっせい）スル　to attain
到達（とうたつ）スル　to reach
達（たっ）する　to reach, to attain
上達（じょうたつ）スル　to make progress
伝達（でんたつ）スル　to transmit
速達（そくたつ）　special/express delivery
＊友達（ともだち）　friend

書き順→ ⁊ ㇋ 廴

2. 廴（えんにょう）

延 8	建 9
L 3	BK39

延	ノ	イ	千	正	正	延				L 3 8画

エン　の-びる：の-ばす　の-べる
extend, spread, postpone

野球放送を９時半まで**延長**する。
もう少し期限を**延ばして**ください。

延長(えんちょう)スル　to extend
延命(えんめい)スル　to extend one's life
延滞(えんたい)スル　to be overdue
延期(えんき)スル　to postpone
延(の)ばす　to extend
延(の)べ～　all told～, ～in total

書き順→ 土 キ キ 走 走

3. 走（そうにょう）

走 7　起 10　超 12　越 12　趣 15
BK17　BK24　**L 6**　IKB2-16　IKB2-1

超	走	起	起	超						L 6 12画

チョウ　こ-える　こ-す
over-, excel

新幹線ひかり号は、夢(ゆめ)の**超特急**と言われた。
年間50億ドルを超える輸出**超過**が続いている。

超過(ちょうか)スル　to exceed
超特急(ちょうとっきゅう)　super-express
超音速(ちょうおんそく)　supersonic speed
超伝導(ちょうでんどう)　superconductivity
超越(ちょうえつ)スル　to go beyond
超特価(ちょうとっか)　super bargain
超満員(ちょうまんいん)　crowded beyond capacity
超(こ)す　to be above, to go beyond

X．その他（全体）

一 1 BK3	二 2 BK3	七 2 BK3	九 2 BK3	入 2 BK17	了 2 L2	丁 2 復1	川 3 BK1	三 3 BK3	万 3 BK3
上 3 BK4	下 3 BK4	夕 3 BK10	々 3 BK35	与 3 IKB2-3	及 3 IKB2-4	丸 3 IKB2-13	五 4 BK3	中 4 BK4	父 4 BK15
不 4 BK16	互 4 IKB2-4	戸 4 IKB2-6	氏 4 IKB2-10	生 5 BK2	母 5 BK15	出 5 BK17	史 5 BK22	正 5 BK28	用 5 BK34
平 5 BK40	民 5 BK41	世 5 L1	永 5 L7	末 5 IKB2-2	甘 5 IKB2-2	氷 5 IKB2-7	凸 5 IKB2-7	凹 5 IKB2-7	処 5 IKB2-8
巨 5 IKB2-9	司 5 IKB2-15	百 6 BK3	年 6 BK3	気 6 BK16	西 6 BK18	式 6 BK25	自 6 BK33	曲 6 BK37	両 6 BK40
州 6 L1	光 6 IKB2-4	兆 6 IKB2-8	血 6 IKB2-11	良 7 BK28	求 7 BK33	更 7 L3	豆 7 復2	身 7 IKB2-1	臣 7 IKB2-10
亜 7 IKB2-13	兵 7 IKB2-16	長 8 BK8	事 8 BK27	周 8 L5	武 8 IKB2-10	承 8 IKB2-15	房 8 IKB2-15	乗 9 BK17	面 9 BK29
重 9 BK38	飛 9 BK39	風 9 BK40	首 9 L1	革 9 L9	為 9 IKB2-8	彦 9 IKB2-コ6	馬 10 BK7	島 10 BK20	鳥 11 BK7
魚 11 BK7	黄 11 IKB2-13	鼻 14 L9	熊 14 IKB2-コ3						

丁→つくり7．丁【テイ／チョウ】　　周→あし7．口

首→かんむり9．丷

了	㇇	了								L 2 2画

リョウ
finish, complete

本日の営業は6時で**終了**します。
手術をするには家族の**了解**が必要だ。

終了(しゅうりょう)スル　to finish
修了(しゅうりょう)スル　to complete (a course)
完了(かんりょう)スル　to complete
了解(りょうかい)スル　to understand

世	一	十十	廿	世						L 1 5画

セ　セイ　よ
world, generation

そんなあまい考えは**世間**で通用しない。
船(ふね)でのんびり**世界**一周したい。

世界(せかい) world, earth
世話(せわ) care, help
二世(にせい) second generation
世論(よろん・せろん) public opinion
世間(せけん) world, society, public
出世(しゅっせ)スル to get promoted
～世紀(せいき) ～-th century
世の中(よのなか) world, society

永										L 7 5画

エイ なが-い
long time

祖父(そふ)はブラジルに**永住**するつもりだ。
戦争のおろかさを**永遠**に語り伝えよう。

永住(えいじゅう)スル to reside permanently
永眠(えいみん)スル to pass away
永久(えいきゅう) permanence
永世中立国(えいせい・ちゅうりつこく) permanently neutral country
永続(えいぞく)スル to last long
永遠(えいえん) eternity
永(なが)い long (time)

州										L 1 6画

シュウ *す
state, sandbar

オハイオ**州立**大学を卒業した。
北海道と**本州**と四国と**九州**がある。

州立(しゅうりつ) state-run
欧州(おうしゅう) Europe
本州(ほんしゅう) main island, Honshu
*三角州(さんかくす) delta

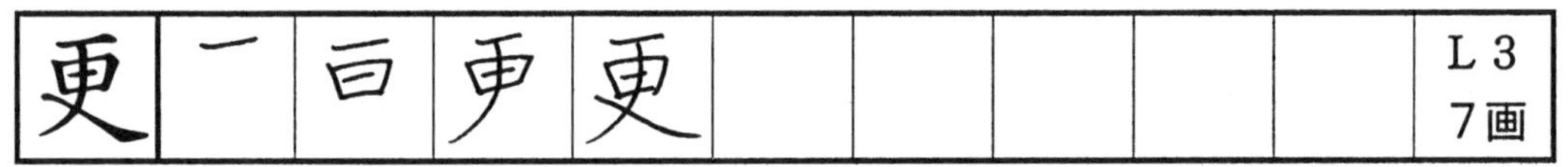

コウ さら ふ-ける：ふ-かす
change, moreover

旅行の日程(にってい)が**変更**になった。
入国管理事務所でビザを**更新**する。

変更(へんこう)スル to change, to alter
更年期(こうねんき) the menopause
更(さら)に moreover
更新(こうしん)スル to renew
更衣室(こういしつ) change room
夜更(よふ)け late at night

豆										復2 7画

トウ ズ まめ
bean

大豆で**豆腐**や**納豆**を作る。
伊豆半島沖(おき)の海底で地震(じしん)が多発している。

豆腐(とうふ) tofu, bean curd
伊豆半島(いず・はんとう) Izu Peninsula
*小豆(あずき) red bean
納豆(なっとう) fermented beans
大豆(だいず) soybean
豆(まめ) bean

鼻	ノ	冂	自	畠	畠	鼻				L 9 14画

ビ　はな
nose

耳が痛いので、病院の**耳鼻科**へ行った。
かぜをひいて、**鼻水**が出る。

耳鼻科(じびか)　otorhinology
鼻(はな)　nose
鼻音(びおん)　nasal sound
鼻水(はなみず)　mucus (nose)

音訓索引 On - Kun Index

音はカタカナ、訓はひらがなで書く。あいうえお順で、音訓の順。同じ音訓は、課の順。漢字の右の数字は、本書の課数。Rは復習の課。その右に、字形索引のページ数を示す。

執筆者略歴

加納千恵子
筑波大学大学院地域研究研究科修士課程修了。
日本青年海外協力隊の派遣によりマレーシアのマラ工科大学語学センター日本語講師、筑波大学留学生教育センター非常勤講師を経て、現在、筑波大学人文社会系教授。

清水　百合
コロンビア大学ティーチャーズカレッジ応用言語学科修士課程修了。
元九州大学留学生センター教授。

竹中（谷部）弘子
筑波大学大学院地域研究研究科修士課程修了。
国際交流基金の派遣により在中国日本語研修センター日本語講師、筑波大学留学生教育センター非常勤講師、国際交流基金日本語国際センター日本語教育専門員を経て、現在、東京学芸大学留学生センター教授。

石井恵理子
学習院大学大学院人文科学研究科博士前期課程修了。
インターカルト日本語学校講師、筑波大学留学生教育センター非常勤講師、国立国語研究所日本語教育部門第一領域長等を経て、現在、東京女子大学現代教養学部教授。

阿久津　智
立教大学大学院文学研究科博士前期課程修了。
筑波大学留学生センター非常勤講師等を経て、現在、拓殖大学外国語学部教授。

漢字1000PLUS
INTERMEDIATE KANJI BOOK　VOL.1

1993年 3月20日 初　　版 第1刷発行
1996年 7月 1日 第　2　版 第1刷発行
2001年 5月30日 第　3　版 第1刷発行
2005年 3月31日 改　訂　版 第1刷発行
2008年12月20日 改訂第2版 第1刷発行
2011年11月30日 改訂第3版 第1刷発行
2017年 3月10日 改訂第3版 第4刷発行

著　者　加納千恵子・清水百合・竹中弘子・石井恵理子・阿久津智
発行所　株式会社　凡　人　社
〒102-0093　東京都千代田区平河町1-3-13　電話 03-3263-3959

Printed in Japan
ISBN978-4-89358-810-4 C3081